JN082416

新・MINERVA
福祉ライブラリー
44

学校福祉実践論

子どもにとってしあわせな学校をつくる多職種協働

鈴木庸裕 編著

ミネルヴァ書房

は じ め に

1　教育・福祉・心理の境界を超えるプロフェショナル

　「チームとしての学校」は，学校で一緒に仕事をする教育職・心理職・福祉職，そして協力が求められる司法や医療の専門家などの多職種協働が活かせる場を目指します。その目的は，それぞれの専門職がチームとなり，すべての子どもたちにとって安心・安全な学校づくりをおこなうことにあります。そのためには，子どもたちのしあわせ（福祉・ウエルビーイング）を目指す多様な専門職に共通する知識や資質・能力，方法技術とそれらを支える教養（Key Stone）が求められます。

　しかし，今日，こうした教養への関心に先んじて，教育課題をめぐる法律や施策，制度，業務説明，ガイドラインなどによりチームづくりや多職種協働が実践者に対し外発的に示されがちになっています。他方，内発的な面が，専門職個々人の価値観や経験，意欲による振る舞いとしての「実践の事実」にとどまってきたのではないか。こうした点への問いは，途に就いたばかりだと思います。

　他方で，教師が他職種の専門性を学び，その知識や技法をみずから習得・集積しようとしてきた側面があります。これは「教師」という部分を福祉職（スクールソーシャルワーカー）や心理職（スクールカウンセラー）に置き換えても同様かもしれません。その結果，ある専門性では見えないケースや事象と出会ったときに，一人で考え自身で問えるものだけに着目してしまうことがあります。周囲の他職種から何らかのトリアージが求められ早期対応に駆り立てられると，スペシャリスト志向の支援計画や個人アプローチでは行き詰ってしまい，かえって専門職自身の「抱え込み」が生まれます。

　さらには，子どもや家族などの願いや要求を俯瞰してみることができず，当事者のニーズの多様性や問題解決の選択肢を狭めてしまう支援（カテゴリー支援やイベント支援）になってしまうこともあります。

したがって，「チームとしての学校」とは，子どもたちの指導や支援の場としての学校であるとともに，異なった職種が多職種協働の価値や理念，方法技術を高めあうような相互作用を生み出す「学校」であらねばなりません。

学校福祉とは，学校における福祉的アプローチの専門職性の領域を示すだけではなりません。学校教育において子どもの福祉（しあわせ）に責任を負う人々が共通して習得すべき専門性（プロフェショナル）の醸成を目指す機能の概念です。その担い手は学校における福祉の専門職ではなく，学校福祉の専門職といえます。

2　子どもたちにどんな力を育てるのか

学校では，教師のみならず，ソーシャルワーカーにとっても，カウンセラーにとっても，自身の営みに対し「子どもたちにどんな力を育てようとしていますか」という問いを受けます。その答えが「登校ができること」，「生活のリズムを整えること」，「学習に集中できるようになること」では極めて表層的なものになります。しかも，「指導をした」，「支援した」，「エンパワメントした」，「関係を修復した」，「関係を調整した」「情報共有した」という言葉についても，それを通じてどんな力を育てようとしているかとセットされるものです。「子どものストレングスに着目する」といっても，子どもの「よさ」に目を向けることは，子どもにかかわるすべての人々（専門職）にとってはそもそも当然です。それ以上に，そのストレングスをどう生み出し，いかに引き出し，どう高め育てていくのかが大切になります。

学校で仕事をする誰もが担うことは，子どもたちを権利行使主体や自立主体として育て，「ものの見方，感じ方，考え方」を培っていく役割です。ソーシャルワーカーと出会って，「誰もが支えられて生きているんだ」という子どもの気づきもありますが，「学ぶことの意味や楽しさがわかった」，「親の苦労がわかった」，「友達の苦悩がわかった」，「先生との付き合い方がわかった」ということも学校福祉実践です。教科学習のなかで，例えば，「歴史を学ぶことの意味が分かった」，「家庭科の授業の大切さがわかった」ということも子どもの福祉やしあわせそのものです。

　それぞれの専門職が自身の専門性を，子どもの意欲や元気，やる気，学習意欲，進学・人生への「生きる力」にどうつなげていくのか。この問いは，教師にとっても心理職にとっても福祉職にとっても同じです。心理教育や社会福祉の専門職の力を借りて，授業や学級経営を展開している教育職も少なくありません。また，教師の専門性の力を借りて子どもの福祉を実現する社会福祉の専門職も増えてきています。

　学校福祉の担い手は，子どもの育ちの生活基盤や環境をつくるという部分だけでなく，具体的に子どもの人格形成や成長・発達にも関与します。そのことを意識すると，子どもの生活の質の向上と子どもを生活の主体者に育てることに向き合えます。

3　本書の構成

　前著の『学校福祉とは何か』（ミネルヴァ書房，2018年）では学校の福祉的機能を読み取っていく隣接領域との理論的な関係をもとに論じてきましたが，本書ではこれからの学校の福祉的機能を高めるために，教育・福祉・心理等の専門職がいかなる協働の実践をおこなっていくのか。本書の趣旨は，いじめや不登校，虐待，差別，格差などの生きづらさをもつ子ども・若者たちへのケアとともに，学校の福祉的機能を担う多職種協働の目的と価値，方法と技術をめぐる理論と実践の提案です。

　そして教育職，福祉職，心理職の養成の学部学科を合わせもつ大学での多職種協働時代の人材育成実践での現状と筋道を示していきたいと思います。社会福祉や医療，心理（公認心理師）の養成では多職種協働がいち早く意識化されています。一方，教職課程における子ども家庭福祉やソーシャルワークの基礎を含むカリキュラム化は始まったばかりです。学校の福祉職だけでなく，学校福祉の専門職という視点からの実践や人材への関心は，教育の再定義と福祉の再定義を重ね合わす営みという新機軸になります。

　第Ⅰ部では，学校福祉の目的や価値をめぐる探究課題について，第1章では子どものしあわせを学校はどう保障するのか，第2章では，スクールソーシャルワーカー自身が多職種協働を意識する「醍醐味」について，第3章では人と

人とのつながりはどのようにして生まれるのか，第4章では学校福祉の歴史的水脈からの問題提起です。

　次に第Ⅱ部では，多職種協働の相互自立をめぐる実践について，専門職同士の相互自立を考えていきます。第1章では，養護教諭が求める福祉的支援について，第2章では家庭訪問を通じて子どもとともにつくりあげるソーシャルワーカーの実践について，第3章では，教師が福祉職と一緒に仕事をすることの意味について学校組織全体で考える視点を述べます。第4章では，生きづらさを乗り越えようとするヤングケアラーをめぐる教師への支援者支援，第5章では，家庭科教育が目指す子どもたちのしあわせについてユニバーサルデザインの実践からひも解いています。第6章では，社会科教育は子どものしあわせにとって何を担ってきたのかの探究です。第7章では，SDGsの視点に立つ教育職と福祉職の連携から学校福祉の実践を論じます。

　第Ⅲ部では，教育，福祉，心理の学部や学科を合わせもつ大学での多職種協働時代の人材育成実践の現状と課題について，第1章では，「学校ソーシャルワーク論」講義での多職種連携学習の試み，第2章では教員養成大学における教育支援職の育成，第3章では，教師教育におけるプロフェッショナルとしての学校福祉について論じます。

　本書の読者は，教員・保育士養成や社会福祉士養成（スクールソーシャルワーカー教育課程），公認心理師（スクールカウンセラー養成），教育支援職の人材養成に携わる教員などの養成課程の学生や院生，スクールソーシャルワーカー，スクールカウンセラー，教育相談員，教育委員会指導主事，学校教員，大学研究者などです。そして学校（教育）と連携する地域の包括支援センターや放課後支援機関の職員など，児童領域にとどまらない地域の事業所・機関の相談支援専門職員などにおすすめです。

　　2023年12月

　　　　　　　　　　　　　　　　　　　　　　　編者　鈴木庸裕

学校福祉実践論　目　次

はじめに

第Ⅱ部　学校福祉実践の方法と技術

第**1**章　養護教諭はスクールソーシャルワーカーに何を求めているか

第**2**章　「家庭訪問」が育む子どもの力

第**3**章　教師が福祉職と一緒に仕事をすることの意味

第Ⅰ部
学校福祉と多職種協働（目的と価値）

第1章
学校教育とソーシャルワークを
橋渡しするのは子どもたち

　学校福祉の実践は，子どもたちの生きづらさからはじまっています。子どもたちの生きづらさに気づいた人々が声を上げ，歩みだし，語り続け，そしてたとえその歩み出す専門領域や場所・時期は異なっていたとしても，同じ目的をもち，今日に至っています。生きづらさの克服という山を登るときに，その登山口は多様で登り方も様々です（鈴木 2021a）。

　そこで多くの人々が気づいてきたことは，いじめや不登校，ひきこもり，虐待，非行・暴力といったカテゴリーごとの問題解決は「メニュー支援」であり，かえって子どもの願いや要求の一部を切り取ったり，専門職の「支援」が将来への願いを分断しているのではないかという点です。

　本章では，学校教育とソーシャルワークを橋渡しするのは子どもたちであることをもとに，専門職自身の従来の対象理解や実践技術そのものを再定義できる資質や能力について論じていきたいと思います。これは教育と福祉それぞれの再定義であり，教育と福祉の境界を見直していくことになります。

1　子どもの生活現実へ接近する——コロナ理由の払拭

（1）コロナ禍と中教審答申「令和の日本的学校」論

　私たちは，今，コロナ禍が浮き彫りとした学校教育や地域福祉，子ども家庭福祉の諸課題と向き合っています。しかしその一方で，これから展開すべき実践や研究においては，中央教育審議会答申（文部科学省 2021）や教育施策の動向分析と絡めて考えていかねばなりません。

　「令和の日本型教育」の構築やSociety5.0時代，ICTの活用，GIGAスクール構想，学校（教育）業務支援員の配置，そしてようやく着手された学級編制法（35人学級）の改正など，いずれもが子どもたちの学習経験や生活経験の格差を縮減するものになるのかどうかが課題になります。そうした視点をもつことで，大人が子どもの多様性を認めたとしても，そこにつながる多様な支援が具体的に持続されないと絵に描いた餅になります。様々な教育政策が子どもの「学力向上」を目途に傾斜しているなか，そのことと子どもたちの生活の質の向上とを一体化させていかねばなりません。

　ポスト（ウイズ）・コロナの教育施策は，ややもすると教育格差の拡大を助長し，子どもたちの学習形態に変容を及ぼします。教育における「子ども不在」の再来や経済優先の「新しい生活様式」という大局を見失わないことが大切になります。GIGAスクール構想により，人件費よりもタブレット（教育財政問題），教科書の内容が学校と家庭で2分する「授業観」の転換，学習と家庭との関係についての詳細な理解，そして標語としての「学習権」から具体実践としての「学習権保障」などは，従来からの事象をコロナ禍が浮き彫りにしたものにほかなりません。

　学校における福祉や心理の専門職の介入や援助の技術も，子どもたちが抱える（経験している）生活の現実から出発すべきであり，子どもたちが教育職と福祉職・心理職とをつないで（くれている）いると考えるからです。

　文部科学省の『児童生徒の教育相談の充実について（報告）』（文部科学省 2017）において，例えば，スクールソーシャルワーカーは「児童生徒の最善

の利益を保障するため，ソーシャルワークの価値・知識・技術を基盤とする福祉の専門性を有する者として，学校等においてソーシャルワークを行う専門職」であると示されます。職務についても，「ソーシャルワーク理論に基づき，児童生徒のニーズを把握し，支援を展開すると共に，保護者への支援，学校への働き掛け及び自治体の体制整備への働き掛けを行う」とあり，個別支援アセスメント，自治体アセスメント，学校アセスメント，地域アセスメントが業務上必須となります。学校，家庭，地域（関係機関等を含む）が，対等に子どもたちにとっていずれも適切で大切な居場所になることを具体化していくことが重要です。これは子どもの最善の利益を保障する一つの前提になります。

　今，子どもたちへのストレングスとエンパワメントの視点が，私たちの実践を介し，学校等でともに仕事をする教員や専門スタッフ，保護者，関係機関職員との共通の語句や認識に深まりつつあります。さらに，それが子どもたちの内面を育てていく一助になってはいます。まだまだ遅々とし課題も山積ですが，私たちの成果（ストレングス）自身を語り合い，他者に伝えていくことが第一の課題になります。

（2）学校は社会の変化を内部化する地域の福祉的施設である

　学校では，子どもの学びを下支えするすべての事象に手がけることが教師の職務の無限界性を生み出し，さらに社会や保護者からの要請に応えるというサービス職化してきました。事務の多忙化問題とともにプライベートな時間も活用しなければならない状況です。教師もスクールカウンセラーもスクールソーシャルワーカーもそれぞれの業務のうち，子どもが学校に通うことを目的にした不登校対応に多くの時間が割かれる傾向があります。しかし，その対応において何もかも学校に内部化することは危険であり，その行き過ぎをチェックするウオッチャーが必要です。なぜなら「不登校」が学校の価値観による問題解決にとどまるからです。学校が支援や改善のネットワークの要になることと，その事象克服の計画や方法をめぐる判断や意思決定の要になることとは同義ではありません。

　学校だけが不登校支援のための資源になるのではなく，学校も他の社会資源

と相並ぶような関係であることが大切になります。したがって，学校のプラットフォーム化は「不登校」をなにごとも学校解決型に追い込むことになります。教師が支援や救済のネットワークの要になることと，事象をめぐる判断・決定の要になる（福祉の教育化）こととは大いに異なります。学校へのスクールソーシャルワーカーの配置は，その支援や救済に資するかどうかだけでなく，その決定の改善に介在していくことを指します。

　今後，スクールソーシャルワーカーやスクールカウンセラーなどの常勤職（正規職員）化が進むと，福祉職は教師や心理職と職務上の重なりも多くなり，他の職種との連携のあり方や役割もボーダーレス化します。相互乗り入れ（トランスディシプリナリー）チーム論や「職業的境界」（保田 2019：155）を乗りこえる探求がポジティブなものとなります。

（3）子どもによりそう専門職：謙虚な問いをもつ

　スクールソーシャルワーカーと積極的に仕事をし，その職務をよく理解するスクールカウンセラーから耳にする言葉があります。「未確定のままに関係者を広げてしまう」，「えっ，そこまで今，家庭状況に入り込むの？」と。

　子ども理解の出発にとって「子どもの声を聴く」という行動指針は重要です。しかし心理的精神的侵襲となる「聴き取り」に及ぶことがあります。大人が子どもに問いかけたらすぐに答えが返ってくるという学校文化を活用した相談援助でしかないことになります。

　「謙虚な問いかけ」（シャイン 2017）とは，正解を求める質問とは異なります。問いかけとはややもすると質問をする側が優位に立ちます。ゆえに「謙虚な問いかけ」とは，相手より一段降りた立場からの営みです。

　この「謙虚な問いかけ」とは経営学や組織心理学からの提唱ですが，自分の知らないことを相手に問いかけるゆえに，謙虚であろうとする姿勢を示すものです。子どもの話の中に出てきた特定の事柄や言葉に関心をもったとしても，そこに着目して話をするといつの間にか会話の主導権をとってしまい一方的な話になります。

　「謙虚な問いかけ」の特徴には，「望ましい状態を求めるものではない」とい

う点です。これは教師に限られるものではなく，スクールカウンセラーによる
カウンセリングでも，子どもや保護者の行動や思いの振り返りを促し，本人の
やる気を引き出す問いかけです。特にスクールカウンセラーは本人の能力や性
格，知識，経験，得意なこと，興味関心のあることといった内的リソースに働き
かける問いを発していきます。

　スクールソーシャルワーカーは，本人の環境要因である外的リソース，たと
えば家族や友人，所属している組織や持ち物，福祉制度，社会資源などを活用
する問いを発します。いずれの問いも子どものストレングス（強みやよさ）に
目を向けます。こうした問いはいずれも解決思考アプローチと呼ばれ，課題を
解決するために使える事柄に着眼して（見立てて）しまいます。相手がどうな
りたいのか，どうしたいのかという将来の望ましい状態に近づくように，内
的・外的リソースを総動員して支援や援助を達成しようとしてしまいがちです。

　しかし，この「望ましい状態」とはだれがどのように判断・決定しているの
でしょうか。教師とスクールソーシャルワーカーなどの専門スタッフとをあえ
て対照的に見ると，教師はみずからが判断し，スクールソーシャルワーカーな
どは相手の了解を取って判断するという職性の違いが顕在化します。しかしと
もに，支援の正解を大人はもっておらず，それをもつのは子どもたちです。

　この「謙虚な問いかけ」は，問題解決としての問いかけよりも人間関係づく
り（人と人との結びつき）としての問いかけであるという特徴があります。学
校ではその双方が必要ですが，前者に偏りがちです。それ以上に，問いかける
ことよりも，人前で話がしっかりできることや自分の考えがアピールできるこ
と，論理的な裏付けをもって話ができることが授業では重視され，そのことが
優れていることとして評価されがちです。世の中は話ができ雄弁なことに優位
性をもつ社会です。人の話を聞く（聴く）ことよりも，教えることや伝えるこ
との方が上位に置かれる社会です。

　「謙虚な問いかけ」は，発問する側に次の姿勢を求めます。自分が知らない
こと——子どもたちの声を積極的に認め，自身の足らざるを知ることです。対
話のある授業への模索も，「謙虚な問いかけ」とのかかわりでいうと，対話と
は問いかける側の内省を生み出し，相手（子ども）の声からみずからの認識や

理解を新たに意味づけることを示します（鈴木 2021b）。

（4）相手から了解を取ること

　家庭状況について話を聞くときに，子どもに親の仕事を聞いたり，「お父さんは平日もおうちにいるの」といった問いかけをすることはありませんか。これは実は誤った問いになります。家族や親子といえども，別人格である家族の情報を得るときには，そのお父さんの了解を得ておこなうべき行為です。欧米ではこうした聴き取り時のガイドラインがあります。家庭の様子といえども，知らず知らずのうちに情報提供を子どもに強要している行為となります。

　入学時や進級時の「家庭状況票」には，同居家族の構成員や児童生徒との続き柄，年齢や職業，緊急連絡先，かかりつけ医・既往症などの項目があります。こうした記録の事項は自治体や学校個々によって異なりますが，年度途中の離婚や別居，職業の異動まで確認できないときがあります。ゆえに，こうした個人情報の取扱や情報収集について習熟していく必要が生まれています。

　職場で「情報共有をする」という時も，その情報を得たのは別人であることがあります。「このことは学年の先生全員に伝えますがよろしいですか」という同意を得ることも，問いかけを有効にします。

　そして，情報収集について，それを知る権限がどこにあり，その情報を使う権限がどこから付与されているのかが厳しく問われる時代です。問いかけて得た情報を何に活かしていくのか，その計画や工程を説明し了解を取ることが求められます。

　私たちの「聞きにくさ」には，子どもや親など（あるいは専門機関など）から得た情報を次に活かすことに自信がなかったり，確信がもてなかったり，その見通しがもてないことに起因します。しかし，あきらめないでいただきたいと思います。問いかけられることで，自分への関心が向いていることが伝わります。今，この空間ではあなたが主人公であることを指し示します。そして，この人なら力になってくれるという期待観が信頼をつくります。決して問題解決をすべてやってくれるということではなく，この人に任せれば，いろいろな人につないでやってくれるという期待が信頼関係を豊かにしていくのです。こ

れは1対1の関係だけではありません。

　さらに，話しづらいことにアプローチするときに，無関係なことや子どもの最近の様子など「あたりさわりがない」ところから入っていくことがあります。「寝る時間や起きる時間」や「好きな動物やペットの話」など関係ない話から始め「あなたにとってなにがつらいのかな」と中核に迫っていく手法がありますが，ここにはアセスメント（見立て）が不可欠です。子どもからすると「そんな話よりも聞きたいことはこっちじゃないの」と見られていることもあります。数年経ち，期間が空いてからあの時の問いかけに苦しむ若者もいます。なぜ聞かれたのかに懐疑心をもたせないために，問いかけの目的をしっかりと示すことが欠かせません。

　本書がいう学校福祉とは，学校が子どもの福祉（しあわせ・ウエルビーイング）にいかに責任を負うのかを考える人材育成の用語（鈴木 2021c：4）です。そのポイントは，①「子どもを取り巻く周囲の大人の確かなつながり（協働）があること」，②「失敗しても，困りごとがあっても，誰かに頼ることができる機会があること」です。

　学校の福祉的機能とは，子どもの福祉（生活の質の向上・しあわせ）を子どもみずからが獲得する力を育てていくことです。そのためには，自分のことを決めるときにはその場に参加できることが大切です。よかれと思って周囲の大人が決めてしまうと，子どもが置き去りになります。子どもの声を聴くことは決して容易ではありません。子どもの声を聴くことは「あきらめないこと」と同義なのかもしれません。子どもへの問いを磨いていくことは，学校福祉の大切な技術——理念だといえます。

2　心理的アプローチと福祉的アプローチの相克

（1）心理的アプローチの内在化

　今日のスクールカウンセラーについて，少し振り返ってみます。

　学校での心理カウンセリングの資格取得の推進や教育相談教師の設置などが1960年代，心理臨床系学会・団体によってなされてきましたが，結果それはス

クールカウンセラーとして臨床心理士や今日の公認心理師を採用する形で学校への内在化が図られました。学校への内在化とは学校現場をフィールドとすることであり，スクールソーシャルワーカーに求められる内部化とは異なります。

　災害時や緊急事態の時に発出される「心のケア」は心理主義化する学校システムを示しています。例えば，東日本大震災後の学校において「かけがえのない個人」，「ケア的倫理」として，誰もが他者に依存しながら存在していることを一歩前に置くことで，個体還元主義を乗り越えることができました（清水ほか 2020：21）。震災はヴァルネラブル（傷つきやすい）な存在を前提とした学校の再編につながります。自己の弱さを表出し，その依存を支える組織やシステムが存在することは，失敗は許されない（何事もゼロ思想で考える）と思いがちな教育現場の改革になります。これは教師のみに委任してきた公教育のあり方が問われる今日，その揺らぎについて私たちを向き合わせることになります。これは同時に学校教育における福祉職や心理職の存在理由を問うことになります。

　子どもを取り巻く福祉的アプローチには，学校起点の福祉的視点もあれば社会生活起点の福祉的視点，家庭起点の福祉的視点という判別が即座に認めることはできないにしても，そのいずれかを見据えることになります。

　とくに学校起点の福祉的起点は，「子どもにどんな力を育てきたのか」を問うことにつながります。ケースワーク的な対応（すべてを拒否するものではない）やミクロな対人局面でのアプローチという点では同じかもしれないが，同時に展開するメゾ，マクロの実践局面で大きな開きがあります。学校で「子どもたちにどんな力を育ててきたのか」という問いが向けられるのは教師だけではありません。学校や教育機関で一緒に仕事をする他の専門職とともに，自分がどんな力を子どもや親，教師に培うのか。その前に，子どものしあわせを他の職種と共有する言葉や技術の開発が必要になります。先にも示しましたが，一例として「不登校」は，社会福祉専門職の専門用語なのでしょうか。否です。これは問題解決の個人主義化を促進します。そうではなく不登校という現象の背景にあるものをこそ，社会科学の用語で説明することです。

（2）学校がもつ福祉的機能を橋渡しする専門職

　子どもたちが教育と福祉に橋を架けることは，自力解決が求められことに慣れてしまっている学校において，権利の行使主体としての力を育てることにほかなりません。

　学校の福祉的機能（学校福祉）とは，学校が，子どもの福祉（生活の質の向上）に責任を負い，子どもみずからが福祉の対象であることのみならず福祉（しあわせ）を権利として要求する主体となるものです。学校福祉はスクール（学校）ソーシャルワークの言い換えではありません。学校での子どもたちのしあわせを実現する人材とその育成という意味で，学校福祉という概念を使ってきました（鈴木 2018）。

　学校の福祉的機能は，教師にもスクールカウンセラーなどにも自身の専門性と「福祉的支援」との接続を求めるものです。心理教育的援助が学校の福祉的機能の向上にどうかかわるのか。そして誰もが，自分の専門性によって子どもの心情や生活，家族関係，地域との関係を切り刻んでいなかったかどうか，誰かの限界（失敗，うまくいかない）を他の職種が補うことという考えになっていなかったかどうかを問い直す必要があります。アセスメント自体を協働・多職種による組織的な営みとし，プランニング・計画も複数で行い，実行（実践）のところでようやく分業なり協業となり，振り返りを複数で行う形がうまれます。こういった筋道を担える人材の育成が重要です。これを個人のコーディネート機能にしてしまうと，その人はスーパーマンになってしまいます。しかしながら，スーパーマンではない理解の仕方もあります。

　海外では職業に「／」（スラッシュ）を付けて「スラッシャー」という複業を示す表現があります。日本でも教師／社会福祉士，教師／公認心理師，など，カナダではteacher/loyerという人やeducation department/certified social worker（教育学士で認定社会福祉士）という人と出会うことが多くあります。こんなところに専門性・プロフェッションの息づかいを感じます。職業人の専門性が個人の意思よりも所属組織や雇用形態で示されやすい日本の風土があります。そのためその本人が自身の専門を表明するというスペシャリスト観もあります。一人で抱え込むソリストよりもチームの一員として他職種の専門性を

引き出す専門性をもつ人材として，学校福祉も教育職／福祉職や心理職／福祉職としてもよいのではないでしょうか。

（3）学校福祉の担い手に求められる資質・能力

　学校福祉は1990年代からわたし自身が使ってきていますが，学校や学校教育の現場自身がwell-being（健康，福祉）の場になることを支える多職種協働の素地や素養，資質として，なにが求められるのかを考えてきました。この20年は，そういった素地をもつ専門職の実践の実際を創り上げることに多くの時間を費やしてきました。

　2030年に向けて（中教審答申），教職の主務が学習指導・教科担当となり，従来の生徒指導や教育相談，部活動などが専門スタッフでまかなおうという欧米化がチラチラしはじめている昨今，何でもできる教師（スーパーマン）を養成するのか，それとも他職種をうまく使える教師を養成・育成するのかが話題になりがちです。それは子ども本位にはなりにくいものです。

　学校のもつ福祉的機能とは，子ども・家庭への社会福祉サービスの提供を，学校を介して行うこととはまったく異なります。学校を通じた社会福祉サービスの提供は海外に比べ日本では大正時代からの慣例です。しかし，福祉がもつ障壁を越えないと重なりあいません。

　学校のもつ教育的機能は社会的・心理的諸科学で成り立ってきました。その支援も，保健医療的アプローチと心理的アプローチによって形成されてきました。しかし，これらはやや内的リソースの活用でした。一方，社会福祉は外的リソースとして位置づいてきました。この20年近く，教育学から見て，外的リソースであった社会福祉が「ソーシャルワーク」という自己変革を行いながら，内的リソースとして再出発しようとしているのがスクールソーシャルワーカーの実践でありその試行であったといえます。これが学問として「学校ソーシャルワーク」と呼ばれ，学校におけるソーシャルワークの実践に取り組んできたわけです。

　他方では，学校教育領域に社会福祉士が職域を拡大するためにスクールソーシャルワーカーの配置を展開してきた側面もありますが，ここに来て，ようや

く学校の教育的機能の向上へ内的に展開し，組織に内在化しようとしていると
ころです。この内在化の部分と先の教育学の見方との結合が求められるわけで
す。もともと日本の学校（公教育）の教育的機能には福祉的機能が含まれてい
ます。学校教育界は教育＝福祉と理解しています。ゆえに取り立てての福祉と
は虐待や貧困など，副次的なものと理解する思潮があります。1980年代以降，
どんどん学校の福祉的機能がそがれていきました。残るは養護教諭の仕事と給
食だけになっています。その回復を真摯に目指すのか，それとも働き方改革に
便乗した専門職の配置（非正規の専門職）の拡大に転げ落ちていくのか。70歳
定年制が努力義務化された昨今（2021年4月），専門職の雇用は非正規になるし
かないのも現状です。

3　多職種がかかわる学校づくりから協働を生み出す学校づくり

（1）多職種の協働がどこから生まれるか

　ケース会議などで，スクールソーシャルワーカーの発言のなかに，「福祉の
視点では…」，「ソーシャルワークの視点から見ると…」という言葉がよく出て
きます。しかし，社会福祉関係者が思うほど，学校を含む地域社会の中にソー
シャルワークの価値や方法，技術，目的は十分にしみ込んではいません（反福
祉的状況）。校外での関係機関との連携や家族への社会福祉サービスの活用は，
教育実践の枠の外になりがちです。そこに「福祉の視点では」とポンと投げ込
まれても，「枠をひろげられる」，「距離ができる」という受け身的な感覚を生
み出します。

　学校には教諭以外に様々な相談員や支援・介助の方，心理職や福祉職，看護
職，そして指導員（スポーツや学習指導など）など，多様な専門職がいます。
すでに学校は多職種によって営まれています。地域を見渡しても同様です。

　そこで棲み分けにストレスを感じていては本末転倒です。重なりや「かぶる
こと」をポジティブにとらえられることが資質として求められています。これ
は「学校でともに仕事をするという専門性」を明らかにしていく視点です。
もっと子どものしあわせを考える人々の垣根がなくなっていくこと，その推進

が多職種協働という営みです。

　今日，いじめや非行，不登校，暴力やその背景にある虐待や貧困，生活困窮
など，それらの克服について数多くの施策や事業，法規があります。しかし，
学校福祉に着目した支援や援助にあたる人々をコーディネートする専門家の育
成はこれからです。さらに，こうした課題の根底にある「子どもの生きづら
さ」に，まだ十分に迫れておらず，その取り組みも不安定です。その意味で，
「学校（教育機関）で仕事をするすべての専門職」が共有する専門性が大切に
なります。

　この学校福祉とは，日本の学校教育に内在する福祉的機能を今日的に掘り出
し，再定義し，その発展とソーシャルワークをつなぐ概念です。家庭－学校－
地域のつながりを重視した日本の教育に根ざしたソーシャルワークとはなにか，
学校とともに創りあげる多職種協働の方法，子どもの最善の利益は周囲の大人
に確かなネットワークがあること，そして学校における協働のある社会が子ど
もたちにどんな力を育てるのか。

　学校が子どもたちにとって有意義な場となり，地域や家庭が子どものいのち
とくらしを守る場となる。これは学校で仕事をする専門職のパートナーシップ
とパラレルな関係にあります。

（2）子ども（家族）理解は多職種で

　今日，子ども理解の際に，家庭環境に着目する視点を高めていくことは決し
て容易ではありません。「子どもを総合的・多面的に理解する」という指標の
中に含まれますが，子どもの成育歴や家族環境を把握するには，相当な倫理観
と情報収集およびその技法が求められます。

　教育活動全般に，個人情報を含む理解を活かすことは学校で働く者の指導観
の基礎だと言えます。その際，教師がつかみにくい家庭情報もあります。これ
らを教育活動に役立つ情報に翻訳し，これまでシャドーワークとされてきた教
師の家庭支援の役割を可視化するために，スクールカウンセラーやスクール
ソーシャルワーカーという協働者がいます。

　「学校教育は教師が担うもの」という状態から，久しく時間を経て学校でと

もに仕事をする他職種が増えてきました。そしてその仕事も重なり合うところがってきました。これまで以上に，学校で仕事をする個々の専門職の境目も取り払われてきています。そのことをポジティブにとらえ，ともに「学校（教育機関）で一緒に仕事をする」専門性とはなにかを考える。これからはそんな時代に入っていくのではないでしょうか。子どもを抱え込むことはなくなります。

　教師教育では，これからスクールソーシャルワーカーなどが学校に登場していくということは，教師には負えない反福祉の環境が学校を覆い，あるいはこれまで学校が機能してきた福祉的機能だけでは解決できない社会に入るため，問題解決の人材を必要としている。それだけ，あたかも福祉的支援は教育職の負担となっているかのようなとらえ方を助長するかもしれないという危惧があります。

（3）「不登校」という言葉を使わない

　前述したように，「不登校」という言葉は，学校や教師に，その子どもたちをすべて教育活動が抱え込む姿勢を求めます。そして学校を休むという「現象」に目を向けさせます。しかし，その要因や背景は様々であり，かつてのような「怠けている」といった「不登校」理解は今日ほとんどが成り立ちません。

　平成28年度の文部科学省「児童生徒の問題行動等生徒指導上の諸問題に関する調査」の表記の一部が，「児童生徒の問題行動・不登校等」となりました。「不登校」が従来の問題行動から切り離され，これからの「教育機会の多様化」を後押しするものになりました。いまや「しあわせな不登校」という言葉も聞かれます。「いまは学校を選択しない子」「いまは○○を選択している子」「自分を守る子」「有給休暇を取っている子」など，その表現も重要です。

　不登校の数値増加は，子どもたちからのSOSとありのままの姿への大人の側の着目とが相重なったものとみることができます。「いじめ認知」の数値の増加についても，子どもの声に寄り添う周囲の大人の気づきや感度の高まりを示し，認知件数の増加は子どもとの対話件数の増加と言えないだろうかと思います。さらに，不登校数にしても，いじめ認知数にしても，多くの教師が他の専門職にヘルプを訴えている数として見ることができないでしょうか。した

がって，学校（教育現場）でスクールソーシャルワーカーが「不登校」という用語をアセスメントの場面で使うことは，教師のヘルプを閉じ込めてしまうことになるのではないか。「先生，あなたの役割ですよ」という指示になってしまうのではないでしょうか。

　現象としての「不登校」から，その背景や要因に掘り下げたカテゴリーが示されると，担任主義にならず，もっと誰と誰がどのように動けばいいのかを協業として可視化できるのではないかと思います。「不登校という言葉は使わないで，その背景にある諸要因を先生へ適切に伝え（代弁），協議（対話）できる力をもってください」。これは，福祉専門職や心理職の方々にもよく声をかける事柄です。

　これらは多職種協働を生み出す学校づくりの原点になります。

❹　これからの学校福祉研究の探究

（1）教育と福祉の再定義

　学校教育がwell-being（健康，福祉）の場になることを支える多職種協働の担い手にはどのような資質や知識理解が求められるのか。[1]そして，学校も，地域も，家庭のいずれもが一人の子どもにとっての居場所になるにはどうすればいいのか。大人の力量や社会制度が子どものニーズを選別してしまわないたまに何が必要か。すべての子どもたちに資する学校の福祉的機能を高めるには，教授・学習，子ども家庭福祉，発達・臨床心理，医療保健，司法の諸領域にとって共通する専門性とは何か。子どもたちが求める多職種協働の組織文化をいかに創りだすのか。こうした問いは尽きませんが，「Social Work with Schoolからwell-being in Schoolへの視点」と表現しておきたいと思います。

（2）これから発展すべき実践や研究

　学校が子どものしあわせとって大切な社会的資源になるには，学校の福祉的機能が弱まっている，あるいは喪失ぎみであり，眠り込んでいるととらえるといいのではないでしょうか。その眠りを覚ませ，権利擁護の社会正義と結びつ

けることが重要な目途になります（学校への介入技術に目が向きすぎていな
かったかという反省を込めて）。

　以下，学校福祉の研究課題について，いくつかテーマ課題を述べます（鈴
木 2021a）。

① スクールソーシャルワーカーやスクールカウンセラーの「活用事業」
　　を，福祉職や心理職と教職などの他職種，子ども・保護者との共同事業
　　であるととらえる。児童生徒支援職として総合化できるかどうかの議論
　　を行う。

② 他職種との協働アセスメントをめぐる方法論的研究とその実践（意思
　　決定過程の対等性と平等性，相互依存性について）。

③ 学校福祉の実践を全国的に共有し，分析検討する機会を持つ。

④ トランスディシプナリーを目指す協働連携の検討（役割の独占とそこ
　　からの解放を考える）。

⑤ スクールソーシャルワーカーやスクールカウンセラーそれぞれに固有
　　なスーパービジョンとその共同開発的研究の志向をはじめる。

⑥ スクールソーシャルワーカーやスクールカウンセラーを目指す若者
　　（学生）の意識や要望を取り入れた，あるいは当事者参加型の研修等の実
　　施。

⑦ 教育職，「専門スタッフ」をめぐる教育政策論との横断的研究，他分
　　野・領域との学際的研究

（3）学校福祉研究の探究

　その手掛かりのひとつに，日本における学校ソーシャルワーク研究が今日の
社会福祉学や教育学の研究領域においてどのような位置にあるのかがあります。
日本の公教育において20年近くの間，学校ソーシャルワークの発展がこうした
分野・領域からどのような影響を受けてきたのか，そしてまたどのような影響
を与えてきたのかを明らかにしていくことです。その交互作用に着目し，生徒
指導の施策や実践，障害児者福祉，子ども家庭福祉，地域福祉，保健医療，司
法福祉の諸分野と学校ソーシャルワークとの関係課題を総説とともにひもとい

ていく必要があります。

　学校教育現場にスクールソーシャルワーカーの必要性が問われていくなかで，この意図をもとに，個々の「対象把握カテゴリー」ごとに，「スクールソーシャルワーカーが取り組むべき実践の必要性」論を超えて，スクールソーシャルワーカーだからこそ当事者や他職種と協力して取り組んでいける，その実践の根拠を示していかねばなりません。

　また，ソーシャルワークにおける基盤となる諸アプローチをとりあげ，現在のスクールソーシャルワーカーがそれらのアプローチをいかに発展させてきたのかというその理論的解説が欠かせません。つまり，子どもの権利擁護と学校ソーシャルワーク研究として，学校ソーシャルワーク論の基礎分野・領域自体の研究蓄積・動向の中で，「学校ソーシャルワーク研究」がどのような位置にあるのか。

　例えば，学校ソーシャルワークと生徒指導，学校ソーシャルワークと子ども家庭福祉，学校ソーシャルワークと地域福祉，学校ソーシャルワークと司法福祉，学校ソーシャルワークと保健医療，学校ソーシャルワークと障害者福祉といった課題において，「と」に当たる意味の解析です。隣接する各領域・分野の動向との関係・交互作用です。これらを歴史・施策の総説，研究・実践の動向，今後の研究課題などを通じて示していきます。

　また，本章の冒頭でも述べたように，福祉的支援をめぐる探究課題（カテゴリー別，いじめ，不登校，児童虐待，子どもの貧困，ヤングケアラー，SOGI（LGBTQ・性別違和），多文化・外国ルーツなど）に，「対象把握カテゴリー」ごとに，学校福祉だからこそ当事者や他職種と協力して取り組んでいける，その実践的根拠を示すことも必要です。

　そのほか，プロフェショナルへの養成・育成として，人材養成・育成にかかわる研究の動向として，スクールソーシャルワーカーの養成・採用・育成に関する研究課題やスクールソーシャルワーカーのスーパービジョンに関する研究課題になると思います。

注
(1)学校で活かされる学校福祉の知識や専門性
　基本的知識：
- 子どもの学習に，学校，家庭，地域がどう影響するのかに関すること。
- コミュニケーション論や行動理論も含めた人間の成長や発達論。
- 文化的民族的背景が学びのあり方にどう影響するかに関すること。
- 学校生活に遅れをもつ（発達のペースの多様さ）可能性のある子どものニーズに関すること。
- 子どもの特別なニーズに応えるため，学校や教育関係者を援助する方法技術。
- 関連する専門職とのチーム形成と有効な連携や相談業務をおこなうこと。
- 学内や地域で子どもや学校，家庭，地域に役立つ人材や場を把握しつなぐこと。
- 教育関連法規や教育委員会の施策，行政の手続きに関すること。
- 省庁の提起や優先事項に関すること。
- 悲惨な事件事故の後，子ども，地域，学校教職員への危機介入プログラムの実施。
- 子ども，学校教職員への様々な初期予防プログラムの実施。

　子ども支援をめぐる専門性：
- 自己の学力の向上。
- みずから教育機会を最大限に活かす。
- 個人的精神的社会的な自信をもつ。
- 友だちや教師，家族との人間関係の改善。
- 自己肯定感を高め，自立する能力を身につける。
- 不安やストレスへの対処を身につける。
- 問題解決や自己決定するスキルを身につける。
- 危機への自己対処。

　学校支援をめぐる専門性：
- 家庭，地域，文化，精神保健や社会的経済的な要因が子どもの学習にどう影響するかを教師たちが理解する。
- 安全で安心な学校づくりをすすめる。
- 問題を起こす可能性の高い子どもやすでに問題を経験している子どもの把握。
- 児童虐待とネグレクトを峻別し報告ができる。
- 学校と保護者との協力関係ができる。
- 子どもの学力形成に資するプログラムづくりとその実行。
- 不登校や自殺念慮，虐待・ネグレクト，若年妊産，校内暴力，薬物やアルコール濫用などをテーマとした有効な予防プログラムを学校でおこなう。
- 特別支援教育（障害児教育）のプロセスづくりへの教職員の参画。

地域支援をめぐる専門性：
- 地域が学校の方針やプログラム，実践を理解する。
- 子どもや保護者のニーズに応えるための地域における人材や場所づくり。
- 援助の必要な家族がサービス提供のために地域の関係機関と連携するために。

引用・参考文献

清水睦美ほか（2020）『震災と学校のエスノグラフィー――近代教育システムの慣性と摩擦』勁草書房。

シャイン，エドガー・H．金井壽宏監訳，原賀真紀子翻訳（2014）『問いかける技術――確かな人間関係と優れた組織をつくる』英治出版。

鈴木庸裕編（2018）『学校福祉とは何か』ミネルヴァ書房。

鈴木庸裕（2021a）「学校教育とソーシャルワークを橋渡しするのは子どもたちである」『学校ソーシャルワーク研究』日本学校ソーシャルワーク学会，16号。

鈴木庸裕（2021b）「『謙虚な問いかけ』と子ども理解の促進」『月刊生徒指導』，学事出版，2021年7月号。

鈴木庸裕（2021c）『学校福祉論入門――多職種協働の新時代を切り開く』学事出版。

文部科学省（2017）『児童生徒の教育相談の充実について～学校の教育力を高める組織的な教育相談体制づくり～（報告）』教育相談等に関する調査研究協力者会議
https://www.pref.shimane.lg.jp/izumo_kyoiku/index.data/jidouseitonokyouikusoudannjyuujitu.pdf

文部科学省（2021）『「令和の日本型学校教育」の構築を目指して～全ての子供たちの可能性を引き出す，個別最適な学びと，協働的な学びの実現～（答申）』
https://www.mext.go.jp/b_menu/shingi/chukyo/chukyo3/079/sonota/1412985_00002.htm

保田直美（2019）「学校における多職種協働と教師の役割」原清治ほか編著『教育社会学』ミネルヴァ書房。

（鈴木庸裕）

第2章
多職種との「かさなり」を考える

　どんな専門職でもジレンマを感じることがあります。しかし，ジレンマは，どの職種であっても我慢したり避けようとするものではなく，いわば大切な業務の1つなのかもしれません。そして，多職種協働の入り口なのかもしれません。しかし，つい，「ソーシャルワークの視点から」「福祉の視点から」という言葉を口にして他職種との境界をみずからつくり，かえって多職種協働を損なえてしまうことがあります。

　本章は，4名の現役スクールソーシャルワーカーが，多職種協働をめぐる実践感覚から振り返りながら，こうしたテーマを乗り越える共同的研究の成果です。

　1では，日々の心細さから協働を通じた心強さへの転換に何があるのか，2では，その際，協働を生み出すためのツールとは何かについて，3では，多職種協働を可能とする学校組織やチーム学校の機能について，4では他職種との協働の醍醐味について展開します。

1　協働を通じた心強さ

（1）日頃，心細さを感じる中で

　学校で仕事をする中で，予防の観点から子どもや学校の問題にかかわることができれば良いと思いつつ，専門職には，すでに問題が発生した後の事後対応のような課題解決のための具体的な手法や方法を求められることが圧倒的に多くあります。深刻化する前に介入することができたらと思いながら，山積している課題に取り組まなければいけないジレンマを常に抱えます。しかし，困難な状況の改善を求められると，自分だけでは解決することが難しく，必然的にスクールカウンセラーや教師や地域の社会資源との協働が必要となってきます。理想は日常的な協働の場の中で関係を育み，チーム体制の上で子どもたちの課題解決を検討していくことですが，派遣要請型の職務では，突然，学校の中にソーシャルワークを求められたときもあります。その際に協働の体制をどう構築するかは，とても難しいことですがここに醍醐味もあります。

（2）何かが良くなっている

　ある学校のケースに派遣をされた際に，教師（管理職）からの印象深い言葉がありました。以前にもかかわったことのある学校ですが，「スクールソーシャルワーカーを呼ぶと，正直，私はやり取りが頻繁だから面倒なのだけど，家庭に入って，子どもがよくなることがわかっているから呼ぶんだよね」という言葉です。

　この言葉を聞いたとき，こちらへの期待と具体的なビジョンが共有される，その土台ができたのだなと感じました。実際に一緒に動いてみて，子どもにどのようにかかわりをもつかをお互いに理解しあうプロセスが見え，関係性が育まれたと実感しました。お互いの目的をすり合わせて役割分担をし，子どもや家庭に対するアプローチが形になっていくことが，共に子どもにかかわる仲間としての信頼関係も育んでいくのだと思います。子どもの家庭状況の把握や様子がわかることが，直接的には学習活動にかかわらなくても，または子どもの

様子を通じて何をしているかわからなくても，何かが良くなっているという実感がお互いにあることが協働の基礎となり，こちらの仕事の内容を完全に理解しなくても，なんらかの改善が得られているという実感が協働につながっているともいえます。そこから学校で教師は何をしているのかスクールソーシャルワーカーが何をしているのかを，お互いに知り，お互いの信頼関係や専門性の理解という部分にも影響を与え，円滑なやり取りができるようになっていくのだと思います。

（3）一緒にいるという実感

　協働のプロセスは災害の支援においても共通する部分があります。災害の際に脆弱性がある部分からより早い支援が必要になることを震災と原発事故から学びました。例えば，知的に障がいのある子どもと高齢の母の世帯の支援をしたとき，情報があっても適切に判断ができずに，支援が届かないことや，書類等の記載の細かなサポートが必要になったことがありました。支援物資の受け取り一つをとっても，いつ・どこで等の情報が文字情報だけだと見落としてしまうなど，理解の不足により受け取りができないことがあります。その際に近隣の方や民生委員などの情報，普段からかかわりのある支援者の情報から具体的な困りが分かったことで，生活支援員の巡回につながり，近隣では見守りや声かけをすることで困難な状況に陥ることが未然に防げました。震災前からの支援において関係者が連携していて，その家庭が何に困る可能性があるのかを平時のかかわりの際に知っているということが協働の基盤になりました。

　震災の際には普段のコミュニケーションや誰がどこでどんなことをしているかを情報だけでなく，ケースを通じた実際のかかわりから理解をしていることが，より円滑なニーズの発見や対応につながっていきました。

　そのように考えると，専門性の理解は一方的なやり取りではなく，双方向のかかわりから生まれる信頼の上に成り立っていると考えられます。また，スクールソーシャルワーカーの介入からもたらされる情報が，子どもや家庭の思いがけない一面の発見や先生方へのヒントやかかわりのフィードバックになることもあります。専門的なかかわりからの考察ではなくても，何気ない気づき

を橘氏のような場面で伝える会話での一言で先生方が新たな視点を得るときも多くあります。

　専門職としてエビデンスや技法といったスキルはもちろん大切です。しかし，同じ支援者として福祉職と教育職との対話を通じた双方向のやり取りが支援をする上での備えとして蓄積していくことで支援の基盤が強固になってきます。そのような意味では専門性の上に支援があるのではなく，実践の中にソーシャルワーカーとしての専門性があるといえるのではないでしょうか。

（4）他職種の専門性理解が心強さに

　一方で，専門性を活かしたチームアプローチを考えるときに，スクールカウンセラーやスクールソーシャルワーカーの学校で中での立ち位置についても考えていかなければなりません。お互いに中立・公平な視点で子どもや家庭のアセスメントをすることが求められます。しかし，チーム学校の中では，学校長の指示による働きも求められています。組織の一員と独立した専門職としての矛盾した立ち位置のバランスが常に均衡がとれたものでなくてはいけません。同時に組織のマネジメント力を高める存在として，学校組織に対するアプローチも欠かせません。派遣型で勤務をする立場からすると，どうしても学校の教師の息づかいや空気感がつかみにくいことがあります。その時にはスクールカウンセラーの見立てや養護教諭からの情報提供が重要な情報となってきます。情報共有の中でお互いの支援の方向性を確認し，他職種の専門性を理解するとスクールソーシャルワーカーとしても心強さを感じます。

（5）不安定さが逆に協働を生み出す

　あるスクールカウンセラーと協働について会話をした時，「心理の専門家として自分の役割を発揮するときに，スクールソーシャルワーカーがいることのやりやすさはなにですか」という質問をしたことがあります。そのとき「心理職にとって，福祉職が入ってやりやすいのは予防の観点がもてること，家庭への介入しやすさ，学校内の煩雑な手続きを省いてダイレクトに家庭の情報に入れるところにやりやすさがある。その内容は，カウンセリングをしていて足り

ないアセスメントを補ってくれる」という言葉が返ってきました。

　細やかなやり取りの積み重ねが協働のパートナーとしての認識をはぐくみますが，お互いに不足することを明確にすることは専門職としてのメリットとなります。そして，スクールソーシャルワーカーもスクールカウンセラーも学校における立ち位置や雇用に不安定さをもっています。相互の不安定さが協働をする意義にもなりますし，それぞれの専門性を発揮できるきっかけになるととらえると不安定さはメリットだともいえます。協働を通じて得られた揺らぎは子どもたちへのより良いアプローチを発見させてくれる時があり，否定的にみえるものが肯定的な視点を生み出してくれます。　　　　　　　　（岡部睦子）

2　協働を橋渡しするツール

（1）協働の場づくり
　「顔のみえる関係を大事に」ということはよく聞く言葉です。筆者は，教師，スクールカウンセラー，スクールソーシャルワーカーの三者が協働できる場づくりのために，場の必要性を伝え，アセスメントをともにしながら協働の形を模索してきました。

　徐々に校内ケース会議の回数も増え，「来年も続けよう」「気づかなかった視点がある」「安心できた」などという声が聞かれるようになってきました。はじめはスクールソーシャルワーカーとどうかかわったらよいかわからないという方々もいましたが，お互いのよさを出し合える協働ができるようになってきたと感じます。

（2）目指すところがどこにあるか　共通したゴールがみえているか
　同じ場を共有したときにどのような内容のやりとりをするかで協働の質が変わります。以前に教師と相談の対応について意見が食い違い，ぶつかり合うことがありました。何度もやりとりした中で，その教師に「ゴールは一緒だけど，そこへむかう道が違うだけなんだね」といわれ，お互いのことを理解しあえた瞬間がありました。それまでは，向かう道すじや方法についてのやりとりが中

心で，お互い「何のためにそのように考えているか」は説明せずに解決の方法の話が中心になっていました。ソーシャルワーカーとして「こうした方がいいです」と自分の考えを伝えることに力がはいっていたため，うまくいかなかったのだと振り返ると気づきました。

　この経験から協働する相手に対しては，まずは問いかけること，またお互いの考えるゴールを確認しあうことを心がけています。そのやりとりの一つ一つが個々の力が発揮できる協働の橋渡しの一歩一歩につながると考えています。

（3）「かさなり」とそれぞれの専門性への理解

　他機関との連携，多職種協働はこれまでも実践が多く行われ，研究も進められています。例えば協働の中には「同質的な協働」と「異質的な協働」があります。専門性の違いが明確な場合は，お互いの違いがはっきりするため理解のしやすさにつながります。協働する相手と同質な部分が多い場合は差異がわかりにくいため，一層相互理解が必要になると考えられます。

　学校でともに働く，教師，スクールカウンセラー，スクールソーシャルワーカーはそれぞれの職種のもつ独自性とともに「かさなり」をもつ部分が多いことが特徴だと思います。子どもや保護者と面談，他機関の紹介などの共通する支援もあります。支援方法の「かさなり」があるなかで，それぞれの職種が何を大事にしているか，どこにアプローチしているのかを理解することが大事だと感じています。

　たとえば筆者がおこなう「他機関の紹介」は，事前に相手の機関に相談し，紹介後もつながり続けることを含めています。これは紹介後の協働を前提として，変化への対応を共にする存在でありたいという考えからおこなっています。

　このように自分自身が何を大事にして支援しているかを言葉で説明することと同時に，協働する他職種の価値観や専門性を理解することが大切だと考えています。

（4）問いかけの言葉がツールになる　橋渡しをする「言葉」

　協働する他職種や本人，家族に対して「あなたはどう思いますか」「わたし

はこう考えています」と問いかけを続け，問いかけの働きかけ自体が協働を橋渡しするツールになります。

　相手の理解が深まる質問とはどんな問いかけでしょうか。相手の思いや専門性，視点，価値観を知るプロセス自体を協働につなげていくことが，学校で働く専門職として必要な視点になってくるのではないかと思います。自分が直接支援をしていない時も声かけし，かかわりを継続することが安心感や心強さにつながっていくのではないでしょうか。

（5）アセスメントをもちよる

　それぞれが役割分担をして支援をわけようとすると，かえって支援がバラバラになり，全体性がそこなわれることがあります。それぞれのアセスメントをもちよることで，ひとつの職種ではみえてこなかったその子どものよさや家族の可能性がみえます。

　「この部分はどうでしょうか」「このアセスメントはあなたが得意ですよね」など多職種での検討が子どもの理解を豊かにします。日々難しさを感じることもありますが，子どもの理解を共有し，支援が展開したときに先生やカウンセラーと一緒に喜びあえる時はとても嬉しく，また頑張ろうと思えるエネルギーになります。

（6）協働する職種で共通する大切にしたいこと

　このように日頃から地域と学校，関係機関などいろんなところに行ったり来たりすることで相互の理解が深まり，ネットワークにつながってきています。話をする中で，筆者が大事にしている考えや思いの「かさなり」を協働する人たちの発言にみつける場面が何度もありました。そのたびに筆者自身が協働するよさを感じて，何度も勇気づけられてきました。

　学校で協働する職種の間にある「かさなり」は言い換えれば，学校で協働する職種で共通する大切にしたいこと，ということができるのかもしれません。それらを挙げると以下のようになります。

　　●子ども中心に，子どもの生活全体をみること

- 協働する相手への問いかけの言葉をもち，大事にしていることを知ろうとすること
- 自分のアセスメントや考えを伝えること
- 一緒に考える相手がいることで自分の専門性がみえてくること
- 声のかけあいと協働するよさを感じること

「かさなり」があることで一度引くのではなく，「かさなり」を大切にすることが切れ目のない包括的な支援につながっていくのではないでしょうか。

　私たちが協働の橋渡しするのは子どもたちがいるからです。つながる，つながりをもち続けられることで橋をいつでも行き来できます。変化する状況に対してお互いが声かけながら対応をしていくことができます。この協働の積み重ねが次に出会う子どもの支援につながり，子どもをみんなで支える地域づくり，学校づくりにつながっていくと思います。　　　　　　　　　　　（吉田朋美）

3　協働を支える組織の機能

（1）多職種の連携・協働の困難さ，考え方や感じ方の溝

　生徒指導提要（2022年12月改定）では，第3章の「チーム学校における学校組織」が示され，「チーム学校として機能する学校組織」という節が設けられています。その節では，「教職員同士（教員のみならず事務職員や学校用務員，スクールカウンセラー，スクールソーシャルワーカー等も含む）はもとより，教職員と多職種の専門家や地域の人々が連携・協働して教育活動を展開すること」が，学校がチームとして機能する要件とされます。同時に，「知識や経験，価値観や仕事の文化の違う者同士が関係性を築いていくのはそれほど簡単ではありません」とその困難さについても言及しています。そして，困難さを乗り越えるためには「専門性に由来するそれぞれに特有の文化やものの見方をお互いに理解し，考え方や感じ方の溝を埋めることが必要」と続きます。

　こうした生徒指導提要の記述は，筆者の実践経験に照らし合わせると「そのとおりだ，簡単でないし溝ができやすい」とうなずきたくなります。考え方や感じ方の溝をいくつか示します。組織の課題であるにもかかわらず，個人の力

量・資質の不足が疑われ，個人がその原因とされる。それぞれの職種の優先する価値観が対立し支援がバラバラになる。あるいは，支援が入りにくいとき，子どもや課題を異なる職種同士で押し付け合う。ひどい場合は，多職種同士で足の引っ張り合いとなる，等です。具体的な状況の違いはあるでしょうが，実践の場で似た経験した人は多いのではないでしょうか。

（2）多職種との連携・協働を「かさなり」として考える

　簡単でない多職種との連携・協働において，考え方や感じ方の溝が生じたとき，どうすれば良いか。派遣型の立場で試みていることは，多職種協働の場で「かさなり」をいかにして創り出すかです。専門性が異なる職種が集まって協働する限りなんらかの溝は生じて当たり前で，ゼロになることはないでしょう。しかし，「かさなり」が創られ，組織のなかで機能し始めると，考え方や感じ方の溝が相対的に小さくなると感じます。「かさなり」があたかも自律的に機能し始め，連携・協働を組織的に推進しているかのように感じる瞬間すらあります。

　以下，「かさなり」を創り出すことに近づけた，溝が埋まったように感じた，という試行錯誤をしながらの方法・技術・考え方を経験則として紹介します。

① 学校組織にある多職種の「種」を「かさなり」へと育てていく

　学校現場はすでに機能している組織で，多くの協働が日常的な営みとして行われています。とはいえ，活動は教員の間だけで完結している場合や教員やカウンセラーとの一対一の作業である場合があります。多職種協働を志向する専門家として，この段階を見過ごすことなく「かさなり」を創り出す「種」とみなす視点が肝要と思います。学校現場を見渡すと思いのほか「種」はたくさんあるように感じます。協働相手に「かさなり」をキーワードにして，あれこれと問いかけることが有効と考えます。相手によりけり状況によりけりですが，「連携・協働」と言われるより「かさなり」と言われた方が，心に響きやすく，多職種協働に対してイメージが豊かになる教員にしばしば出会います。この時，専門家が果たす役割は，まずはそこに「種」があると気が付くこと思います。「種」とは人と人との関係であり実践です。すでに学校現場に存在する関係と

実践に対して敬意を表しながら自ら巻き込まれていきます。同時に，こちらの実践に対しても協働相手を丁寧に巻き込みます。あたかも草花を育てるかのように，手間ひまをかけながらチーム学校で機能する「かさなり」に育てていく過程といえます。

② 「かさなり」を生み出すとき，生物－心理－社会モデルを参照する

　医療機関や心理職との協働が求められるとき，生物－心理－社会モデルを示すことが有効と考えます。とりわけ，ケース会議の場でホワイトボードなどを用いて視覚的に図示するとより一層効果的です。教員が多職種との連携を具体的にイメージでき，いわゆる「腹に落ちた」状況が生まれることが多いようです。教員の賛同を得やすく包括的な支援デザインが描けます。医療機関と心理職でなじみのある参照枠組みであり，ケース会議の場で，論点を深めるための媒介となるモデルです。役割分担が明確になると同時に，多職種が「かさなり」でもって動く支援と単独で動く支援とがあらかじめ想定できます。結果として，考え方や感じ方の溝があらかじめ少ない状態で支援が計画され，実行できます。仮に溝が生じたときも，参照枠組みに立ち返ることで計画の修正が容易になります。

③ 「かさなり」をスポーツに例えて考察する

　多職種との協働をサッカーに例えた心理職がいました。「学校で働く，子どものためにはたらく。サッカーで例えると，同じところでプレイしていて，守備かもしれないけれど，攻撃もするし，ゴールもする。時には，キーパーが走ってヘディングでゴールすることもある。全員が同じフィールドでプレイするプレーヤーということ，目的は一緒。専門性はその次の段階での話，教育職だろうと，心理職だろうと，福祉職だろうと，それぐらいの差，と思っている」という大意でした。多職種協働における「かさなり」をうまく説明した例えであり，説得力を感じました。説得力の背景を考えると，スクールソーシャルワーカーが学校で活動するずいぶん前から教員と協働を積み重ねてきた心理職としての実践経験から紡ぎだされた言葉であること，多職種協働の相手であ

るスクールソーシャルワーカーを意識して日常語で投げかけられた言葉であること，が挙げられます。この例えに接して以降，実践現場でサッカーをイメージしながら活動することが増えました。多職種協働の場で溝があると感じた時，協働相手に対してサッカーに例えながら「かさなり」の説明を試みると，他の方法に比べて肯定的に伝わるようです。

④「かさなり」を組織のリーダーシップのあり方で考察する

　上述のサッカーの例えでは，「全員が同じフィールドでプレイするプレーヤー」という具体例で，多職種協働の「かさなり」を表現しています。ポジションは臨機応変に変わっていくが目指すものは共通であり，協働の過程は「かさなり」ながら状況に挑んでいく。このような多職種協働のあり方をリーダーシップ論から探すと，シェアードリーダーシップという考え方が見つかります。シェアードリーダーシップとは，「職場の誰もが，必要なときに必要なリーダーシップを発揮している状態のこと」と説明されます。シェアードリーダーシップでは，全員がリーダーであり，全員がフォロワーです。リーダーとフォロワーが状況に応じて交代します。複数のリーダーシップでアプローチすることに特徴があり，不確実性・複雑性が高い不安定な環境に対して効果的とされます。筆者の実感として複雑で不安定な状況であればあるほど多職種が協働しないと対応できない場合が多いです。にもかかわらず，考え方や感じ方の溝が顕著になるのも，複雑で不安定な状況です。俗にいう「課題の押し付け合い」あるいは「主導権争い」といった溝が生まれがちです。シェアードリーダーシップの考え方は，多職種協働の場で溝が生じた場合，溝を乗り越えるための方向性を示唆する理論的参照枠となり得ると考えます。

⑤「かさなり」を子どもの最善の利益を実現する過程として考える

　子どもにかかわる多職種が協働しながら目指すものは，子どもの最善の利益です。ところが，子ども，保護者，学校をはじめ多くの専門職が集まると，最善の利益が一致しない場合があります。ときに，相反することさえあります。「子どもの最善の利益は，協働作業で構築するものであって，前もってあらか

じめ存在するというのは幻想」という主張があります。賛否はあるでしょうが，「協働作業で構築するもの」という意味は，子どもの思い（言語・非言語）を中心に，周りの人たちが思いを「かさなり」あわせながら対話で作り上げていくものと解釈できます。最善の利益の実現に向かう過程の中に，多職種協働の内実が含まれていると考えます。専門職としての実践が，果たして最善の利益の実現に近づいているのか，逆に遠ざかっているのか。仮に子どもの利益を損ねかねない不適切な方向に実践が進んでいたとしても，協働がもたらす対話が修復的機能を担う可能性があります。ひとりの専門家，ひとつの職種の価値観によらず，多職種が対話と合意を繰り返しながら子どもの最善の利益実現に近づいていく。この際，子どもは自分自身の第1番の専門家として対話と合意の中心に継続的に居続けることが重要です。

（3）多職種協働の「かさなり」は"人と人との営み"

　多職種との協働について問われたとき，生徒指導提要に書いてあるから，法律や制度に規定されているから，役割分担すると合理的で効果的に働き方改革できるから，バーンアウト防止に役立つから等を理由にすることも可能です。しかし，「かさなり」を媒介にして多職種協働を考えたとき，そこにあるものは"人と人との営み"です。「かさなり」は"人と人との営み"から創られ，考え方や感じ方の溝は"人と人との営み"だからこそいや応なしに生じると言えます。喜怒哀楽も生じるでしょう。学校において多職種協働を組織として支えるもの，チーム学校を機能させるもの，これらもつまるところ"人と人との営み"に還元されます。

　また，考え方や感じ方の溝は埋められてしかるべき否定的なものという見方は一面的かもしれません。溝ととらえるか，新たな「かさなり」を創り出すための何かととらえるか。いたずらに溝を恐れることなく，専門家同士の対話の余地としてとらえられれば，溝すらも協働の芽生えになり得ます。溝が「かさなり」に転ずるとき，専門家が，専門性を保ちながらも組織人として学校組織の力を活用し，チーム学校の機能を高める可能性が見えてくると考えます。

（服部浩之）

4　協働を探求する醍醐味とは

（1）A男との出会い

　ある日，巡回する中学校の校長と担任から不登校の生徒への支援依頼がありました。

　中学 3 年生の A 男は，小学校高学年の頃より登校渋りがあり，学年が上がるにつれ生活リズムの乱れに起因する不登校となっていました。A 男は，時々登校はしますが，学習の遅れもあり学校生活もままならないものでした。その学校に勤務するスクールカウンセラーは，A 男のことで母親とのカウンセリングを数回実施していました。

　家族構成は，母と A 男の 2 人暮らしです。母には内臓疾患と精神疾患があり，体調が不安定でした。そのため仕事はしておらず，生活保護世帯でした。A 男が小学 5 年生の時に，母から身体的虐待を受け児童相談所が介入するという出来事もありました。

　中学入学後，同じクラスの女子生徒と親しくなると，徐々にストーカーのように執拗に接するようになりました。さらに，真夜中に女子生徒の自宅に行き，自室に入るような行為が目立ち始めました。

　その後，深夜徘徊や家出をすることが増え，学校を無断欠席することが多くなりました。母は，精神的な不安定さもあり，体調を崩し救急搬送され入院しました。母が入院している間，養育困難家庭として児童相談所の措置で一時保護となりました。

（2）親の価値観が共有できる校内ケース会議

　筆者は，校内協働を促す方法として，まず学校内でケース会議を開催し，管理職や担任，養護教諭，スクールカウンセラー，スクールソーシャルワーカーで話し合いの場をつくりました。ケース会議とは，学校内の関係者が集まり，子どもの支援計画を立てる会議です。

　ここでは，学校として A 男のことをどうとらえ，今後どのようにしていきた

いのか考えをまとめました。その結果，①Ａ男の生活リズムの改善，②友人との付き合い方について距離をおけるような人間関係の構築，③中学校卒業後の進路について具体的に考えて欲しい等の方針がまとまりました。

　生活リズムの改善については，母の協力が必要とのことから，筆者は母と接点をもつことにしました。三者面談の時期に担任から母へスクールソーシャルワーカーを紹介してもらい，母から情報を得ることができました。母は，子育てが上手くいかず困っていることや，母自身に内臓疾患や精神的な不安定さがあること，幼少の頃，実母から虐待を受けていたこと等，少しずつ話をしてくれました。このことを母の了承を得てケース会議で共有し，母の成育歴や子育て観や養育観を聞き取りながら，いわば社会的強者・多数派の視点に立ちやすい教師らに保護者の価値観への気づきを生み出していきました。

　その後，母にも参加してもらうケース会議を開催しました。そこで，Ａ男がカウンセリングを受けることや，人との関係性に対する課題について，こども発達支援センターの活用等を検討しました。その結果，母は一人ではどうしたら良いのかわからないため，手伝ってもらえるのであれば，こども発達支援センターに相談に行ってみたいと気持ちの変容が見られました。

（3）Ａ男の本当の思い

　その間に，家庭内でＡ男と母とで話をする時間を作り，親子で話し合いをしてもらいました。家庭では会話もなく，メールでのやり取りで必要な事を伝えているとのことでしたが，そのような工夫をしていることでコミュニケーションが取れており，素晴らしいことだと担任と一緒に声掛けを行いました。

　母の体調にも波があり，ある日，病院の医療ソーシャルワーカーから母が体調を崩し，救急搬送されたとの連絡が入りました。入院が必要であり，その間，再びＡ男は一時保護所で生活することになりました。

　筆者は，医療ソーシャルワーカーと連携し，主治医を中心に児童相談所，学校，障害福祉課，子ども家庭支援センター，福祉事務所とで，今後のかかわりについて話し合いをしました。話し合いの結果，入院中の母と一時保護所のＡ男の様子を医療と教育のソーシャルワーカーで協働し，病院での母の状態を医

療ソーシャルワーカーから障害福祉課の保健師へ情報提供してもらい，児童相談所や子ども家庭支援センター，福祉事務所の情報を筆者が集約し，総合的に基幹となって，情報の共有・調整・連絡等を行いました。さらに，一時保護所のＡ男のところへ児童福祉司と一緒に定期的に訪問し，Ａ男と母の橋渡しを行いました。

　Ａ男は当初，口数も少なかったのですが，徐々に「母のことが心配です」「家に帰りたいです」「高校に進学したいと思っています」等，本当の気持ちを話してくれました。

　母の病状が安定し退院する日が決まると，Ａ男も家庭に戻ることになりました。家庭での生活が落ち着きを取り戻したころ，以前，学校での話し合いの中で提案した，こども発達支援センターへ母子で相談に行くことになりました。Ａ男は，母が緊急入院したことをきっかけに，母に対する向き合い方に変容が見られました。

　そして，母の体調に配慮しながら，自ら検査を受けると申し出てくれました。検査の結果，発達に課題があり，今後もセンターに通いソーシャルスキルトレーニング（SST）を受けることになりました。

　後日，Ａ男が私の勤務している教育委員会の窓口に担任と一緒に，お礼の挨拶に来てくれました。「スクールソーシャルワーカーって，知らなかったけど，出会えて良かったです。ありがとうございました」また，母からも「学校の先生が，こんなに子どものことを考えてくれるとは思っていませんでした。たくさんの地域の方が，心配してくれて自分一人ではないことに気付きました」等の話を聞くことができました。

　さらに，関係機関からは，それぞれの専門性のところだけをやっていれば良いわけではなく，子どもを真ん中において，自分たちができることは何か，それぞれ似たようなことをやっているかもしれませんが，かさなっている部分があるから，見落とされずに済むのではないかと見方が変わりました」との意見を聞くことができました。

　以上のように本人や家族，地域の様々な職種の人たちが「出会えて良かった」「やって良かった」と思えることこそが，本来の「協働」だといえるので

はないでしょうか。

　それは，大人が子どもを動かすための協働ではなく，子どもが自ら動くための環境づくりのための協働です。

（4）専門職同士の価値観の共有

　日々，様々な性格や能力をもった，様々な家庭環境の子どもたちが，自分の教室を目指して登校してきます。また，何らかの理由で学校に来ることができない子どももいます。その時，私たちは，子どもやその保護者が抱える生活課題に寄り添い，共感し，見立てや手立てを一緒に考えます。

　学校教育現場で複雑多様な課題を抱える子どもが成長していく上で，教員に加えて教員以外の専門職等の様々な価値観や経験をもつ人たちを活かして援助を行うことが，ようやく子どもや家族に受け入れられるようになってきました。スクールソーシャルワーカーが学校や教員に受け入れられるのは，すでに業務の一部です。子どもや保護者に，スクールソーシャルワーカーと一緒に教師も受け入れられていく過程に醍醐味があり，子ども－大人の二者間に第三者がつながっていくことが大切なのです。協働を探究するとは，その方法技術の深化だけでなく，子どもや家族の価値観が学校や教師の価値観とつながっていくことになります。

　さらに専門職だけでなく，主体である子どもと保護者を含め，専門職同士が，互いを上下関係でなく横並びの対等な立場として，受容・尊重できてこそ信頼関係が成り立つと思います。

　保護者は子育ての専門家であり，子どもを真ん中において，専門職同士が連携すると，自分だけでは見えなかったものが見えたり，気づかなかったものに気づいたりすることができると思います。

　子どもや保護者を支援していたと思っていましたが，実は支援者が同様に支援されていた，正に支え合っていたことに気づきました。このことに気づいたとき，醍醐味が感じられると思います。

　子どもや保護者と一緒に課題に対して，どう向き合ったら良いのかを考えるパートナーとしての存在。それは，スクールソーシャルワーカーでもスクール

カウンセラーでも教員でも地域の人でも誰でも良いのではないかと思います。大切なことは，専門職同士の価値観の共有以上に，家族や子どもの価値観が専門家同士で共有できる瞬間です。

（5）協働を醍醐味へ

　筆者は，子ども・保護者・様々な専門職のみんなが，相手の考えを聴く，相手を理解する，相手を認めるといったことを念頭において，出会えて良かった，話せて良かった，次の手立てはこうしたら良いのではないか等，本音で語り合うことのできる関係こそが協働（協働の醍醐味）だと思っています。

　ですから，協働することは，必要不可欠なものなのです。本当の楽しさ，喜びの感覚をみんなで分かち合う，そして相手もそう思っていることの「確認」ができたとき，これこそが協働を探求する醍醐味となるのです。

　保護者への支援・援助による生活課題の改善は，最終的に子どもの将来の生活や自己実現といったウェルビーイングの促進につながるという意味で，非常に重要です。

　そして，家庭教育，学校教育，社会教育を含め「教育」は子どもにとって主体的な学びの保障であり，また社会保障でもあります。教育と福祉，医療，保健など多職種の協働，つまり多職種同士をミックスした力が一つのかたまりとなって，子どもの幸せにつながっていくと考えます。いろいろな人が手をつなぎ協力し合うからこそ子育ち，親育ちができると思います。

　このような経験が学校の福祉的機能を強化させ，子どもを支える地域づくりにもつながっていくのではないでしょうか。

　子どもが主体となって，ありのままの自分で生きることのできる地域社会となるために，大人も子どもも，お互いを支え合う力がかさなり，人間が協働を形づくるための社会システムをどう作って行くのかを私たちはさらに探求していく必要があると考えています。

（髙木政代）

　　［付記］　本稿の一部は，日本学校ソーシャルワーク学会の2021年度「研究奨励補助
　　　　制度」より助成を受けたものである。

第3章
人と人とのつながりはどのようにして生まれるか

　　先生も子どもも保護者もソーシャルワーカーも，それぞれの暮らしの営みの中でたまたま「学校」で出会いました。同じ時間，同じ場所を共有する者同士として，それぞれの暮らしをより良いものにするために協力し合えるとよいのですが，うまくいくことばかりではありません。ある日生まれる小さな「ずれ」「すれ違い」によってつながりは強くも弱くもなってしまいます。場合によっては磁石の同じ極のように，つながるどころか離れる一方です。「学校」で共に生きる者として，私たちはどうしたら「ずれ」「すれ違い」を超えて協力しあえるのでしょうか。

　　本章では，「つながり」をキーワードに，子ども，保護者，先生，ソーシャルワーカーのそれぞれが学校というプラットフォームにおいて出会い，つながり，ともに協力して生きていくための工夫について，いくつかの「すれ違い」の場面における考察やソーシャルワークにおける関係形成のヒントなどをまとめました。どうか先生方のお力になりますように。

1　先生とソーシャルワーカーの結び目をつくる

（1）「チーム」と言われても

　令和 4 年に改訂された生徒指導提要の第 3 章には「チームとしての学校」という言葉がでてきます。先生の皆さんにはどう映っているのでしょう。これまでの学校はチームではなかったのでしょうか。いや，そんなことはないでしょう。チームとして学校の在り方を見直す必要があるなんてことを言われてもあまりいい気分にならないのではないかと思います。ましてや，これまでのチームにはメンバーとして入っていなかった，あるいは，チームのメンバーになる／することすら想像もしていなかった先生外の「多様な専門性をもつ職員」をチームメイトとして迎え入れてくれというのだからどうしていいのか困ることでしょう。

　片や「多様な専門性をもつ職員」の一種であるソーシャルワーカーは，チームについてどう考えているのでしょう。ソーシャルワーク業務は，ありていにいえば「目的のためには手段を問わない何でも屋」です。人，金，モノ，あるものすべて（社会資源）を総動員して目的（課題の軽減や解決）を果たすわけです。仕事柄，活動のさなかで出会う人々が働いている場所も背景もかなりバラバラなことも多くあります。背景がバラバラな人たちと協力関係を築いて目的を果たすことを生業としていますから，背景が異なる先生とチームを組むことについても，それほど違和感は無いというのが本音のところです。目的を果たすためにチームを組んだ仲間が先生だったという感覚です。

　しかし，チームと言われると保健医療福祉領域に属する多職種との組み合わせが多かったため，昨今のように国家が主導する形で教育領域の専門職と組んだ経験は本邦の歴史的にはありません。ソーシャルワーカーの土俵（福祉領域）ではなく，先生の土俵（教育領域）に上がって相撲を取るような場面は，違和感こそないけれども難しくはあって，未知の世界に飛び込むようでちょっとドキドキしてもいます。

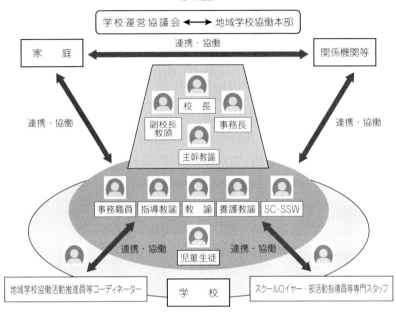

図1-3-1　チーム学校の概念図

出所：文部科学省（2022：69）。

（2）所変われば品変わる

　「チーム」という言葉を当たり前のように使って話を進めてきましたが，教育と福祉では，それぞれ「チーム」についてどのように受け止めているのでしょうか。より具体的な例として「チーム学校」と「チーム医療」を参考に確認してみましょう。

　まずは「チーム学校」です。「チーム学校」は，中央教育審議会答申「チームとしての学校の在り方と今後の改善方策について」（2015）において次のように説明されています。

　　校長のリーダーシップの下，カリキュラム，日々の教育活動，学校の資源が一体的にマネジメントされ，教職員や学校内の多様な人材が，それぞれの専門性を生かして能力を発揮し，子供たちに必要な資質・能力を確実に身に付けさせることがで

> きる学校。　　　　　　　　　　　　　　　　　文部科学省（2015：12）

　そして，「チーム学校」が必要な理由として「教育水準の向上」を目的に以下の通り説明されています。

> これからの学校が教育課程の改善等を実現し，複雑化・多様化した課題を解決していくためには，学校の組織としての在り方や，学校の組織文化に基づく業務の在り方などを見直し，「チームとしての学校」を作り上げていくことが大切である。
> 　　　　　　　　　　　　　　　　　　　　　　　文部科学省（2015：3）

　次に「チーム医療」です。「チーム医療」については，厚生労働省（2010）「チーム医療の推進について」において一般的な理解として次のように説明されています。

> 医療に従事する多種多様な医療スタッフが，各々の高い専門性を前提に，目的と情報を共有し，業務を分担しつつも互いに連携・補完し合い，患者の状況に的確に対応した医療を提供すること。　　　　　　　　　　　　厚生労働省（2010：2）

その上で，チーム医療が求められる背景について以下のように説明されています。

> 質が高く，安心・安全な医療を求める患者・家族の声が高まる一方で，医療の高度化・複雑化に伴う業務の増大により医療現場の疲弊が指摘されるなど，医療の在り方が根本的に問われる今日，「チーム医療」は，我が国の医療の在り方を変え得るキーワードとして注目を集めている。　　　　　　　　　厚生労働省（2010：2）

　チーム医療に関する概念図は多くありますが，一般的に円環で示されることが多いため図1-3-2を参考にしてみましょう。
　「チーム学校」と「チーム医療」について資料から定義と概念図を並べてみましたがどのような印象をもたれたでしょうか。
　「チーム学校」（図1-3-1）では「校長」が記される位置関係からもおわか

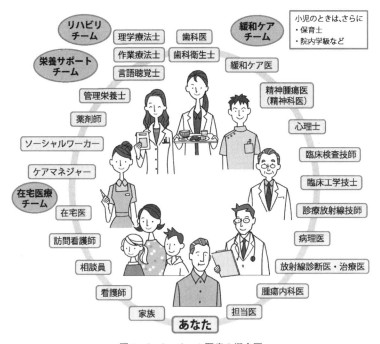

図1-3-2　チーム医療の概念図
出所：国立研究開発法人国立がん研究センターがん対策情報センター編（2017：60）。

りの通りガバナンスが強力に作用するように設計されています。そして，チームを構成するメンバーは相互に連携を求められつつも，「校長」を含めたメンバーの関係性は同列の関係にはないと受け止めることもできます。縦のチームです。実際に，学校における校長先生の存在はとても大きな「力」をもちます。加えて，教職員の下に児童生徒が記されているのも印象的です。

　一方で「チーム医療」（図1-3-2）の場合，概念図から見て取れることは「チーム学校」における「校長」に該当する人はいません。それぞれが専門職として並列に配置され円環で説明されています。横のチームです。その中には「あなた」として患者本人も含まれています。

　どちらかといえば，組織のあり様を説明するための「チーム学校」と支援の方法を説明するための「チーム医療」といった受け止めもでき，一概に比較できるものでもないこともおわかりいただけたのではないかと思います。

　以上，一例ではありますが「チーム」という言葉を共通言語に支援を語るとしても語られ方は領域ごとにそれぞれの特徴をもっています。

　先生もソーシャルワーカーも気にかけたいのは，同じ「チーム」を語っていても，語っている「チーム」の姿が両者間で異なっている可能性も否定できません。どちらが「良いとか」「悪いとか」ではなく，先生とソーシャルワーカーの「チーム」に対するイメージや理解が異なっている可能性があることを知っておくとよいでしょう。認識が異なっている場合には，使う言葉の「すり合わせ」が大切です。そして，共通していることは，いずれも提供されるサービスの質の向上のために「チーム」が強調されているということです。

（3）違っているから意味がある

　先生とソーシャルワーカー，「目の前にいる人の幸せを願っている」くらいに大きく括れば目的は大して変わらないと言えなくもないのですが，同じところよりも違っているところにより目が向くものです。まずもってそれぞれの名称も違うし，免許も資格も違っているし。雇われ方も給与も，やることも違っているわけです。先ほど見てきたように「チーム」の概念も違います。あれもこれもことごとく違ってばかりいるわけですが，「幸せを願っている」という点に関しては，違っているとは言えないでしょう。

　子どもの立場から考えてみると，自分を支えてくれる大人が複数いて，それぞれの理論や方法でより良い方向性を見出してくれたなら，それは助かるに違いないと思うのです。一つの視点より，二つの視点，二つより三つ，さらに多くの視点で多面的に理解することができるからこそ，先生とソーシャルワーカーが一緒に仕事をする意味があります。

　しかし，時に「自分の知見の方がただしい」と頑な人を見かけます。もしかすると，それは頑固などではなく，わからないことへの不安とその裏返しかもしれませんが，「誰か」や「何か」を受け入れることに抵抗を示す人がいます。それがたとえ先生であろうと，ソーシャルワーカーであろうと，それぞれ専門職としての矜持があることは重々承知していますが，エスノセントリズム（自文化中心主義）に陥ることなく，必要以上のこだわりを乗り越えて謙虚であり

たいとも思うのです。

　先生も，ソーシャルワーカーも，違っているからいいわけです。「違っているから相手にしない」ではないし，「知らないから相手にしない」でもないわけです。ともに協力するための共通言語の模索と共有は，協働関係をより効果的にするための大切な準備です。

（4）頭でわかっていても

　先生からすれば，海のものとも山のものともつかないソーシャルワーカーですから，自分たちが大切にかかわっている子どもたちのあれこれについて，そうやすやすと明け渡すわけにもいかないでしょう。というのが本当のところだろうと思います。

　さて，いくら違っているから意味があるといわれても，そう簡単に変わることなどできない先生の気持ちはとてもよくわかります。その時に，ソーシャルワーカーは，想像力をフル動員して不安を抱く先生の気持ちに思いをはせることができるかが大切なのだと思います。

　現場の先生からすれば，ソーシャルワーカーを活用する決まりができたから活用してくださいと言われて「はいそうですか」と簡単に受け入れる対応を表面的にしたとしても，本当のところは抵抗だらけでしょう。自分たちでソーシャルワーカーの必要を感じているならばともかく，「どこか上の方」から押し付けられただけで本当に必要を感じているわけではないからです。

　ソーシャルワーカーのなかには，自分たちは問題解決の専門家で，自分たちが介入し子どもの権利を守ると豪語するツワモノもいますが，それはたいそう自惚れた話で，それでは先生は子どもの権利すら守れない非専門家と言っているようなものです。もしも，そんな話を先生が耳にしたならば，なおのことソーシャルワーカーなんて信用ならない相手になることでしょう。そして，そんなことを真顔で言うソーシャルワーカーがいたならば，そんなソーシャルワーカーは相手にしない方が先生の限られた時間を無駄にしなくて済みます。

　先生が時間をかけて支えてきた子どもたちの日常を，そうやすやすとソーシャルワーカーにゆだねるなんてことは，敗北の白旗を上げていると同意であ

ると考える先生がいても不思議ではないし，本当はそういうことではないとしても，そう思わせてしまうソーシャルワーカーのほうが，むしろ本当の意味で敗北しているといえるでしょう。勝ち負けではないけれど，ソーシャルワーカーは学校でかかわる人たちすべてをリスペクトできる人であるのが本来の姿です。

2　子どもと先生の結び目をつくる

（1）子どもはウソをつく先生を当てにしなくなる

　ある日の朝の木村家のやりとりです。

　登校時間が差し迫り，小学校に向かう子どもがわたしに言うことには，「今日は先生と縄跳びで二重跳び対決をする約束してるんだ！　ぜったい先生に勝つぞー！」と，担任の先生と縄跳び対決の約束をしてきたらしく，それは楽しみにした様子で登校していきました。

　その日の晩，わたしが仕事から帰り，縄跳び対決の結果を子どもに訊ねてみたところ，子どもはしょんぼりと「先生さぁ，縄跳び持ってくるの，忘れたんだって。ひどくない？」というわけです。次の日には忘れずに縄跳びを持ってくると担任の先生が言っていたので，翌日に持ち越しになったとのことでした。

　さてさて，次の日の晩，仕事から帰り，子どもに縄跳び対決の結果を訊ねてみたところ，子どもはやはりしょんぼりとして「先生，忙しいからできないって。縄跳び対決だめだった。できなかった。もういいよ」とこちらを見るでもなく，縄跳びの話題を早々に終えて，自分のことを続ける始末。先生の言葉を信用することをすでにあきらめたようで，子の父としては，子どもの悲しい顔を見て少しばかり胸が苦しくなったのだけれども，父モードを横において，ちょっと状況を考えてみたわけです。

　先生も自分では気が付いていないのだろうということ。このようにして子どもと先生の結び目がゆっくりと解れていくのだろうということ。少しばかりのほころびが徐々に広がり，子どもは先生の言葉を信じなくなっていくということ。その関係性のほころびは，子どもの言葉を介して保護者にも伝播し，子ど

もばかりではなく保護者さえも先生の言葉を信用しなくなることも起こりえるのではないかと考えました。そして，その場面に立ち会った者として，書き残しておきたいと思ったのです。

　子どもと先生の結び目を無自覚のうちに先生が解いてしまっていることに，先生は気がつけているのでしょうか。これは先生に限ったことではなく，ソーシャルワーカーであっても保護者であっても同じです。先生にとって子どもとの約束よりも優先順位が高い事柄が発生したとしても，子どもにとって先生の事情なんて，それはあくまで先生の事情であって子どもからすればどうでもいいことです。先生は，子どもとの約束を破ってはいけない。子どもにウソをついてはいけないのだと思います。そんなことは無理？　それでは言い方を変えてみましょう。言い方を変えるとすれば，「果たせない約束はしない」ということです。子どもの立場にたって，子どもの目線で，かかわりをもつとすれば，忘れてはならない事柄と思うのです。丁寧に子どもに向き合っている「つもり」でも，「約束を果たさない」，つまり「ウソ」をつく先生を子どもが信用するのか，自分のかかわり方を振り返る時間も必要でしょう。

　先の事例のような出来事は，誰にでも起こることです。約束を破った先生がダメな先生だというわけではありません。誰にでも起こることとして，考えるべくは，「自分のふるまいを点検する」ことです。「自分はそんなことはしていない」という慢心が取り返しのつかない事態を招きます。自分の知らないところで子どもたちの気持ちが自分からどんどん離れてしまっているかもしれないなんて，想像するだけでも恐ろしいことです。

　学級崩壊というと，先生はちゃんとしているのに，子どもがちゃんとしていないというニュアンスで語られることが多い気がしますが，じつはその発端は，先生すら気が付いていない小さなウソから始まっているのかもしれません。

（2）子どもと丁寧に向き合うために

　子どもと丁寧に向き合あおうとしたときに思い浮かべる方法の一つとして，傾聴があります。傾聴とは，話し相手が，あなたに誠実に向き合ってもらえていると感じ安心感に包まれながらお話しできるような心配りのことです。

　傾聴というと，とてもテクニカルな営みのように思われる方が多い印象をもっています。というのも，あちらこちらの地域で，傾聴ボランティア研修の講師をやらせていただいているからです。ボランティア講座の際に受講者から「技術」に関する質問をよく受けます。どうすれば上手に傾聴できるのか，その方法，技術を教えてほしいというわけです。気持ちはわかるのです。早く上手になりたいのだろうと思います。

　質問してきた人にどのように答えるのかはとても難しく，いつも悩むところです。専門的な教育を受けていない人が上手に傾聴できるようになるためには，どこかの学校等で専門的な教育を受けるのが一番の近道だろうと思うのですが，恐らく私に質問してきてくれる人たちは，カウンセラーになることが目的というわけではなく，それほど時間もお金もかけるつもりでもなく，あくまで傾聴技法について関心を寄せているわけで，学校等に行けばよいなどという答えを求めてはいないでしょう。

　ボランティアではなく，先生に対しても同じように考えてみました。先生には「生徒指導提要」があり，それぞれが卒業された大学等の教職課程には授業としての「教育相談」もありますので，基本的には傾聴やカウンセリングマインドについて学ぶ機会があったはずです。その際，子どもの話を丁寧に聞くことを「傾聴する」といっていたかもしれませんし，カウンセリングマインドという場合もあったでしょう。さて，どうすれば「傾聴」が上手にできるのかと問われたときに，専門的な教育を受ければいいと答えたとしても，質問してきた人は，ボランティアと同様にそのような答えを求めてはいないでしょう。

　なかには，ほんとうに専門的な教育を受ける人もいます。そのような人はそれでいいと思います。おそらくですが，子どもの話を丁寧に聞きたい人は，専門的な教育を自ら受けるし，このような本に手を伸ばしたりして，自分をブラッシュアップするでしょう。

　さて，各自の問題意識に基づき学びを深める余力のある方はさておき，忙しい日々をお過ごしで余力もなく，かつ，子どもの話を丁寧に聴きたいのだけれど，上手になるにはどうすればいい？　という方にはどうすればいい？　というわけです。インスタントラーメンを作るわけではないので，お湯を注いで3

分待ったら出来上がりなんてことはないので，どうすればいいと聞かれると，こちらとしても「どうすればいい？」と悩ましくなるわけです。

（3）雑談をちゃんとできる人になる

とはいえ，「どうすればいいかわからない」で終えてしまっては，身もふたもないですから，話を少し工夫しながら進めていくことにします。

あなたは，子どもや保護者とどんな話をしますか？　はてさて，いつもどんな話をしているのでしょう。話をするときは，作業の片手間にしていますか？　それとも，作業の手を止めて，しっかりと相手の方を向いて話しますか？

先生にとっては，他愛のない雑談として作業片手に流しながらやり取りしていても，子どもにとっては，それは雑談でもなんでもなく，たった一人のあなた（先生）に語りかける「本気」の話であり，大切な時間です。子どもや保護者にとって先生と話をする大切な時間を，あなたはどの程度「大切」な時間ととらえることができているでしょうか。

今一度確認します。あなたは，子どもや保護者と「ちゃんと」雑談ができるでしょうか。雑談を軽く見てはいないでしょうか。雑談の中にこそ本音が宿っています。そして，雑談をするためには創意工夫が必要となるからです。

まず，相手の話をしっかりと聴いたうえで，自分の話をすることが求められます。自分の話ばかりをして，相手の話を聴かないのでは，それは単なる独り言でしかなく，雑談をしていることにはなりません。ミイラ取りがミイラになっては本末転倒です。他愛もない話を続けるには，他愛もない話を続けるための力量が必要ということです。

何気ない話が苦手，話が続かないという人がいます。特に，保護者との話に難儀する人が多いように思います。話の時間をできるだけ少なくしたいがために，てみじかに要件だけを伝えるなんてことはないでしょうか。雑談は時間の無駄などと思わずに，雑談をたくさんしましょう。そして，雑談ができる先生になりましょう。気心の知れた相手と食事をしながら雑談するわけではないので抵抗があるかもしれません。あなたの職場で，先生として，子どもや保護者と雑談をするのです。どのような創意工夫によって雑談が成立するのでしょう

か。「ちゃんと」雑談をすることについて考えを深めてみてください。

　ソーシャルワーク面接でも「生活場面面接」などといい，日常生活場面における相手の語りを大切に受け止める方法もあります。さらに，ナラティブソーシャルワークなど相手の語りを最大限に生かす支援の方法もあったりするくらいです。

3　子どものなかにソーシャルワークを育てる

（1）先生のなかにソーシャルワークを育てる

　ソーシャルワークは，「困っている子ども」を「助ける」ためだけに有用なわけでもありません。むしろ，先生自身の毎日をよりよいものとするために活用することができますのでお勧めします。なぜなら，ソーシャルワークの考え方を用いた上で，あらためて職場（学校）を見渡してみると，これまでとはまた違った景色が広がって見えるからです。

　ソーシャルワーカーの間では，それはもう徹底されている（はずな）のですが，人の弱み（短所や弱点）に着目するよりも人の強み（長所）に着目することに力点を置いた人間関係の持ち方を大切にしています。そうすることで，失敗したことを責める，失敗の原因を追究して相手をやり込めるといったことから解放されます。その対象は，子どもはもちろんのこと，その保護者，職場の同僚，そして，自分自身にも及びます。

　「失敗を責める」等の他罰的な態度に偏り過ぎることもありませんので，他者への許容度が高まります。他者との関係が穏やかになると，自分も他者と安定した関係をもつことにつながります。

　子どもに「いいところ探し」や「短所を長所に言い換える」などの演習をしたことがある先生もいるのではないかと思うのですが，それを「先生」が「本当」に「自分」の人生において実行するというわけです。絵に描いた餅ではなく，自分の人生において実行してみることで，寛容である自分の獲得につながり，結果として子ども観も変わること請け合いです。

　さらに，先生が子どものいいところを発見，発掘することを通して，子ども

の強みに子ども本人が再び出会うことができる可能性が芽生えます。そうなると，少しずつではありますが子どものなかに自分を信じる力が湧いてきて，日々の生活に，日々の学習に，日々の人間関係に新たな気持ちで向き合うことができるようになります。時にそれは，「よい子ども」像に縛られすぎて苦しんでいる子どもの日々を，理想像の呪縛から解き放つことに対しても力を発揮します。この考え方は，子どもばかりではなく，先生どうしにおいても，あなた自身にとっても大切な視点と実践になります。

　ソーシャルワークでは，「人の強み」「いいところ」をストレングスといい，ストレングスに焦点を当て，子どものやる気を引き出し，主体的に子どもが活動できるように支えることをエンパワメントといっています。

　このように，あなたが自分自身のストレングスに着目し，自分自身をエンパワメントすること，他者のストレングスに着目し他者をエンパワメントすることを通して，みんなの毎日をよりよいものとすることにつながっていきます。

（2）先生のかかわりによって子どものなかにソーシャルワークが芽吹く

　さて，先生が自分はもちろん，同僚に対しても寛容になることができると何が起きるのでしょう。それは，「子どもにも寛容」になれることです。子どもからすれば，自分たちのことを認め，信用してくれる，信用に足る先生として映ることでしょう。

　信用できる先生とともに安心できる空間で安心できる時を過ごすことができるというのは，子どもにとって大変心強いことです。目の前に立っている人が，自分たちを常に疑い，管理し，統制しようとする先生である場合は，それ相応の関係を子どもたちも築きます。

　子どもたちに自分や他者の力を信じる（ストレングス視点）人間関係を育むことができる可能性を探るとすれば，先生は子どもを信じることの他にないのだろうと思います。では，子どもに「信じている」ことを伝えるためにはどうすればいいのでしょう。

　ソーシャルワークでは，他者を一方的に批判しない姿勢，一人ひとりを個人として尊重する姿勢など，他者との関係形成における要点をまとめ，「原則」

として大切にしています。往々にしてソーシャルワークの取り組みはすぐに結果が見られにくいため，じれったく感じる方もいるかもしれませんが，私の経験から言えば，安定した良好な人間関係を育み維持してくれることはあっても，人間関係を悪くさせることはありませんのでお勧めです。

　信用に足る先生として子どもにかかわることを続けることにより，子どもも他者との関係性のもち方に変化が生じるでしょう。子どもたちは他者とのかかわりについて，先生の生きざまを通して獲得することにつながるでしょう。

　先に述べた他者との関係における要点をバイステックの 7 原則といいます。クライエントが抱く基本的なニーズに対応する形でソーシャルワーカーが相手と援助関係を形成する際に気にかけるポイントについてまとめられています。アメリカの社会福祉学者フェリックス・P・バイステック（Felix P. Biestek）が，1957年に著書『ケースワークの原則』にまとめました。参考までに，明日からでも気にかけてみてください。

　原則 1　クライエントを個人としてとらえる（個別化）
　　同じように見えても，同じような課題を抱えていても，一人ひとりは違った人です。多くの人々と目まぐるしくかかわる毎日を送る中で，一人ひとりを尊重したかかわりができているのか自己点検する大切さを思い出させてくれます。
　原則 2　クライエントの感情表現を大切にする（意図的な感情表出）
　　人は弱音や愚痴など負の感情を吐き出すことによって，抱える問題に立ち向かうきっかけや力を得る場合があります。子どもから見て，肯定的な感情ばかりでなく安心して負の感情を表現できる相手になっているでしょうか。
　原則 3　援助者は自分の感情を自覚して吟味する（統制された情緒的関与）
　　泣く子どもを無理に泣き止ませようとしたり，弱音を吐いた子どもを無理に励ましたりするばかりではなく，相手が何をあなたに求めているのか考えながら関与することが求められます。
　原則 4　受けとめる（受容）
　　相手の主張をそのままに引き受けとめることです。操作的にかかわるので

はなく，人として相手の存在を受け止めると子どもの姿が少し違って見えてくるかもしれません。

原則5　クライエントを一方的に非難しない（非審判的態度）

　良いとか悪いとか一方的に決めてしまわずにかかわるということです。例えば，どうして忘れたのか理由を問う場面がありますが，非難を含む問いとして子どもに届いてしまう場合もあるため問い方が大切です。

原則6　クライエントの自己決定を促して尊重する（利用者の自己決定）

　「子ども自身の何かを決めることに，子どもも主体的にかかわることを先生として保障すること」と考えてみてください。子どもであっても，先生であっても，人として自分のことは自分で決めたいと望むものです。

原則7　秘密を保持して信頼感を醸成する（秘密保持）

　秘密を守ることは，信頼関係を醸成するための基本です。言い換えると，信頼関係を醸成するために秘密は守られなければならないわけです。しかし，学校では，先生の秘密保持と子どもの秘密保持の概念に大きな隔たりがある場合もみられます。

　ここに挙げた7つのポイントは，あくまでソーシャルワーカーが大切にしていることであり，先生の実践にそのまま当てはめる必要はありません。できるだけイメージしていただけるように子どもとの関係を例示してみましたが，教育を主たる活動とする先生と，支援を主たる活動とするソーシャルワーカーとでは，それぞれの役割が違います。とはいえ，参考にしていただくと子どもや保護者との関係に変化が訪れると思います。

　より良い職場環境を作ることが，自身のより良い働きにつながり，心穏やかに働く先生の姿を見て，子どもたちは安心して生活することができると確信します。忙しさは変わらないにしても。

　子どもたちに私たちが何を育てることができるのか，子どもたちのなかに何を育てることができるのか，時間がかかる道のりではありますが，先生のチカラをより高めるためにも，ソーシャルワークのチカラを活用してみてください。

4　保育とソーシャルワーク

（1）幼児期におけるつながり支援

　ここまでは主に小学校，中学校，高等学校を「学校」として先生とソーシャルワーカーの話をしてきましたが，最後はもう少し年齢を下げて，保育所や幼稚園，こども園などの未就学児を念頭に置いて話を進めてみましょう。

　未就学児支援の場合，小学校，中学校，高等学校の児童生徒の支援に比べると，送迎時を含め保護者と日常的にかかわる機会がグンと多くなります。子どもが小さければ小さいほど保護者の存在が子どもの暮らしに大きな影響力をもっているともいえます。つまり，保育者と保護者の関係づくりも子ども本人との関係づくりと同様に重要になるというわけです。

　そのこともあってか未就学児支援の場合，保育士養成カリキュラムの段階から「本人支援」はもちろんですが「保護者支援」を含む「子育て支援」が支援系科目として設定されていています。支援系科目として「本人支援」を中心に「教育相談」が設定されている教職課程との違いともいえるでしょう。

　この「子育て支援」の重要性は保育所保育指針や幼稚園教育要領，幼保連携型認定こども園教育・保育要領において触れられています。「保護者支援」の存在感がどの程度のものかというと，例えば，保育所保育指針の解説書として保育所保育指針解説があり，5章立てで構成されていますが，第4章をまるまる「子育て支援」に充てるほど大きく扱われます。その記述においては以下のように「ソーシャルワーク」の文言も散見されます。

> 保護者支援を展開する際には保育士等の福祉専門職がソーシャルワークの基本的な姿勢や知識，技術等についても理解を深めた上で，支援を展開していくことが望ましい。　　　　　　　　　　　　　　　　　　　　　　　厚生労働省（2018：347）

　ニュアンスとしては，保育士等がソーシャルワークの知見を援用した支援を展開することが望ましいといった感じでしょうか。

　保育所等をプラットフォームに子どもや保護者と保育者が協力するという点においては，学校の場合と大きな違いはありません。しかし，保育所等にはソーシャルワーカーがいません。保育者はソーシャルワーカーではありませんが，保育者はソーシャルワークの知見を活かして保護者支援の主体として活動する必要があります。もちろん，教育委員会のソーシャルワーカーが保育所等にかかわっている自治体もありますので，その際には学校の場合と同じように協力すればいいわけです。

　しかし，保育者にとって「ソーシャルワークの知見を活かして」といわれても簡単なわけではありません。学校の先生方と同じように，保育者のみなさんも創意工夫しながら保護者支援に取り組んでいる現状があります。

　時の移ろいの中で，家族の在り方や人々の暮らし，働き方含めていろいろと変わりました。時代に応じて子育てニーズも変化しています。子どもの貧困やヤングケアラーなど子どもたちが抱える課題も変わります。子育てに対する不安や地域における孤立感などを背景に，子どもや子育てに関する相談のニーズも増加の一途をたどっています。子どもが安心安全に暮らしていくためにも，子育て支援においてソーシャルワークは欠くことのできないものとなってきていることには違いがないようです。

（2）子どもと保護者の心地よい経験として

　保育所等は，子どもにとっても保護者にとっても生活体験として初めてのできごとの連続です。初めての一つが「先生」との出会いです。

　子どもと保護者からすれば，初めてかかわる「先生」との体験が，そのあとに続く小学校6年，中学校3年，高校3年の学校生活における「先生」との関係形成に大きな影響をもつ体験であることは間違いありません。

　そのような意味で保育者は単に眼前の課題解決でそのかかわりの意味を完結させるのではなく，子どもや保護者からすればこれから続く長い学校生活において，「今ここ」でのいくつもの体験がこの先の出会いにおいて重要な意味をもつことも想像しながら「あたたかなかかわり」を展開していく必要があります。子どもとその親がこの先の人生で経験する多様な課題にどのように向き合

い，保育者や先生と乗り越え協働する力を育むことができるのか，その最初の舞台が保育所でありこども園なのです。

　何か困りごとで立ち行かなくなったとき，抱え込まず，助けを求められる力を「受援力」と言います。子育ては社会全体，つまり皆でするものですから，子育てにおける困りごとを「皆で」何とかする体験をしていただけるように配慮できるといいわけです。抱え込んだ「閉じた子育て」ではなく，皆でなんとかする「開いた子育て」です。その際に，先生と一緒に何かをすることが自分の力になって課題を乗り越えることができた「心地の良い経験」ができれば，先生との「心地良い経験」のバトンは小学校に引き継がれていくことになります。ソーシャルワークでは，支援に肯定的なクライエントをボランタリークライエント，支援に否定的なクライエントをインボランタリークライエントと言ったりしますが，自分を支援してくれる人との経験において，心地良い経験か否かが支援者との関係性に大きく影響していることが多くあります。

　保育所等（学校）における過去の経験がこの先に出会う先生との関係形成に影響を及ぼすであろう例はめずらしいものでもありません。私は，勤め先の学生に「小学校から高校までの12年の学校生活において，先生を頼りにしたことはありますか。あるいは，頼りになる先生との出会いはありましたか」と授業の時に話題にするのですが，もちろん回答は多様です。「高校の時の先生との出会いがあったからあの時の困難を乗り越えられて今がある」と答える人もたくさんいます。しかし，なかには「学校の先生って頼っていい相手だと考えたことがありません」と答える人もいますし，さらには頼ってひどい目にあった，後悔したという人もいます。

　先生との経験が困難を乗り越える「いい経験」であった人は，先生に頼ることを困難解決の一つの対処として学習するでしょうし，先生を頼って後悔した人は，その日以来，先生に頼ることはせずに生きてきたのでしょう。

　小さな子どもながらに懸命に生きていくさなか，取り巻く先生との間に「豊かな人間関係」が育まれた経験をもつ子どもであれば，それから先の学校生活においても先生に対する期待を欠くことなく上手に頼る機会を探して過ごすことができるでしょうし，あてにならない先生との出会いしかなければ，子ども

は先生に頼ることを諦めてしまうでしょう。

　保育の場におけるソーシャルワークは，「いま，ここ」の困りごとを解決することはもちろん，それだけでなく，その際の「経験」を力に変えて，本人の人生で経験するあらゆる困難に向き合うために「いま，ここ」における関係性を大切にする実践として重要なかかわりのスタートでもあるのです。

引用・参考文献

安藤知子（2016）「「チーム学校」による教育行政・学校の葛藤と教師役割の変容」『日本教育行政学会年報』42，233-237。
　　https://www.jstage.jst.go.jp/article/jeas/42/0/42_233/_article/-char/ja
厚生労働省（2010）『チーム医療の推進について（チーム医療の推進に関する検討会 報告書）』。https://www.mhlw.go.jp/shingi/2010/03/dl/s0319-9a.pdf
厚生労働省（2018）『保育所保育指針解説』。
　　https://www.mhlw.go.jp/file/06-Seisakujouhou-11900000-Koyoukintoujidoukateikyoku/0000202211.pdf
国立研究開発法人国立がん研究センターがん対策情報センター編（2017）『患者必携 がんになったら手にとるガイド 普及新版』。
　　https://ganjoho.jp/public/qa_links/book/public/pdf/0_all.pdf
内閣府・文部科学省・厚生労働省（2018）『幼保連携型認定こども園教育・保育要領解説』。
　　https://www8.cao.go.jp/shoushi/kodomoen/pdf/youryou_kaisetsu.pdf
バイステック，F. P.，尾崎新・福田俊子・原田和幸訳（2006）『ケースワークの原則——援助関係を形成する技法　新訳改訂版』誠信書房。
文部科学省（2015）「チームとしての学校の在り方と今後の改善方策について（中央教育審議会答申）」
　　https://www.mext.go.jp/b_menu/shingi/chukyo/chukyo0/toushin/__icsFiles/afieldfile/2016/02/05/1365657_00.pdf
文部科学省（2018）『幼稚園教育要領解説』。
　　https://www.mext.go.jp/content/1384661_3_3.pdf
文部科学省（2022）『生徒指導提要』。
　　https://www.mext.go.jp/content/20230220-mxt_jidou01-000024699-201-1.pdf
吉田穂波（2014）『受援力ノススメ』。
　　https://honami-yoshida.jimdofree.com/%E3%83%AA%E3%83%BC%E3%83%95%E3%83%AC%E3%83%83%E3%83%88/　　　　　　　（木村淳也）

第4章
学校福祉実践の水脈をめぐる探究
──鈴木道太の生活教育の展開──

　本章は，日本の教育史における教育と福祉のつながりをめぐる鈴木道太の実践を，今日的な学校福祉に引きつけてまとめたものです。鈴木道太は，戦前は生活綴方（生活の中で発見したこと，考えたこと，感じたことをありのままに表現した作文。またそうした綴方の指導。詳しくは注（1）教師，戦後は児童福祉司となった人物であり，学校教育と社会福祉において生活教育（教育を知識の教授中心にせず，子どもの生活を通じ，子どもを主体的な生活者に育てようとする教育。詳しくは注（2）を実践しました。

　近年，教育と福祉をつなぐ，教育と福祉の境界を超えるといったことをよく耳にします。鈴木道太の生活教育実践は，教育と福祉の境界を問い直すこと，いま，なぜ学校福祉なのかを考える必要を示しています。

1　『鈴木道太研究』について

　鈴木道太，この人は戦前における宮城県の教師で，生活綴方教育[(1)]，生活教育[(2)]，北方性教育運動[(3)]のリーダーとして知られています。その人と業績については，中内敏夫『生活綴方成立史研究』（明治図書 1970年）をはじめ，多くの研究書や論文で取り上げられてきました。また戦後は，地域福祉や青少年健全育成活動，特に地域子ども会活動をけん引し，社会教育や家庭教育，子育て活動の分野で多大な貢献をしています。

　鈴木は1907（明治40）年に宮城県白石市に誕生し，子ども時代を白石で過ごしました。本名は銀一。宮城師範学校を出て小学校教員となり，宮城郡荒浜小学校等において学校内外での教育実践に打ち込みました。1934（昭和9）年教員仲間とともに「宮城県綴方教育研究会」を結成し，翌年には「北日本国語教育連盟」の結成に参加して「北方性」の理論化と啓蒙に尽力し，全国の綴方教師に大きな影響を与えました。1940（昭和15）年治安維持法違反容疑で検挙され，実刑を受け1943（昭和18）年まで獄中生活を送ることになります。出獄後は教職を離れ，1944（昭和19）年に大河原町役場の書記となり，1948（昭和23）年からは宮城県の児童福祉司として児童相談所の仕事に従事しました。児童福祉および青少年の保護育成の仕事をしつつ，執筆活動・講演活動に精力を注ぎました。1966（昭和41）年県職員離職後は，山形女子短期大学に勤務し大学教育にも携わり，1991（平成3）年83歳で死去しています。

　『鈴木道太研究』[(4)]は，筆者の出身である早稲田大学大学院増山均ゼミナールの鈴木道太研究チームが，鈴木の業績を教育のみならず，福祉，司法，文化などを含み多面的に明らかにしようと5年間取り組みまとめたものです。本章は，鈴木の戦前戦中戦後の歩みのなかで，特に生活教育実践に注目してまとめました。鈴木が，生活というものをどのようにとらえ，教育をどのように位置づけようとしていたのか，子どもの幸せの質の向上のために，福祉と教育をどのように結びつけようとしていたのかを記したいと思います。

2　鈴木道太の生活教育実践

（ 1 ）学校教育において

① 生活綴方を通した生活教育：生活と教育を結びつける

　鈴木が最も充実した実践を行ったのは，3 つ目の赴任校である吉田尋常小学校（現 亘理郡亘理町）です。子どもたちが書く「病気」に関する綴方に，加持祈祷が圧倒的に登場するような地に文化の種をまき，生活の中で本を読む機会などない子どもが生活の現実を観る目を培い，深く考え正しく判断するため，鈴木は綴方教育を行っていきます。鈴木は，言葉を並べるだけ，飾るだけ，頭のなかでこねまわすだけの概念文しか書けなかった子どもたちに，見た通り，聞いた通り，思った通りに，生活をそのまま文字にさせました。生活のありのままを書かせた綴方のなかに，子どもたちの生活の姿，生きた心理をつかみ，その綴方を子どもたちの間に投入して，書かれた生活の事実に対するとらえ方や反省などを共同で考えさせました。綴方は次第に，子どもたちが生活や行動でわかったことを表現したもの，子どもたちの生活の証拠となっていったのです。

　鈴木が吉田に転任した1934年は，東北の歴史に残る冷害大凶作の年です。子どもたちの綴方にも，雨と凶作に関する題材が数を増していきました。不当に高い年貢をめぐる父母の話を耳にして不安を募らせる子ども，授業を休み土方に出て授業料を賄おうとする子ども，20銭の授業料を父母からもらうために一層労働しなければならないと考える子どもが，この北方の地域に生きていました。冷害凶作という社会現象が，村人の生活，子どもの考え方，そして教育の方向にも大きな影響を与えていくのでした。子どもが格闘している現実のなかで，子どもたちの生活の必要を満たし，子どもたちの生活を高めていく教育，子どもの幸福のための教育はどのようなものであるかを，鈴木は追求していくのです。

　鈴木は，「綴方の目的は，生活を昂め，生活を深め，生活を前進させるところにあります」，「教育は，もっと複雑で多岐である人間生活の各場合に，最も

適切な解釈をし，決断し，意志し行動する『生活力』を養ってやるためにあるのです」（鈴木 1935：21）と，綴方と教育の目的，および，教育と生活の関連を述べています。また，「私たちが『表現を指導』するといった時には，表現されるべき生活を如何に解釈するかといふ『解釈の指導』であり，私たちが『推敲させる』と云った時には，決して片々たる辞句の修正ではなく，生活のより高度なる認識であり，一般には生活そのものの推敲を指すのです」（鈴木 1936：142）と述べているように，鈴木は生活綴方を通して子どもたちに生活を学ばせたのでした。

② 北方性教育運動の展開：働く生活から学ばせる

鈴木は，子どもたちが書いた綴方を通して，教育ではどうにも処理できない生活の現実を知っていきます。気候風土に恵まれず二毛作を不可能とする地理的条件と，零細農や高率小作料など封建制が色濃く残る社会的条件，そして文化的にも遅れている東北の農山漁村において，鈴木は子どもたちの生活の見方を正し，強く生き抜く前向きな考え方を整えようとしました。鈴木は，「北方性教育とは，この封建的遺制からの解放を目標とするものでなければならない。生産力の発展による労力強化からの解放，人が人を支配する奴隷的圧制からの解放，この解放のてだてを教える教育，それこそが北方の教育である。そのためには，北方人の持っている強烈な野生を発条にして，生活の意欲を培い，高い逞しい生活の文化を築き上げることである。観念的な知識の堆積でもなく，小賢しい観念の習得でもなく，肉体化した具体的な文化の建設。所謂この生活台の上に立って，生活を学び，生活をたかめていく意欲的な文化を，すなわち骨の髄まで『勤労生活者の精神』を身につけさせる教育こそが，北方地帯における生活的必要をみたす教育である」（鈴木 1972：122）と述べて，労働という肉体を通した学びによって，厳しい生活に立ち向かい主体的に生きることができる子どもたちに育てようとしました。

③ 一貫した集団主義教育：人と人を結びつける愛情を育む

鈴木は，「ひとりの喜びがみんなの喜びになり，ひとりの悲しみがみんなの

悲しみになる」（鈴木 1972：103）学級集団づくりに取り組み，集落ごとに組織した「月曜の家族」から「金曜の家族」という班ごとに，教材の準備，教室の掃除，学習の目標設定など，責任と協働を促していきます。子どもたちの生まれ育つ地域社会は，子どもたちにとって一番利害の共通する社会です。鈴木は，そこに喜びと悲しみを一つにする組織を作り，それを学級全体に広げようとしたのでした。鈴木は言います。「炭は一つ一つ離しておいたのではおきない。これを集め，組み合わせたときにはじめてカッカッとおきて来るのだ。子どもたちもバラバラに離しておいたのでは盛上がって来るわけはない。教育とは子どもたちをこのように組織し，どのような方向におこして行くかである」（鈴木 1972：108）。「木曜の家族」が海であさりなどを取って売りに行く計画をしたことをきっかけに，鈴木は組織的計画的に学習につながる生産教育，すなわち働くことに関する教育に取り組むことになりました。

　生活研究の一つである生産労働の薪とり，どじょう採り，まぶしあみ作りなどは思いのほかの金額になり，授業料や文集紙代，共同購入の雑誌代を払っても貯蓄ができ，子どもたちとの宿泊の旅行費用の一部にすることになりました。子どもたちは，自分自身が旅行に行けるために，本気になって足りない分の旅行費用を家からもらう工夫をします。それぞれが置かれている生活条件，父母の性格，家庭の空気などは多様であり，どのように話を切り出すか，いつ切り出すかといった，子どもたちがそれぞれの家庭から不足分の旅行費用を貰う生活の工夫は千差万別でした。しかし，どうしても旅行費用の不足分を家から出してもらえない子どももいます。子どもたちは知恵を働かせ大人たちといくつもの交渉をした結果，山形の国分一太郎がまとめていた文集「もんぺの弟」の子どもたちに会うため，学級全員で出発することができたのです。

　凍てつく冬に薄氷を割ってどじょうを採った仲間，うだるような夏の畑に汗を流し，うさぎを飼育した生活の仲間。ともに働き，ともに喜び，ともに苦労した仲間をおいて旅行に行くことなどできません。「ひとりの喜びがみんなの喜びになり，ひとりの悲しみがみんなの悲しみになる」という親和の情，協働感情は，厳しい労働の生活をともに営んだ中から湧いてくる親愛感，連帯感だったのです。学校は協働の形を作ることを学べる場であり，仲間との協働を

通して子どもたちは達成感を味わうことができたのでした。

④　一人ひとりの子どもにあった教育：みんなが幸せになる教育を目指す

　鈴木は，いくつもの障害を抱え，学校に興味がない重男にとって，教室がたのしく温かいものになるようにと考え，学芸会で重男を主役にした喜劇を出しました。本を読めない重男にただ一つの短いセリフを何度も使える工夫をし滑稽さを出したことで，劇は大成功をおさめ重男は一躍人気者になり，学芸会での成功が重男に自信とやる気を生みだします。

　ふり仮名をつけても読本は読めない，読方を口真似でしか読めない重男が，ある日自分ひとりで読んだのです。今にも絶句しそうな姿で，突っかかったり読み返したりしどろもどろの読み方ではあるけれど，まさしく自分一人の力で読んだのでした。教師である鈴木，学級の子どもたち誰もが想像できなかった重男の朗読に，教室がしいんとなった後，湧きかえるような拍手が起こります。それは，ひとりの喜びが，みんなの喜びに溶ける，感動の拍手でした。そしてその感動の裏には，前日の夜遅くまで教室に残り，ろうそくの仄かな明かりの下で重男の暗唱を手伝った学級の子ども吉四郎の姿があったのです。重男は山学校（通学のふりをして家を出て，山や田んぼで遊び過ごし，夕方何食わぬ顔で家に帰る）もしなくなり，教室ではいつもどこかの集団に入って，からかわれながらも嬉々として遊ぶようになったのでした。

　「燕は燕の速さで飛び，蟻は蟻のペースでしか歩けぬのである。問題は，蟻が確実に自分の速さで歩いていたかどうかである」（鈴木 1972：163）と述べる鈴木の言葉からは，子どもそれぞれの能力を最大限に発達させようとする姿勢がくみ取れます。鈴木は，生活を学ぶためにこそ必要となる読方や算術などの教科を「道具あらため」と称し，子どもたちの力に応じて最良なものにしようと，その子の必要に応じた手立てを考えていくのでした。

（2）社会教育，地域づくりにおいて

① 村全体を教育する

　本気になって生活教育で育てた子どもたちが小学校を卒業して青年学校に入

り，鈴木は青年の問題に無関心でいられなくなります。「学校でどれほど子供
に向かって礼儀訓練をしても，青年団や青年学校の生徒が教師に逢っても帽子
も取らなかったり，又学校で生産教育に全力を尽くしても青年に産業運動が起
こってなかったり，子供が素朴で芸術的な綴方を書いても，青年が本能だけを
露出することしか知らぬ文芸を演じたりしては，何処まで行ってもどぶ池に清
流を注ぎ込むようなものであるから，私は種々な事情で生徒指導の不可能な学
級を受け持っている間に，そこへ注力を注いでいたのであった」（鈴木 1937a：
153）。鈴木は，「どぶ池」状態である村の青年たちと地域社会をも変えようと
取り組みます。毎晩部落青年の会合に出かけ，争いの絶えない丘と浜という二
つの部落の青年を一つの心にまとめ上げる実践，青年の教育と小学校高等科の
教育をつなげる実践など，生活教育の実践課題に学校の教育を超えて，青年の，
そして村全体の教育を含めていったのでした。

②　町の全文化を引き上げる

　鈴木は，町全体の文化を引き上げることによって地域づくりを行いました。
鈴木が「新しい土の文化をつくるのだ」（鈴木 1972：59）と，地域を視野に入
れた教育活動に本格的に取り組み始めたのは初任校荒浜小学校時代です。官製
の青年団のなかに「蒼穹会」という独自のサークルを作り，封建時代の悪しき
慣習である寝部屋泊りを廃止し，酒や煙草や賭博をせずに読書会を開いていき[5]
ます。

　鈴木は，演芸会や読書会を開き，青年たちへの文化指導を通して，町全体の
文化を引き上げようとしました。戦後，町役場の職員時代には，定期的に芸術
祭を開いていきます。その芸術祭が刺激となり，東北産業，停車場等にも劇団
が生まれ，軽音楽団や，幼稚園などの舞踏研究も生まれたのです。鈴木は，
「いうまでもなく現代は無血革命の時代だ。無血革命を推し進めるには，文化
啓蒙が特に重大な役割をになうことになる。われわれの文化を，われわれの育
て培う文化を，歴史の方向に組織し，盛り上げていくこと，町の村の隅々まで，
おしひろめること，それが僕たちの仕事だ」（鈴木 1947a：1-2）と述べ，教育と
ともに文化を通して，町全体の生活の質の向上を目指したのでした。

（3）地域福祉，児童福祉において

① 町全体を学校と考える

　戦後，町役場の職員になった鈴木は，役場と町の仕事に，かつての教育に劣らない生甲斐と熱情を感じるようになります。戦災者の寡婦や失業者など生活困窮者支援に携わる中で，鈴木は「これは教育であった。教室の代りに町が学校であった。民生委員が困窮者を申請してよこす。それの調書を作り，金を貰ってやる。それだけでは困窮者は立直らないのである。教室と同じように『生活指導』が必要であった。町全体が学校と思われて来ると，かつて『生活学校』でやって来た仕事が，別な立場からやることになる。僕は又狂気のような情熱が燃えて来た」と述べています。

　そして，「生活困窮者が，全町学校の最低の層であれば，それえ（ママ）の生活指導と同時に，前衛部隊の教育もしなければならない。僕は復員した連中のうちから，純真な青年の一群を摑んだ。これらえ（ママ）の文化の指導・演劇会を通しての町全体の文化の引上げ，絶えず教室え（ママ）の思慕を持ちながら，教壇へ復帰しない理由はここにあった」（鈴木 1947b：13）と，福祉と社会教育の場に生活教育の可能性を見出していくのでした。

　福祉の役割は，働きかける対象の生存権を保障することにあり，その中心的な内容は経済的物質的なものになります。しかし，経済的物質的なものだけでは生存権を保障することはできず，働きかける対象自らが生活をよりよいものに変えていこうとする意思や努力が必要となります。福祉には，働きかける対象の強みに着目して，その力を育て蓄え大きくしていくという教育的な機能が内在しています。鈴木が取り組んだのは，まさにそこだったのです。

② 宮城県最初の児童福祉司として

　1948（昭和23）年，鈴木は宮城県中央児童相談所の児童福祉司の仕事に就きます。児童福祉法が施行になって児童福祉司という仕事が生まれ，適任ではないかということだったようです。鈴木は後に「はじめての仕事は，駅に行って戦災浮浪児を連れてくること…とにかく浮浪児を保護する養護施設の数も少なかったし，収容する人員にも限りがあった。私たちは里親の機能を充実させて，

収容させようと思ったのである。そこで漁村や孤島に手を伸ばしたのである。…とにかく児童福祉の最初の仕事は，みな里親開拓とその保護ではなかったろうかと思う。…新しい時代が来たという希望はもてた」（鈴木 1976：122-123）と述べています。鈴木が活動した宮城県中央児童相談所は，昭和30年代から40年代にかけて日本最高の里親県として児童福祉の分野にゆるぎない実績を示しています。

　しかし，鈴木が記した『職務日誌』⁽⁶⁾とタイトルのついたノートには，里親の扱いに対する子どもからの苦情や，里親宅を定期的に訪問して計測した子どもの身長や体重の記録が残されており，労働力を得る手段としての「貰い子」から児童養護としての里子の受入れへの過渡期において，労働力の補充が主たる目的であるかもしれない里親の下に委託した子どもの成長を，継続的に観察している鈴木の様子がうかがえます。

3　鈴木道太の実践を学校福祉の視点からとらえる

（1）子どもの生きづらさへのアプローチ

　本書の編者である鈴木庸裕は，「『学校福祉』とは，学校教育と社会福祉のつながりを創造するものです」（鈴木 2021：2）と記しています。今日，不登校やいじめの背景に児童虐待やヤングケアラー状況，貧困や生活困難などがあることがわかってきて，教育課題の背景にある福祉課題への問題解決が取り組まれるようになってきました。

　これまで記してきたように，鈴木道太が取り組んだ実践は，封建遺制や生活困難，障がいなどといった子どもの生きづらさ（生活課題の困難）へのアプローチでした。鈴木は，子どもたちが抱える貧しさからくる劣等感や卑屈さの影を拭い取ろうと，鈴木自身が得意なスポーツを通して子どもたちに自信をつけようと取り組んでもいました。

　筆者は，福祉が確立していなかった時代における鈴木道太の生活教育実践の中に，すでに学校福祉概念が包含されていたと考えています。

（2）学校だけでなく地域社会の教育力に注目した実践

　鈴木道太は，「人間は社会的産物として生まれ，社会に依って社会人として成長，育成するものであり，我々の教育の出発は常に現実社会でなければならない」「私は，学級における集団を，学級外の，村落又は都市の集団の，一分団として，または協力して進展すべき有朋的集団として理解する」（鈴木 1932：28, 35），「われわれが最初に考えた教育の方向は，それが教室や学校だけの仕事ではなく，われわれの教育の力を通して全村を，子供が通学している区域，部落の全文化を引き上げるということであった。そうして，そうした深い文化構築のなかから，学級や学校外の教育を設営していくということであった」（鈴木 1937b：1）と述べています。

　鈴木は，教育を学校教育の枠に限定せず，地域社会がもつ教育力を重視し，子どもの学級の生活・活動と家庭での生活・活動，地域での生活・活動を相互に連動するものとしてとらえ，統一的に実践したのでした。そこでは，生活が持つ教育力を重視し主体的に生活を切り拓く「生活者」という子ども像，人間像を想起することで，教科・教科外・村落にわたる教育を構造的に把握する構想が提起されていたと考えます。

　今日，学校には，子どもの学校生活の背景となる家庭生活を把握し，地域を子どもの生活の場の一つとしてとらえなおすこと，教師も地域の一員であるとの認識が求められます。鈴木道太は，家庭 − 学校 − 地域のつながりの中に学校を位置づけ，学校教育を通じて子どもや家庭の生活の質を高めようとしたのでした。

（3）子ども自らがしあわせに生きようとする力を育てる

　鈴木道太が取り組んだ北方性教育，生活教育は，貧困と差別と抑圧からの解放を目指すものであり，誰もが平等に生きる権利の実現にむけての教育でした。厳しい現実を生き抜く生活意欲をもち，自らが置かれた生活の現実を見つめ，生活を改善していく知性を育て，生活を工夫することができる子どもたちを育てようとしました。

　鈴木は，吉田小学校の子どもたちを前に「一番大事なことは幸福になるとい

うことだ。それも，自分ひとりが幸福になるのではない。すべての人が，みんな幸福になる」(鈴木 1972：102) ことだと主張します。鈴木は，教室での学習，学校での学びの目的を，すべての人が幸せに生きる権利の実現に置いていたのです。

　鈴木は，子どもたちの置かれている社会的文化的経済的生活実態から生活教育を実践しました。そこには，徹底して子どもの生活問題，教育問題に寄り添った鈴木の姿勢を読みとることができます。学校の内外を通じ，教育だけでなく福祉や文化を通して，子どもたちを生活と教育の主体者に育て，人間的資質の基本を確実に子どもたちのものにしようとした生活教育，子どもに寄り添い子どもと共にあろうとした実践，生活と教育を結びつけようとした研究運動は，今日的にも大きな課題であり，学ぶことが多いと考えます。

4　歴史研究および共同研究の醍醐味

　鈴木が戦前に記した生活綴方教育，生活教育などの著作は膨大であり，戦後に執筆した著書は50冊にのぼります。生前に『鈴木道太著作集 (全3巻)』(明治図書 1972年) も編集されました。『鈴木道太研究』において，こうした鈴木の著書や関連文献等を読み進めるなかで，宮城県白石市図書館に「鈴木道太文庫」が存在することがわかりました。「鈴木道太文庫」は，鈴木の蔵書や遺稿・遺作を，鈴木のご長女である星美千代さんが宮城県に寄贈したものです。鈴木道太研究チームは，星さんへのインタビューをはじめ，集団あるいは個人で何度も文庫の閲覧・調査を行っていました。

　4167冊におよぶ「鈴木道太文庫」のなかで，特に注目すべきは未整理資料群です。『鈴木道太著作集 1』に記されている芝居の実際のシナリオも，これら未整理資料の中から発見しました。また，未発表と思われる鈴木の自筆原稿がいくつも残されており，「裁かれた教室」という400字詰め原稿用紙273枚の原稿などもありました。

　筆者が特に重要であると考えたのは，鈴木が児童福祉司業務に携わるなかで記録した自筆ノートです。戦後，厚生省児童局からモデル児童相談所の一つと

して指定を受けた宮城県中央児童相談所において，国際連合社会活動部から社会事業官児童福祉コンサルタントとして派遣されたアリス・K・キャロル女史が行った特別指導の記録である『キャロル女史の講義』と記されたノートの存在です。日本の児童福祉の幕開け，児童相談所機能の模索の時代を調べてみると，国立国会図書館憲政資料室に所蔵されているGHQ/SCAP RecordsのPHW文書には，キャロル女史が離日する直前の8月のレポート，すなわち宮城県中央児童相談所での実地指導の活動状況のレポートが抜け落ちていることも明らかになりました。鈴木のノートは，その部分を埋めるものであると筆者は考えています。『鈴木道太研究』は，歴史研究の醍醐味を感じることができた調査研究であったと，つくづく感じ入っています。

　鈴木を取り上げた研究論文のなかに「鈴木道太文庫」という言葉を見つけ，文庫の場所やその移動先を手繰り，最終的に宮城県白石市図書館で文庫の存在を確認できた時の喜びや，その先に『鈴木道太研究』が広がっていく可能性を感じたこと，調査での様々な発見と驚きと出会いにわくわくしたことなどが今でも鮮明に思い出されます。

　また，『鈴木道太研究』は，鈴木道太研究チームメンバーで膨大な文献や歴史資料を読み合わせ，メンバーそれぞれが社会教育，福祉，司法，文化などといった各自の研究テーマに引きつけて探求していったからこそまとめることができた多角的な研究であると自負しています。あらためて，共同研究のおもしろさと可能性を実感しています。

　教育や福祉において，実践を記録することは重要です。鈴木道太の著作集に記されている鈴木と子どもたちとの生活教育のありようは，鈴木の教育実践記録と言えるものでした。実践記録にある専門職と利用者とのかかわりあいを分析し，討論しあいながら，積み重ねられた実践の知が共有され，理論が構築されていくといとなみは，過去の優れた実践から学ぶ歴史研究に通底しています。特に学校福祉研究においては，教育職と福祉職が同じ記録をもとに一緒に実践を検討する機会を広げていくことが必要であると考えます。

　鈴木庸裕は「学校福祉は，端的に子どもや青年にとってしあわせな生活の場として学校を変革し，すべての子どもたちにどんな力を育てる（高める）のか

を問うことです」（鈴木 2021：5）と述べています。戦前の北方性教育運動，生活教育を担った生活綴方教師鈴木道太の実践は，学校教育を通して子どもの生活の質を高め，子どもが幸せに生きる力を育てるものでした。筆者はその実践を，学校福祉実践の歴史的水脈としてとらえられるのではないかと考えています。鈴木道太の実践は，教育を狭い学校教育に押しとどめず，むしろ学校教育を超え，教育だけでなく福祉や文化を含んだ総合的な人間形成といえるものであり，そこには，現在および未来に向けて私たちが引継ぎ発展させるべき豊かな構想が含まれていると感じる次第です。

　　　[付記]　本稿は，「鈴木道太の実践理論における概念の変遷——子どもの『生活』に切り結んで」早稲田大学文学学術院教育学会『早稲田教育学研究』第14号，53〜67頁を大幅に修正加筆してまとめました。

　注
⑴　青木編（1988：473）では，村山士郎が以下のように説明しています。「子どもたちに生活のなかで見たこと，聞いたこと，感じたこと，考えたことをありのままに書く文章表現活動の指導をとおして，豊かな日本語の文章表現能力を育て，事実にもとづいた生活認識となかまとの連帯感を形成する教育。生活綴方における文章表現活動は，文を綴りながら客観的事物や人間や生活をたんに再現するのではなく，意味化してとらえる。それは，事物，人間，生活を意識のなかに再構成しつつ創造的に反映させるプロセスである。」
⑵　川合（1981：12）では，「生活教育は，教育活動の内部において，『生活』——子どもの家庭や地域における生活活動，子どもたちがその一員として活動している家庭，地域の生活——との接点をぎりぎり追求しようとする主張と実践である」と述べています。
⑶　海後監修（1971：583）では，以下のように説明されています。「昭和4年頃から昭和12年頃にかけて，東北地方でおこなわれた生活綴方を中心とする教育運動。東北各県で生活基盤に密着した綴方教育をすすめていた青年教師たちは，東北地方大凶作を契機として北日本国語教育連盟を結成，『教育・北日本』を発行して，子どもの生存権を守りぬく教育をめざしてたちあがった。現実に押し流されてしまうことなく，生きぬいていく『生活意欲』のさかんな子ども，現実を変革していく『生活知性』をもった子どもに育てなければならないとし，公教育の現実に密着した地点でその改造運動をすすめた。」

⑷　鈴木道太研究チームメンバーは，増山均・阿比留久美・齋藤史夫・笹島康仁・竹原幸太・山田恵子・中村興史・王雪・岸本麻依。研究成果として，増山均編著『鈴木道太研究──教育・福祉・文化を架橋した先駆者』（明成書林）を2021年3月に刊行。

⑸　鈴木（1972：52）に以下のように記されています。「寝部屋というのは，作男の泊まる部屋で，これは封建時代の若者衆の遺制がまだ残っている習慣であるが，作男だけでなく次男三男，或は長男までも，とにかく高等科を卒業すると母屋から離れてこの独立の家屋に寝泊まりするのである。これから一人前の人間の待遇を受ける準備期間みたいなものであるが，酒や煙草や賭博など，青年たちはここでおぼえる。そのなかでも女との関係がここで出来るということが重大な問題であって，毎年，二，三人の私生児がここから産まれたのである。」

⑹　宮城県白石市図書館「鈴木道太文庫」に収蔵されている。

⑺　第二次世界大戦後の日本占領期における連合国最高司令部関係行政文書のうち，公衆衛生福祉局文書をいう。

⑻　これらについては，山田（2018）を参照。

引用・参考文献

青木一ほか編（1988）『現代教育学事典』労働旬報社。

川合章（1981）『生活教育の理論』民衆社。

海後宗臣監修（1971）『日本近代教育史事典』平凡社。

鈴木道太（1932）「学級・集団・技術──集団主義教育の理論と実際」『教育論叢』。

鈴木道太（1935）「綴方・生活教育の実践的設営」『国語教育研究』。

鈴木道太（1936）「生活表現考」滑川道夫他編『国語教育史資料第三巻　運動・論争史』東京法令出版。

鈴木道太（1937a）「綴方教育に於ける生活組織の新方向」『教育・国語教育』。

鈴木道太（1937b）「生活学校のために」『カマラード』第4号。

鈴木道太（1947a）「文化の進め方」『カマラード』第10号。

鈴木道太（1947b）「町が学校であるという考え方で」『生活学校』。

鈴木道太（1972）『鈴木道太著作選1』明治図書出版。

鈴木道太（1976）「児童福祉司の初期の仕事」全社協養護施設協議会編『養護施設30年』。

鈴木庸裕（2021）『学校福祉論入門──多職種協働の新時代を切り開く』学事出版。

山田恵子（2018）「鈴木道太の児童福祉への貢献──『鈴木道太文庫』の自筆ノートを手掛かりに」『社会福祉学』59(1)，123-134。

（山田恵子）

第Ⅱ部
学校福祉実践の方法と技術

第1章
養護教諭はスクールソーシャルワーカーに何を求めているか

　心身の健康に課題を抱える児童生徒について，養護教諭は関係機関と連携しながら健康相談を実践しています。課題の背景に貧困や虐待等の複雑な問題が影響している場合，学校で得られる情報には限りがあります。そのような時に，子どもを取り巻く環境に働きかけるスクールソーシャルワーカーと連携し，そこから得た情報を健康相談に組み込むことで課題解決につなげることができます。養護教諭とスクールソーシャルワーカーは，一人職であること，課題を子どもの生活全体から見ること，アセスメントやアプローチの仕方が似ていること，同じ言語を使用することなどで共通することが多くみられます。このことから，養護教諭がスクールソーシャルワーカーとともに学校の教職員をコーディネートすることで健康相談がスムーズに進むことがあります。

　ここでは小学生の模擬事例を通し，多職種連携の在り方を探っていきます。また，スクールソーシャルワーカーからみても教職員と協働をしていく際には，養護教諭が欠かせないことも示したいと思います。

1　健康相談は家庭と学校をつなぐ結び目

（1）養護教諭と健康相談

　健康診断や健康観察の結果及び日々の保健室での対応などから，養護教諭は子どもたちの様々な心身の健康課題を察知し，必要に応じて健康相談を行い関係機関とも連携しながら課題解決のための活動を実践しています。

　健康相談を実施する際には，問診等を通して子どもたちの抱えている課題の背景をつかもうとしますが，その背景は複雑であり，養護教諭が一人で把握できるものではありません。そのためには学級担任等の関係教職員や保護者から情報を収集し，子どもを多面的・総合的に理解した上で問題の本質をとらえ，チーム学校として組織的に取り組んでいく必要があります。

　しかしながら現代の子どもたちが抱える心身の健康課題は，その背景に貧困や虐待，いじめ，発達障がいなどの要因が複雑に絡み，さらに社会や家庭環境が複雑化・深刻化していることから，学校という立場で得られる情報にも限界があります。そのためには学校も地域社会と連携し，多職種と連携し協働していくことは欠かせないものとなっています。そこで健康相談のプロセスに，子どもたちが置かれた環境にも働きかけ，家庭，学校，地域の関係機関とつながりながら支援していく福祉の専門家であるスクールソーシャルワーカーとの協働を組み入れることが必要となってきます。

（2）スクールソーシャルワーカーとの連携視点

　健康相談を展開していく上で，養護教諭一人の力や学校だけでは解決できない課題が多くあります。チーム学校では関係機関との連携や専門職との協働が求められていますが，養護教諭とスクールソーシャルワーカーとの連携はまだ十分とはいえません。

　筆者の調査（豊田 2018）から，養護教諭とスクールソーシャルワーカーが相互に求めていることについて，次の4点が明らかになりました。

　　①　子どもを取り巻く環境要因である家庭環境や保護者の養育状況，経済

状態などの情報は，家庭環境調査表や家庭訪問だけでは把握しきれない。そこで養護教諭としては，子どもを取り巻く環境にアプローチできるソーシャルワークの専門職の仲立ちが欲しい。学校が弱い分野とされている社会福祉サービスへの理解についても，その専門家から情報を得たい。

② 学校が外部関係機関と繋がる際の担当は教頭が担っていることが多い。しかし，事務的な連絡などを養護教諭が行っている学校では，スクールソーシャルワーカーとの連携も促進され，ケース会議等も活発になっている。養護教諭が連携のコーディネーター的役割を果たすことが効果的である。また，スクールソーシャルワーカーもそのような養護教諭と積極的にかかわりたいと思っている。

③ スクールソーシャルワーカー側も養護教諭に対し，専門職としての見立てや学校生活における子どもの情報提供を願っている。勤務形態が設置型ではなく派遣型である場合は特に，学校に滞在している時間は短く，直接子どもや担任から情報を得る時間的な余裕はない。一般的に保健室には多様な情報が集まってくることから，子どもの健康状態，保健室利用状況，友人関係，担任との関係など，子どもに関する広範なマクロの視点を養護教諭から得たいと考えている。

④ 養護教諭は学校組織の雰囲気や教職員間の人間関係など，数字に表れない部分の情報（スクールソーシャルワーカーの分野では「学校アセスメント」と呼ばれるもの）にアプローチできる。

　以上のことから，養護教諭はスクールソーシャルワーカーに子どもの背景にある家庭環境や福祉的な支援の情報を求め，スクールソーシャルワーカーは養護教諭に子どもの健康状態等の専門的な見立てや学校生活の様子，友人関係，教師の指導方針などの情報を求めていることがわかります。このように相互に求めあうものが重なるところに協働の結び目があると思います。

（3）保護者の状況の事実を知ること

　学校では家庭環境調査などから家庭内の家族構成や勤務先などを把握しています。しかし経済的な状況や福祉サービスの利用などは，子どもたちの様子から想像はできても，詳細についてはプライベートな領域であることから見えにくくなっています。健康相談等でもアセスメントの際に家庭内の情報が必要になってくることがあります。そのような時は子どもの環境面にアプローチするスクールソーシャルワーカーとの協働が求められます。そこから得た情報で円滑な支援につながった小学校での事例から見ていきます。なお，以下の事例は，関係者からの了解を得るとともに，対象や内容の描写は仮想によるものです。

　スクールソーシャルワーカーと連携した場面を下線で示しました。

2　学校での一人職，その長所を養護教諭はどう活かしてきたか

（1）対象者の把握

　小学1年生と小学2年生の兄弟は，両親と兄弟の4人家族で，X町からY市へ転居してきました。弟は先天性心疾患の既往がありましたが，生活管理指導表から運動や学校生活での制限がないことがわかり，発育状態も正常でした。4月の健康診断では弟が肥満傾向であるのに対し，兄は健康面では問題もなく行動も活発であるのにもかかわらず体格が標準より小さいことから，養護教諭として二人の成長過程に何らかの違いがあるのではないかと感じていました。年度初めにX町から転居してきた兄弟に関する転居前の情報は全くなく，弟の就学時健康診断でも，X町では適正就学指導委員会で検討されたという記録はありませんでした。そのため兄弟はそのまま通常学級に入り学校生活を送っていたのです。

　兄弟は体調不良を訴えることはほとんどなく，保健室を利用する機会はあまりありませんでしたが，遅刻や欠席が多く気になっていました。そこで兄弟の担任から情報を収集しました。弟の担任によると「手本がなければひらがなの書字もできないし，算数の1桁足し算にも指を使っている」，「か細い声で話すことはできるけれど，指名しても回答できないことが多く，黙って立っている

から隣の席の子が手助けしている」とのことでした。小学2年生の兄の担任からも「ひらがなは正しく書くことができず，耳で聞いた言葉を文字にすることも難しい」，「担任や友だちから質問されても反応できない」とのことで，二人とも言語理解・表現能力が低いことがわかりました。それでもベテランの担任たちは「おとなしくて勉強も出来ないけれど，問題も起こさないし友達もいるから教室では特に困っていないよ」という認識でした。力量のある教師ほど自分で何とか解決しようとする傾向があるようです。

　そこで，次の理由から総合的に判断し，この兄弟を健康相談の対象としました。① 弟の先天性心疾患から，「健康診断の結果，継続的な観察指導が必要」，② 保健室来室時に言葉が出ない，失禁がある，学力が低い等から「保健室等での児童生徒の対応を通して健康相談の必要性があると判断」，③ 欠席・遅刻が多かったので「日常の健康観察の結果，継続的な観察指導が必要」であることから，継続的な支援が必要と認識しました。

（2）家庭環境の把握

　家族は会社員の父と専業主婦の母，兄弟の4人で，一軒家に住んでおり経済的に困っている様子はみうけられませんでした。母親は，子ども本人から訴えがあると，軽い体調不良でもすぐに休ませてしまう傾向にあったため，兄弟ともに欠席が多く，時には担任が自宅まで迎えに行くこともありました。欠席する場合でも連絡がほとんどなく，どちらか出席している兄弟の連絡帳で把握できていましたが，二人とも欠席してしまうと，母親に電話をかけても応答がないことが多かったので，父親の仕事先に連絡し，父親が母親に確認して学校に電話をしてくるという話を担任から聞いていました。欠席している兄弟の様子を確認するために担任以外に養護教諭も家庭訪問をしていましたが，その際，母親としての接し方というよりも兄弟と友達のような関係で，母が「靴下はちゃんとはかなきゃダメでちゅよ」と赤ちゃん言葉を使いながらはかせている様子や，子どもたちが母親を馬鹿にしたような態度をとり，いうことを聞かない様子に驚きました。また，父親も学校に提出する書類の文字が間違っていたり，父が宿題を代行しているようだがその答えが正しくないことなどから，両

親ともに知的な問題があるのではないかと推察できました。

（3）校内組織づくりとスクールソーシャルワーカー

　養護教諭が行う健康相談以外でも，子どもの環境要因を把握するためには様々な外部の関係機関との連携が必要です。そこでこのケースではスクールソーシャルワーカーの協力を仰ぐことを考えました。連携を円滑にするためには，専門職としての連携する相手の職務を理解する必要性を感じ，以前からスクールソーシャルワーカー協会主催の研修会に何度か自主的に参加していました。ある研修会でグループワークをした時のメンバーにＹ市のスクールソーシャルワーカーがいたため，「はじめまして」と早速声をかけて顔見知りになり，それから養護教諭とＹ市スクールソーシャルワーカーが互いに誘い合い一緒に研修会へ参加するようになりました。

　ある研修会に参加したとき，スクールソーシャルワーカーの取り組みについてもっと知りたいと考え，思い切って養護教諭としての悩みについて聞いてもらいました。

　この兄弟については，養護教諭として健康相談の対象にするべきと考えていましたが，転入前のＸ町の情報が全くなかったため手をこまねいていたところです。この機会を好機ととらえ，「この兄弟について学校も困っていることがあるので，一度学校に来ていただきお話をうかがえませんか？」と申し出ると同時に，Ｙ市のスクールソーシャルワーカーも紹介し顔つなぎをしました。Ｘ町のスクールソーシャルワーカーは「Ｘ町からＹ市に引っ越した後，どうしているか心配だったのでぜひ学校にお邪魔させてください。」と快諾してくれ，この時から養護教諭とＹ市スクールソーシャルワーカー及びＸ町スクールソーシャルワーカーの連携が始まったのです。翌日すぐにこの研修会での出来事を管理職に伝え，スクールソーシャルワーカーの活用について校内で検討し，連携していく方針が立てられました。

　早速，校内支援委員会が組織され，養護教諭は全体のコーディネートをしました。校内の役割分担は，校長のリーダーシップのもと，教頭がスクールソーシャルワーカーの派遣申請等外部関係機関との連絡窓口を，養護教諭がスクー

ルソーシャルワーカーとの直接的な事務連絡を，担任が兄弟の支援と母親に関する情報収集を，心の教室相談員（スクールカウンセラー未配置校に非常勤として勤務）が家庭訪問をして家庭内の様子を探ることとしました。また，兄弟の知的障がいも疑われたため，特別支援学級の担任にもかかわってもらうことにしました。

　さらに，校内でまだ教職員に認知されていないスクールソーシャルワーカーの役割について理解してもらうため，スクールソーシャルワーカーに関する校内研修会を開催したところ，校内におけるスクールソーシャルワーカーへの理解が一気に広まったと実感できました。その研修会には，教職員への紹介もかねてY市のスクールソーシャルワーカーにも参加していただき，学校全体の連携の基礎作りを行いました。

（4）関係機関との連携

　校内体制が整ったところで，教頭が教育委員会へスクールソーシャルワーカーの派遣申請書類を提出しました。その後の事務連絡は養護教諭が担い，校長の指示を受けY市スクールソーシャルワーカーにケース会議の開催とX町スクールソーシャルワーカーとの日程調整を依頼しました。Y市スクールソーシャルワーカーは快く引き受けてくれ，X町と連絡を取り合い，その過程で得た情報はその都度養護教諭に提供されていました。X町との調整役をスクールソーシャルワーカーにしたことで外部機関の窓口を一本化することができ，学校の負担が軽減されました。スクールソーシャルワーカーたちと養護教諭は先の研修会で顔見知りになっていたため，連携のスタートがスムーズに運ぶことができたように思います。

　10月に小学校において兄弟のケース会議が開催されました。参加者はY市スクールソーシャルワーカー，X町からスクールソーシャルワーカーと保健師，学校からは校長・教頭・兄弟の担任・特別支援学級担任・心の教室相談員・養護教諭（特別支援教育コーディネーター兼務）という構成メンバーとなりました。

　ケース会議では，学校から兄弟の学習面での困り感，出欠状況，担任のサ

ポート，父親の影の薄さ，母親のつかみ所のなさや知的レベルの疑い，Ｙ市に
引っ越してきてからは周囲との交流もないため相談する相手も居ないらしいな
ど，その時点で把握している情報を提供しました。

　Ｘ町のスクールソーシャルワーカーと保健師から得た話では，母親には中等
度程度の知的障がいの疑いがあり，料理や金銭の管理ができないということで
した。子どもが高熱を出しても市販の風邪薬で対処していたため，兄は脱水症
状で２回ほど入院したことがあったというエピソードを聞いたときは，学校で
想像していた以上に家庭での困難さがあることがわかりました。この情報から，
母親への支援を含め今後更にスクールソーシャルワーカーとの連携及び協働の
必要性が確認できました。ケース会議を開催することは，多方面からの情報が
共有され，共通認識をもって支援することができる利点があります。ケース会
議を通して，この家族に対する教育・福祉の両面からの支援が不可欠であるこ
とが支援者全体で認識され，兄弟へのサポートは学校で，母親へのサポートは
Ｘ町が担うことが確認されました。

3　学校安全の校内体制づくりの一員に
　　ソーシャルワーカーがなるには

（1）特別支援学級への入級

　兄弟は学習やコミュニケーションに困難を抱えていたことから，校内支援会
議で実態把握のために発達検査を受けてもらうということになりました。この
家族に関する行政区はＸ町であることから，Ｘ町のスクールソーシャルワー
カーに兄弟の発達等の検査の有無を聞いたところ実施していないということ
だったので，「これはＸ町で行います」との申し出により発達検査はＸ町主導
で行うことになりました。児童相談所で実施した検査結果はスクールソーシャ
ルワーカーから学校に報告がありましたが，予想通りかなり低いものだと判明
したため，学校では特別支援教育の視点を取り入れていくことになりました。
　そこで，担任と養護教諭が家庭訪問を実施し両親と話し合いを重ねた結果，
兄弟の生涯にわたる福祉的な支援を視野に療育手帳の取得に至りました。この

間もX町スクールソーシャルワーカーと連絡を取り合い，経過は常に共有しており，X町でも安心できたと町内で話題になったようです。その後，兄弟は揃って次年度から特別支援学級へ進級することになりましたが，この頃すでに普通学級では学習について行けず登校を渋るようになっていたため，校内の措置として年度途中から特別支援学級への通級を始めました。二人とも最初の頃は1時間程度の通級でしたが，本人たちの希望でその時間は徐々に増えていき，積極的に特別支援学級の授業に参加するようになっていきました。養護教諭が教室の様子を確認しに行くと，二人とも笑顔で授業を受けていました。「ここでの勉強はどう？」と声をかけると，「楽しい」「わかりやすい」と今まで聞いたこともないような大きな声で答えてくれました。

　その後，Y市スクールソーシャルワーカーの仲介により，障害児支援施設である放課後等デイサービスの利用も決まり，兄弟揃って放課後に施設へ行き宿題等を見てもらうなど，支援の輪が広がっていきました。また，家庭内が安定したことで子どもたちも安心して登校できるようになりました。このことはスクールソーシャルワーカーと連携できた大きな成果です。

（2）母親への支援

　兄弟が欠席するときなどは運転免許を持たない母親が歩いて学校へ来て連絡することもあれば，連絡のないまま欠席させることがありました。担任が電話をしても母親は電話に出ないため，直接家庭訪問をして確認しなければならない状況でした。養護教諭も校内で母親に会ったときは積極的に声かけをしていましたが，会話のやりとりから母親にも早期に支援が必要だと感じました。しかし，学校による母親への直接的な支援は困難でした。これらのことから母親に関する支援策を検討するためにX町のスクールソーシャルワーカーに連絡を取り，再度ケース会議を開催することになりました。

　12月に開催された第2回のケース会議は，経過報告と3学期に向けての話し合いが行われました。会議で情報を共有・検討した結果，母親に対する福祉関係のアプローチはX町が担当することになり，X町で母親の精神障害者保健福祉手帳を取得し，ヘルパーの派遣が実現しました。また，X町スクールソー

シャルワーカーから「X町から避難してきた家族が同じ小学校にいる」との情報がもたらされたため，近所に住むその保護者に母親の様子を見てもらうように学校から協力を依頼しました。その間，学校の心の支援相談員が家庭訪問をして兄弟の登校を促しながら家庭の様子を探り，母親との関係作りに尽力しました。「お母さんは料理ができないようで，食器も少なく弁当の空き箱だらけだったよ」と教えてもらい，それまでの兄弟の暮らしぶりに驚かされました。母親は料理や買い物も一人ではできないなど養育能力が低いことから，生活面での支援が必要でした。そこで，養護教諭とY市のスクールソーシャルワーカーが一緒に家庭訪問を行い，「これからこの方が時々お邪魔するね」と母親に紹介しました。母親は知らない人が来ると玄関を開けないことがあるため，養護教諭が一緒に行くことでスクールソーシャルワーカーが信頼できる学校関係者だと安心してもらいました。その後はスクールソーシャルワーカーが単独で家庭訪問をしても抵抗なく中に入れてもらい，母親と一緒に料理をすることもあったと報告がありました。

　また，特別支援学級では保護者の送迎を原則としていたため，母親が兄弟を送ってきた際に，特別支援学級担任や養護教諭が積極的に話す機会を設け，会話を通してアドバイスをするなど母親のサポートを行うことができました。

（3）スクールソーシャルワーカーとの連携

　Y市・X町・学校の三者で偶然にも同じ研修会に参加していたことで，その場で連携の必要性があると意見が一致しました。養護教諭は校内でもコーディネーター役をしていたため，研修会の翌日，「いい解決方法が見つかりそうです」と管理職及び担任に家族の情報を報告し，ケース会議開催の必要性を話し合いました。このケースについては，Y市とX町の両行政が関係しているため，Y市スクールソーシャルワーカーが学校とX町及びY市の行政機関との調整に当たっていました。また，ケース会議や電話を通じて両スクールソーシャルワーカーがそれぞれの自治体で知り得た情報を養護教諭を通じて学校に伝えていたことで連携や協働が活発になりました。

　小学校ではこの家族以外にもY市のスクールソーシャルワーカーにかかわっ

てもらうケースが複数あり，スクールソーシャルワーカーからは養護教諭を窓口として連絡が来るようになりました。スクールソーシャルワーカーが他のケースで学校に来校した際も保健室へ寄ってくれるなど，養護教諭とは常に情報交換をしていました。養護教諭もスクールソーシャルワーカーも一人職であること，共通言語をもつこと，子どもや家庭を支援する仕事であること，アセスメントする過程が健康相談と共通することなどから，両者の連携がスムーズに運び協働が促進されました。

4　健康の主体として子どもを育てる
──ヘルスプロモーションは社会福祉サービスをどうみているか

（1）健康相談におけるスクールソーシャルワーカーとの連携

　健康相談を実施していく上で，子どもを取り巻く家庭環境に関する情報や支援につながる関係機関の情報は，養護教諭にとってアセスメントには欠かせないリソースです。現代的な課題が複雑化・多様化しているこの社会においては，その情報を学校だけで把握することは困難な状況であるため，環境にアプローチするスクールソーシャルワーカーとの連携は，養護教諭にとって重要です。

　この事例では，X町とY市の二つの自治体が関係していました。転入前であるX町の家族に関する情報は，大震災後の混乱もあり全く分からない状態でしたが，そこにX町のスクールソーシャルワーカーがつながったことで，転入前の家族の様子や保護者の養育態度，母親の生育歴，父親の勤務先の支援者等についての情報がもたらされ，兄弟や家族に対するアセスメントに大いに役立ちました。これはX町のスクールソーシャルワーカーと連携できた大きな成果であるといえます。

　また，Y市のスクールソーシャルワーカーは，ケース会議の運営やX町との連絡調整，Y市の福祉関係機関等との連携，母親への直接的な支援を行いました。学校がY市とX町の両方の連絡調整をするのは複雑すぎたため，Y市のスクールソーシャルワーカーが学校とX町の調整役をしたことで，協働がスムーズに実践できました。ケース会議を開催するときも，X町関係者はもちろんの

こと，その他にもＹ市の保健師や家庭教育相談員，放課後等デイサービスの職員などの家族を取り巻く関係者の参集にも貢献していただきました。Ｙ市スクールソーシャルワーカーが家庭訪問を行い，母親と一緒に料理をするなど，学校ではできないような母親への直接的な支援も実践することができました。Ｘ町及びＹ市のスクールソーシャルワーカーと連携できなければ，母親への社会福祉サービスも取り入れることができなかったでしょう。これらの支援は，社会から孤立していた母親を自立し生活できる社会人へと成長させるものであると同時に，母親が福祉サービスを受けることで家庭内が安定し，兄弟は落ち着いて学校生活を送れるようになり学習への意欲も高まるという効果をもたらしました。

　養護教諭が子どもの健康課題に対応するときには，ヘルスプロモーションの理念に基づき子どもを取り巻く環境も視野に入れて見立てており，教職員の中でもより福祉的な視点をもち合わせています。また，養護教諭もスクールソーシャルワーカーも子どもを単体としてみるのではなく，その背景にある学校や家族を含めた生活全体としてとらえるエコロジカルな視点が共通していることや，さらに同じような言語をもつことが両者の連携を活性化させる一因となっています。

　養護教諭がスクールソーシャルワーカーと連携することで，健康相談のプロセスにスクールソーシャルワーカーから得た情報を取り入れることができ，スクールソーシャルワーカーも養護教諭から得た学校の情報をアプローチに取り入れ，包括的アセスメントに役立てられていると考えます。つまり，健康相談におけるスクールソーシャルワーカーとの連携は相互に大きな成果があるといえます。

（2）スクールソーシャルワーカーの立場からみた学校

　筆者は，養護教諭を退職してから現在は小・中学校の設置型スクールソーシャルワーカーとして活動を始めています。今までと逆の立場で学校にかかわっていますが，自分の経験上，養護教諭との連携は欠かせないものだと理解しているので，学校に行った時には必ず保健室に顔を出し，子どもたちの様子

や不在時の学校全体の動き等の情報を得たり，保健室登校児童生徒とも直接的なかかわりができます。職員室で執務していることもあるため，担任等から直接相談を受けることもあり，その子どもの様子を見るために教室を訪問するなど，早期に対応することができます。ケース会議も活発に開催され，スクールソーシャルワーカーが単独で支援するのではなく，学校と関係機関とつなぎながら協働もスムーズにできていると自負しています。

　これが派遣型スクールソーシャルワーカーとなると違ってきます。問題がこじれてから要請されることが多いと聞きます。校種によっても異なり，中学校では養護教諭が最初から打ち合わせに参加することが当然のこととととらえていますが，小学校ではスクールソーシャルワーカーとの打ち合わせは管理職がメインとなっているケースが多いようです。しかも短時間での打ち合わせとならざるを得ないため，そこに養護教諭が同席することは少なく，スクールソーシャルワーカーが意識的に保健室に行かなければコミュニケーションも難しいかもしれません。スクールソーシャルワーカーの勤務形態が設置型か派遣型か，あるいは巡回型のいずれが良いのかは一概にいえませんが，スクールソーシャルワーカーが学校に出向いたときにはチーム学校として協働するためにも，ぜひ養護教諭と連携してほしいと願います。そして，養護教諭には校内のコーディネーターとして連携の核となり，チーム学校を活性化させることを期待します。

　チーム学校として協働していくときには，学校長のリーダーシップのもとに進めていくことになっていますが，そもそも学校にスクールソーシャルワーカーを含めた関係機関等と積極的に連携していこうという意識がなければ協働は活性化されません。学校は社会福祉に関して不得意かもしれませんが，福祉の専門家であるスクールソーシャルワーカーと連携することで支援が広がり子どものQOLが高まることを理解してほしいと思います。しかし，多職種協働で互いの考え方がすべて理解できない場合もあり，チームとして機能しないこともあります。そのような場合は専門職同士お互いを知ることから始めることが望まれます。学校を足場として子ども支援にかかわるものとして，お互いの職務を理解しリスペクトすることでより良い連携が生まれます。子どもの最善

の利益のために，教育や福祉の専門職として積極的に多職種協働していくことが課題解決の近道になるはずです。

引用・参考文献

鈴木庸裕・佐々木千里・髙良麻子編（2014）『教師のためのワークブック——子どもが笑顔になるスクールソーシャルワーク』かもがわ出版。

鈴木庸裕（2015）『スクールソーシャルワーカーの学校理解——子ども福祉の発展を目指して』ミネルヴァ書房。

鈴木庸裕（2018）『学校福祉とは何か』ミネルヴァ書房。

鈴木庸裕（2021）『学校福祉論入門　多職種協働の新時代を切り開く』学事出版。

鈴木ひろ子（2022）「『相互理解』ということについてチーム学校の専門職協働の在り方から」『学校福祉実践研究』第 6 号，福島大学学校福祉実践研究会。

豊田真由美（2018）「養護教諭の健康相談に関する実践的研究〜スクールソーシャルワーカーとの連携を中心に〜」福島大学大学院学校臨床心理専攻。

（豊田真由美）

第 2 章
「家庭訪問」が育む子どもの力

　スクールソーシャルワークでは，多くの不登校の子どもと出会います。子どもが抱える課題はそれぞれ違っていても，学校を休む不登校という形に表れることが少なくないからです。以前から「長欠（長期欠席）」の子どもにかかわることが多かったのですが，この数年で「全欠（全日欠席）」の子どもが増えてきていること，子どもにも親にも会えない家庭が少なくないことがとても気にかかっています。

　本章では，不登校の子どもを訪ねる「家庭訪問」で，子どもとどのように向き合い，子どものどのような力を育てようとしているのかについて記していきます。なお，登場する子どもの名前はすべて仮名とし，性別や家族などについて修正を加えていることをお断りしておきます。

1　実践記録：「家庭訪問」は子どもや親とのかかわりあいの糸口
——はるとくんとのかかわり

（1）会えないところからのスタート

　小学5年生のはるとくんは，3年生のある日，宿題が終わっていないという理由で学校を休んで以来1年以上不登校となっており，家から一歩も出なくなっていました。担任の先生などが家庭訪問をすると暴れ，窓から物を投げつけるということでした。母は，こだわりが強いはるとくんが不登校になる前からスクールカウンセラーと定期的に面談を続けているし，教育センターで開かれる不登校に関する講座にも参加しています。校長先生は，教員の家庭訪問をしばらく控えたいので，代わりに訪問してほしいとのことでした。

　スクールカウンセラーとの面談の際に，母へ紹介していただきました。母は，はるとくんが学校に行かなくなって間もなく教育センターに不登校相談をしていていましたが，その職員に「子どもが来てくれないとねぇ」と言われたそうです。しかし，連れていくことはできなかったのです。

　母がスクールソーシャルワーカーの家庭訪問を希望しているとはいえ，はるとくんが学校からの訪問を強く拒否している様子があったので，母から訪問者があることを必ず伝えてもらった上で行うことにしました。家庭訪問の当日，学校で待ち合わせた母の案内で家に行きましたが，はるとくんは中からチェーンをかけ，外から母がドアを引っ張ると必死に引っ張り返すといった具合で，母の指がドアに挟まれて大けがをするのではないかという心配なやり取りがありました。「来んなよ，絶対に会わないからな！」というはるとくんの意思を感じ取りました。先生もスクールソーシャルワーカーも子どもに会えない，そして子ども自身が家族以外の人に会えないところからのかかわりの始まりでした。

（2）子どもの思いを想像して

　子どもにとって唯一安心して閉じこもれる家庭に入らせてもらう際には，子

どもを尊重する姿勢と丁寧さや慎重さを伴った方法が必要です。次の家庭訪問は，訪問者に会いたくなければ会わなくていい，と伝えてもらってから行いました。この時は家の中に入ることができ，玄関で10分ほど母と話しました。次の訪問の約束をして帰る際，ドアの向こうにいるであろうはるとくんに向かって，「私は先生じゃないんだけど，学校を長く休んでいる子どものところに訪問しているの」という自己紹介とともに，「また時々来るね」と少し大きな声で伝えました。その後は，毎回の家庭訪問後のはるとくんの反応や母子でどんなやりとりがあったのかなかったのかなどを確認しながら，定期的に訪問していきました。

　ある日，ドアの向こうすぐそばにはるとくんの気配を感じたので，「はるとくんのことで来ているので，お母さんと話していることを聞いて欲しい，だからお部屋のドアを少し開けてほしい」と伝えました。この後の訪問からは，部屋のドアが5cmだけ開いているようになりました。

　母との話を聞いてもらうという，5cmの隙間からの働きかけを続けるなかで，その日はドアが全部閉まっていました。「あらぁ，今日は閉まってるのねぇ」と母の顔を見ると，近頃の子ども虐待事件で，姿を確認できない子どものところに警察が来ると思って，はるとくんは布団にもぐっているというのです。学校に行けないことでの葛藤や不安，警察が自分を連れにくるのではないかという恐れなどが入り交じり，どんなにか心細く怖い思いをしているだろうと想像しました。そんな不安を取り除きたいと思い，「いつも家庭訪問してお母さんからお話を聞いているし，はるとくんがすぐそこにいるのがわかっているから，おうちに警察の人が来ることはないよ」と，はるとくんが必ず聞こえる大きな声で伝えました。その後の訪問では，再び5cmの隙間を得ることができました。

　はるとくんには，ドアの隙間を通して外からの風を送ろうとしてきました。たった5cmの隙間なので，そよそよとやわらかい風しか送ることができません。はるとくんが気持ちよいと感じてくれる風を送り，この人なら大丈夫かもと思ってもらえるように，その先に信頼関係を築いていけるようにと，はるとくんの気持ちが動きだす時をじっくりと待ちました。

（3）かかわりの糸口を見つけ出す

　訪問の際に，近頃のニュースなど世間話を母と重ね，学校の行事など子どもたちの様子を伝え，はるとくんがどんなことをして過ごしているのか，変わってきたことはあるのか，母の仕事のことやその時々の気持ちなどをうかがってきました。そうした中で，はるとくんが海外のインターネットサイトをよく見ていることを聞いた時に，英語の授業が中学校から本格的に始まるので，英語のあそびや学習をしてみないかと提案したことがありました。はるとくんにもこの提案が聞こえていたと思います。次の訪問で，毎日20分母子で取り組み始めたという英語の学習ドリルを母が見せてくれました。私に見せようと玄関に用意し，嬉しそうに見せてくれる母の姿を見て，また，はるとくん自身が動き始めたことを，私はとても嬉しく感じたのでした。

　母は，ただ一人子どもと向き合わざるを得ませんでした。子どもを相談に連れていきたくても連れていけないような場合，親だからこその心配や不安，つらさや苦しさを感じることも多いでしょう。玄関先で重ねる会話で「良くも悪くも，変化なく日々過ごせています」と忍耐強く構えられているかと思うと，新年度を間近に控える頃には「この前，ちょっと強く言っちゃって……」などと焦る気持ちを聞いてきました。私から，「学校に行かないという状態は変わってないけれど，その状況は以前とは違うじゃない？」と振り返って気づいてもらうことや，「長い物差しをもってやっていきましょうね」と時間をかけて取り組んでいくことを確認していきました。子どもにとって一番大きな環境である親をささえることは，子どもをささえることにつながっています。

　家庭訪問は，こちらから出向いて子どもにかかわれそうな糸口を見つけ出し，様々な葛藤を抱える親をささえ，その親と共に，「あなたのことを大切に考えています，解決に向けて一緒にやりましょう，ぜひ，手伝わせて」というメッセージを子どもに送ることができるものだと思います。

（4）はるとくん実践の振り返り：子どもがその気になるタイミングを待ち，人を信頼する力を取り戻す

　スクールソーシャルワークの家庭訪問では，傷つき，弱められ，不安を抱え

た子どもにかかわることが少なくありません。彼らは，活動的な生活から遠く，何かに取り組むことも少なくなって，人との交流をもたず自分の気持ちを表す機会が減っています。

　子どもの権利条約が示す，すべての「子どもの最善の利益」（第 3 条）を他人がわかるはずありません。だから，子ども一人ひとりの声を聴く［「意見表明（第12条）」］ことが必要になるのです。学校のことを考えると頭痛や腹痛といった身体症状が出て動けなくなるのにもかかわらず，学校に行けない自分を責め，また，親の気持ちを考えて「学校に行きたい」と言う子どもにも出会ってきました。子どもは，本当の気持ちとは裏腹なことを言葉にすることが少なくありません。子どもの声は，言葉ばかりではなく子どもの表情や感情の動きなどからだ全体のありようから聴いていくことが大切になります。さらに，子どもが話したくなる関係作り，環境作りはとても重要です。

　はるとくんが不登校のまま進学した中学校に出向き先生たちと相談した時に，校長先生から，「お母さんに聞いたのですが，はるとくんはスクールソーシャルワーカーさんとは話ができるそうですね」と言われました。「いいえ，私はまだ一度もはるとくんと話をしたことがないんですよ」と答えると，「でもきっとお母さんは，話ができていると感じているのでしょうね」とおっしゃいました。私はその時，実際に言葉を交わしてはいないけれど交流しているのかもしれない，もっとその時々のはるとくんの思いを想像しながら，こちらからのメッセージを送ろうと思いました。

　上述したように，はるとくんとはいまだ会えてはいません。しかし，辛抱強くかかわりをつくり，信頼を築くことに時間をかけ，子ども自身が変わろうとするその時，手伝ってもらおうと支援者の差し伸べる手を子どもがつかもうとするその時をゆっくり待つことにしています。子どもが信頼を寄せてくれるようになったとき，子どもと出会える日が訪れ，子どもが息をのんで「あのね」と言う瞬間が生まれるのだと思います。はるとくんが訪問を拒まないことや，こちらが提案した英語学習に取り組んでいること，中学の入学を前に長く伸びていた髪を母に切らせたこと，近頃はゴミ捨てで家の外に出るようになっていることなどは，少しずつ人を信頼する力や元気を取り戻し，はるとくん自身が

変わろうとしていると感じています。

　今後は，あらためて中学校の先生たちと共に考え工夫していこうと思っています。海外のインターネットサイトを利用しているはるとくんに，PC操作に慣れた教職員，英語の教科担任など，子どもの興味，関心，趣味と合う教職員が家庭に出向けるように，あるいは，はるとくんがそうした教職員のもとに行けるようつないでいくことも考えられます。学校は様々な教材や教具，人材や知恵の宝庫です。スクールソーシャルワーカーが具体的な相談を向けると，それぞれの得意を活かし動き出す先生たちがいて，子どもに創造的に，具体的に働きかけられるのです。

　多くのスクールソーシャルワーカーが，子どもに会えない中での活動に苦労していると思います。スクールソーシャルワークは，決して子どもに会うところからのスタートではなく，会えない中での活動も大変重要であると考えています。

2　実践記録：「家庭訪問」なしには学ぶことが始まらない
──ひなたさんとのかかわり

（1）保護者の協力が得られない中で

　小学4年生のひなたさんはほとんど学校に来ておらず，担任の先生が家庭訪問してもそこに住んでいるのかさえわからない状況でした。母が病気であったりひとり親であったりと，ひなたさんの生活基盤は脆弱であり接触することがとても難しい家庭でした。

　この家庭にかかわる支援機関と，情報を共有し連携していきました。しかし，どこもうまくアプローチできておらず，最初の家庭訪問で目にしたのは，玄関に貼られた「役所の関係者立ち入り禁止」の張り紙でした。

　何回目かの訪問時に，たまたま来ていた祖父に玄関を開けてもらえたので，初めてひなたさんに会うことができました。母不在のため祖父と話をしていると，ひなたさんが部屋の奥から顔を覗かせたので，会えてうれしいこと，学校を長くお休みしているので来たこと，これからも時々来ることを伝えました。

ひなたさんは不安な様子で無言のまま小さく頷きました。その後すぐ家庭は同じ自治体内で転居したのですが，ひなたさんの転校手続きはとられないままでした。なかなか会えない母に初めて会えたのは，「転校の手続きをお手伝いしましょうか」という短い手紙を届けていた後で，転校先の学校に一緒に行ってみないかと二人を誘ったところ，その日時を約束することができました。

　しかし，約束の日に迎えに行くと，「お母さん，出かけちゃった」とひなたさんが困った表情で寂しそうに言うのです。「今日は校長先生が学校の中を案内してくれることになっているの。お母さんはいないけど一緒に行ってみる？」と聞くと，何度か首を右に左に傾げてから頭を縦に振りました。その様子を見て，ひなたさんには学校に行きたい気持ちがあるのだなぁと感じました。校長先生は，「ここの学校の子どもたちはみんないい子だから，明日から頑張って学校においで，待ってるよ」とやさしく声をかけ，担任の先生にも引き合わせて下さいました。家に戻りながら学校に行ってみてどうだったか聞いてみると，「すごく緊張した，先生たちやさしかった」とひなたさんは明るく答えました。「校長先生も待ってるし，明日の朝お迎えに来るから一緒に学校行ってみようか」と誘うと大きく頷きました。母にはこのことを手紙に残しました。ひなたさんはこのあとも転校しましたが，その時も新たな学校に行くのは私と二人でした。新しい学校に出向いた時，帽子を深くかぶり大きなマスクをして，自分を守っているかのようなひなたさんを見て，怖いんだろうな，心細いんだろうな，と感じました。

（2）子どもの生活文化を高める

　次の朝から迎えに行きました。家の鍵はかけられていなかったので，玄関から声をかけてしばらく待つとひなたさんが出てくるといった具合でした。髪をとかしてあげながら，朝起きたら顔を洗うこと，髪を整えることから教えていきました。玄関から見える部屋のなかは，物がいっぱいで学習できるようなスペースは全くなく，家庭では学習する機会も声掛けも手助けもないだろうと思いました。

　その後，学校にわずかながらでも行けるようになったひなたさんが，放課後

にクラスの子どもと児童館に行ったことなどを話してくれるようになり，ひなたさんの世界が少しずつ広がっていること，子ども同士の交流が生まれていることをうれしく思いました。ひなたさんと私と二人で登校しているところに，時々クラスの子どもが声をかけてくれて，一緒に楽しく登校しました。その子どもが家族旅行のことを話してくれた時に，ひなたさんが「旅行って？」と聞きなおす様子を見て，ひなたさんの経験の少なさを実感しました。ひなたさんが学校の芸術鑑賞や校外学習などに参加できるよう先生たちと相談し，参加を楽しみにできるようになることと日程や持ち物のことは先生から，就学援助制度の利用やお弁当の用意などについてはスクールソーシャルワーカーから，ひなたさんと母に連絡を入れていきました。

（3）子どもとの別れが突然に

　ひなたさんとのかかわりは3年余りでした。その間，教材を用意できないために学校に行けなかったり，自分の家庭が他の子どもと違うことを感じとって長い不登校に戻ったり，その時々のひなたさんとともに歩みました。ひなたさんのあきらめの表情，どうにもできないことにもがく姿，そして時には明るい笑顔も見てきました。そうした中で，母が入院してしまい子どもだけで数日過ごしていることを発見し，関係機関に連絡したこともありました。ひなたさんや母に会えない家庭訪問を続ける中で，ドアの外に配達される新聞だけがたまっていき，室内での動きを全く感じられないことが心配になりました。地域の子ども家庭相談機関に知らせ，母の身内に連絡をとっていただいたところ，母がLINEで知り合った遠方に住んでいる彼氏さんのところに，子どもを連れて出かけたことがわかりました。ひなたさんは，それまで住んでいた地域に戻れない状況となってしまったのでした。

（4）ひなたさん実践の振り返り：子どもの世界を広げ，生きる力を養う

　初めて会った時のひなたさんは，洗顔や歯磨き，整髪などといった生活習慣も身についておらず家の中だけが生活の場となっており，家庭の外にひなたさんの世界を広げていくことが必要でした。ひなたさんには，学齢期のすべての

子どもが利用でき，多くの子どもが集まり交流し，教職員がささえ手となり，様々な学びや経験を得られる，地域にある学校で育ってもらいたいと願いました。

　学校に行けるような状況ではない家庭環境にあって，細々とでも学校生活を送るようになったひなたさんは，一つ一つの頑張りの積み重ねと先生たちのささえによって自信が生まれ自己肯定感が高まったのだと考えます。自己肯定感は，何かに取り組む意欲の源泉です。また，学校に行こうという気持ちにさせるものに，児童館に一緒にいく子ども，通学路で声をかけてくれた子どもの存在を忘れてはならないでしょう。子どもを育てるのは大人だけではありません。子どもは子どもと育つ中で，生きる力を養っていくのだと思います。家族以外の人や子ども同士の交流，様々な経験を積むこと，そして学ぶこと，これらは家庭訪問なしには実現できないことでした。

　また，ひなたさん宅への最初の訪問で目にした張り紙からは，かかわってくる支援者を母が強く拒否していることがわかりました。親が求めていない家庭訪問は，長期間休んでいる子どもが在籍する学校だからこそできるものかもしれません。さらに，ひなたさんの母が入院したことは，どの支援機関も把握していませんでした。その状況がわかったのは，会えても会えなくても淡々と継続していた家庭訪問の中での発見でした。スクールソーシャルワークにおける家庭訪問は，子どもや家庭の緊急事態を発見し生活や命を守るための実践でもあるのです。

3　実践記録：「家庭訪問」から地域につなぐ
——れんくんとのかかわり

（1）父子家庭の困難

　入試をひかえた中学 3 年生のれんくんは，受験勉強に取り組めない状況にありました。欠席がちなれんくんを心配して担任の先生が事情を尋ねると，自分がすべての家事を担っていると話したとのことでした。担任の先生から引き合

わせていただいた時，れんくんは何か手伝ってもらえると聞いている様子で，
にこにこ明るく「よろしくお願いします」と挨拶してくれました。

　れんくんに，「大変だったね。今まで誰かに相談したことはなかったの？」
と聞くと，「1年生の時にスクールカウンセラーの先生に話したけど，何も変
わらなかったから」と静かに答えました。もちろんスクールカウンセラーは，
れんくんを心理面からささえたのだと思います。ただ，れんくんがより求めて
いたのは，具体的に手を貸す日常生活のサポートだったのだと思いました。
「家事を誰かに頼んだことある？」と尋ねると，「前にお父さんとそういう話を
したけれど，高くてお願いしなかった」と答えました。一般世帯と比べ収入的
に厳しいにもかかわらず，父子家庭が利用できる公的なサービスはとても少な
い状況があります。入試まで時間が少なくなっていたので，実際に家事支援に
入ることにしました。

　担任の先生と養護教諭は，面接を通して父と相談を重ねるとともに，早朝父
を送り出した後に眠ってしまうれんくんを交代で迎えに行き，放課後はれんく
んの学習サポートをしていきました。

（2）子どもと一緒に作業をする

　れんくんの手伝いをすること，家に上がらせていただくことの了解を父から
得て家庭訪問を始めました。れんくんは料理がとても好きで，「お父さんのお
金を使わないようにできたものはあまり買わないで，ハンバーグなんかも自分
で作るようにしている」と言うのでした。その日は，一緒にじゃがいもや人参，
玉葱，キャベツを切りながら，「今日たくさんポトフを作っておけば，明日は
残ったものにカレーの元を入れてカレーにできるよ」と伝えると，「へぇー，
手抜きするんだぁ」とれんくんがしらっとして言いました。そのれんくんの
ツッコミと表情を，私は嬉しく楽しく感じたのでした。

　一緒に作業をすることの中では，様々なことが見えてきます。横にならんで
料理をしていると，れんくんが母のことを話し始めました。転校してくる前は
母も一緒に住んでいて，母の世話でほとんど学校に行けなかったとのことでし
た。「夜中に目を覚ますと，お母さんが横に座っていて，じっとぼくを見てい

たことがあって怖かった」と話してくれました。れんくんは，これまでずっと
ヤングケアラーを担っていたのだなぁと思いました。

（3）地域は子どもの生活と学びの場

　れんくんには，家族の世話や心配をするだけでなく，子ども期を子どもとし
て過ごしてほしい，れんくん自身の生活を気にかけてくれる人につなぎたいと
思いました。れんくんに，学習支援や食事提供の機能をもった子どもの居場所
を案内しました。そこには，様々な年代の方々による入試対策の学習や食事作
り，そこに集まる子どもたちとの時間がありました。学校の先生や地域のみな
さんのあたたかなささえを得て，一緒に受験勉強に取り組む子どもたちと頑張
りながら，れんくんは無事に高校に進学することができました。

（4）れんくん実践の振り返り：子どもの周りに応援団をつくり，人とつなが
る力を築く

　家事や料理を一緒にすることを通して，れんくん自身が問題を解決するため
の工夫やよりよく日常を営む力，自立する力を高められることを意図しました。
また，何か困ったときには相談できるよう，れんくんが生活する地域の中に，
れんくんを気にかけてくれる人を一人ずつ増やそうとも考えました。それは，
おとなだけでなく子どもも含めてです。

　先生たちが子どもを気にかけてくださっても，学校が子どもの生活時間すべ
てを抱えることはできません。近年「子ども食堂」など，地域に子どもをささ
えるネットワークを広げる動きが活発です。子どもの生活の場である地域には，
近所の子どもを気にかける人々がいます。時には，その子どもがおむつをして
いるような小さなころから知っていて，ずっと見守っている場合もあるのです。
れんくんは登校が増え，行くことが義務ではない居場所にも通い続けて，みご
と高校入試を突破しました。子どもや大人が集い，家庭でも学校でもないその
二つが重なる地域の，教育力や養育力を活用したいと思っています。

4 実践記録：「家庭訪問」で家族関係をつむぎなおす
――しおりさんとのかかわり

（1）不登校のとらえ方による苦しさの中で

　中学2年生のしおりさんは，母方祖父母と暮らしています。不登校となっているしおりさんについての学校からの支援依頼は，家庭訪問をして祖母の話を聞いてほしいというものでした。

　高齢となっている祖父母が学齢期の時代には，子どもは学校に行くのが当たり前という価値観のもと，不登校の子どもはほとんどいなかったのだと思います。ですから，祖父母からすれば学校に行くことができないしおりさんを受け止めることが難しいのでしょう。

　しかし，不登校相談でスクールカウンセラーと面談継続している祖父は，いまや不登校はどの子にも起こりうることといったように，不登校へのとらえ方やしおりさんへの対応が次第に緩やかになっていったようです。一方，祖母はスクールカウンセラーとの面談の意味を見出せず，面談は1回のみで終わっていました。祖母は，しおりさんへの態度が生ぬるいといって，祖父にも辛く厳しくあたるようになっていました。孫と妻との間で板挟み状態になっている祖父のためにも，誰かが家庭に出向いて祖母の話を聞く必要があるというスクールカウンセラーの意見を受けての，学校からの支援依頼でした。

　昔の価値観のままでしか不登校をとらえられずに苦しむ祖母，そして，祖父が自分のことで祖母から酷く責められるのを聞くしおりさん自身が辛いだろうと想像しました。家庭訪問で，しおりさん，祖父，祖母，それぞれと接することを通して，しおりさんと祖父母，祖父と祖母の関係に働きかけることにしました。

（2）存在自体を否定され，自分自身を認められない

　学校の主たる要望は祖母の話を聞くことでしたが，当然しおりさんへの働きかけを中心に考えました。訪問を始めて数回目で会うことができ，しおりさん

と相談して隔週で家庭訪問することになりました。しかし，訪問するとまず祖父母と 1 時間ほどは話をする必要があったため，祖父母の話をうかがう日，しおりさんと過ごす日を交互に設けました。

　祖母の話は，いつも「正直，育てたくないんです」から始まるのでした。娘が亡くなったことで孫を引き取ったものの，自分の思うようにならない，当たり前のことができない，だらしない，苦労させられる，本当は自分たちの仕事ではない，という思いが強く，「子どもなんて育てたくない，育てるならいい子」とはっきり言うのでした。

　ある日の訪問では，「学校に行っていないあんたのことを，近所の人が何て言っているのか知っているのぉ，みっともない」と祖母から言われたと言って，しおりさんはぽろぽろと涙を流しました。さらに別の日には，自分の誕生に関することを言われたので，「何で生むなと言わなかったんだ」と祖母に向かって叫んだといい，嗚咽するしおりさんでした。

　祖母が体調不良で休んでいる時，祖父とじっくり話をする機会がありました。しおりさんがノートに「死にたい」と綴り，写真の自分の顔をボールペンで黒く塗り潰していることを祖父から聞きました。家庭訪問帰りには，先生たちと共有するために必ず学校に立ち寄るので，しおりさんを誘ってみると一緒に学校に行けたことがありました。「すごい久しぶりで学校に行けちゃった」としおりさん本人も嬉しかったのでしょうが，そんな時にも祖母からは厳しい言葉が投げられ，何をしても認めてもらえないという思いの中で，しおりさんも自分自身を否定したい気持ちが湧き上がってしまったのだろうと感じました。褒めなくてもいいので，しおりさんがやったことを「やったんだね，できたんだね」と，ただ認めてあげてほしいと祖父母にお願いしました。

（3）真剣に向き合ってくれる人がいてこそ

　ある日，しおりさんが私の訪問を待っており，「学校にも親にも言ってくれなくていいんだけど……」と切り出しました。お昼近くに祖母が部屋に入ってきて，一緒に死のうと言って，寝ているしおりさんに覆いかぶさってきたというのです。

　しおりさんの言葉に耳を傾け続けた後，私は思い切って児童相談所の一時保護について相談しました。しおりさんは，夜寝るのが怖いと言うけれど，どこにも行きたくない，この家にいたいと言うのでした。しおりさんの気持ちは理解しましたが，祖父には知ってもらう必要があることを伝え，了解してもらいました。

　リビングにいる祖父のところに二人で行き，しおりさんから聞いたこと，児童相談所について相談したことを，私から伝えました。すでに祖母から聞いていた祖父から出た言葉は，お昼まで寝ていることや，しおりさんが自分たちと一緒に食事を摂らないようにしていることなど，しおりさんの日常生活を諌めるものでした。そして，しおりさんが食事をとらなければ，おにぎりを部屋に持っていってあげてと言っているのは祖母であること，祖母の気持ちもギリギリのところに来ているということを，しおりさんの目をしっかり見て話していました。

　それまで，この家族にはたして会話があるのだろうか，それぞれが正面から向き合えていないだろうと感じていました。ある日訪問を終えようとした時に，頂いたお茶をしおりさんが下げて祖父に渡した際の，二人のぎこちなさは今でも忘れられません。ですから，家庭訪問では4人でお話しませんかと，何度も提案していたのでした。

　あの時，祖父がしおりさんに真剣に向き合い，心の底からの言葉を伝えたと感じることができました。「施設に行きたければ行ったっていいんだよ。でも，本当はここにいたいんじゃないの？」と静かにいう祖父の言葉に，しおりさんは大粒の涙を流していました。私はしおりさんに，何かやれそうなことがあるか尋ねてみると，「朝起きるようにする」と祖父に宣言していました。翌日からしおりさんは7時に起きるようになり，しばらくするとLINEでつながった不登校の子どもと二人で時々学校に行ったりするようになりました。先生たちは，しおりさんが継続して来られるように学校生活をささえ，学習面の手当てをしていきました。

（4）しおりさん実践の振り返り：子どもが自分自身を受け入れる力を培う

　家庭訪問では，よく折り紙を折りながらしおりさんと何でもない話をしました。時には，学校の先生からのアプローチを鬱陶しく思うエピソードを聞いたり，しおりさんを応援したいから祖母の話をじっくり聞いていることなどを伝えていきました。私が意図したのは，そのままのしおりさんでいいこと，どんなしおりさんも受け止めたいと思っているというメッセージを伝えようとしたことでした。そして，祖父母にこそ，そのようになってほしいと願いました。

　しおりさんのこれまでの生い立ちを振り返ると，愛着関係を築く対象が頻繁に入れ替わっており，世の中の中心は自分だと思える時があったのだろうかと懸念しました。人はすべてを受け止められる経験を通して，その安全な場を足掛かりに自分自身で歩んでいけるのではないでしょうか。しおりさんは，家族との関係を確認して安心を得たかったのだと思います。さらに，自分はダメな人間ではない，頑張れる強さをもっている人間として認めてもらいたかったのです。家庭訪問で家族の中に入り，家族の関係性に直接働きかけながら，しおりさんが自分自身を受け入れる力を培うことを考えました。

　しおりさんと祖父とのやりとり，その後のしおりさんの変化を見るにつけ，子どもは自分に真剣に向き合ってくれる人を得て，その人に応えていこう，頑張っていこうと，子ども自身の中から力を出していくのだろうと思います。

5　実践記録：「家庭訪問」で子どもの世界へ誘う
——あおいくんとのかかわり

（1）先生に連れられて相談室に

　中学1年生のあおいくんは，2学期に入り欠席が増えていました。あおいくんが時々学校に来た時に話を聞くと「これからがんばって学校に来ます」としか言わないと，担任の先生から聞いていました。また，あおいくんの様子が気になって家庭に連絡した際，母が「子どもが学校に行かないと私が夫から怒鳴られる」と言ったとのことで，家庭内のことも心配していました。

　その日，欠席の連絡がなくあおいくんが時間までに登校しなかったので，担

任の先生が家に電話したものの母の応答はなく，父の携帯に連絡を入れたとのことでした。お昼近くになって登校したあおいくんを，「ちょっと話を聞いてあげてほしい」と相談室に連れてきました。

　あおいくんは落ち着かない様子で，携帯に父から電話が入り「学校に行ってないんだってな。これから家に帰る。どうなるか待ってろよ」と言ったとのことでした。どうやら父が戻る前に，急いで家を出てきたようです。夜寝るのが遅くなるので，朝が辛くて起きられないとも言っていました。少し休みたいと言うのでソファーに横になるよう促すと，程なく寝息を立てて寝始めたのでした。

（2）会話の層を積み重ねる

　その後もあおいくんの欠席や遅刻は続き，遅れて登校したときなどは相談室に寄って，授業始まりなど区切りのいい時間に教室に移動していきました。お昼近くに登校した時には，相談室で私とお弁当を食べながら他愛のないおしゃべりを通して，家族のことなども話してくれるようになっていきました。

　家族の話が挙がり始めた頃は，あおいくんが父の職業に誇りをもっているという話が多かったです。しかし，あおいくんとの会話が重なっていく中で，父から大変な勉強を強いられていることが明らかになっていきました。父が作成したという，ある休日の勉強スケジュールを見せてくれたのですが，5分10分単位でまる1日ぎっしりと課題が詰め込まれたものだったので大変驚きました。父から医者か弁護士になれとも言われており，有名国立大学に合格した受験生の体験談を聞きに行ったとのことでした。

　あおいくんは，高校生が大学受験の際に利用する大手進学塾に中学から通っていますが，学校での成績は今一つといったところです。本当は塾をやめたいけれど，親がやめさせてくれないと言います。私は，有名大学卒業にこだわる父の価値観，名誉観を，息子であるあおいくんに背負わせようとしているように感じました。また，大学受験の前にある高校時代や，現在の中学時代を充実して過ごすことがないがしろにされているとも思いました。「お父さん自身が今から有名大学に入って学んで卒業すればいいのにねぇ」とあおいくんと話し

ました。そして，家庭内に暴力があることも，あおいくんから聞くことになりました。これらはすべて管理職を含めて先生方と共有し，学校から児童相談所へ連絡することにもなったのです。

（3）子どもと作り上げる実践

　あおいくんが学校を休むと，父が学校に行かせられない母を殴ったり，あおいくん本人も脅しや暴力を受けることがわかったので，先生方に交じってスクールソーシャルワーカーも家庭訪問をしてあおいくんの登校を後押ししました。

　登校しても相談室で横になって寝ることが多かったのですが，休息する時間，何もしない時間，ゆっくりする時間，だらだらする時間が，あおいくんには必要だと考えました。そのうち，登校しても教室に行けなくなっているあおいくんを気にかける同級生が数名，相談室を訪ねてくるようになりました。彼らは主に昼休みの時間に来ていたのですが，自然に人生ゲームで遊ぶようになりました。

　デジタル社会の中で生きている子どもたちが，アナログな人生ゲームに興じています。ゲームのなかで，堅実的に，ギャンブル的に，様々な人生を楽しみ，時にはそれぞれの思いやこだわりに折り合いをつけながらルールの変更や工夫をし，ポイント計算などの共同作業をしながら子ども同士がかかわり合っています。元気がなくなっていたあおいくんは，繰り返される人生ゲームで面白みや楽しみを重ねながら，エネルギーを充電していったように思います。

　子どもたちの人生ゲームを観て感じたことは，子どもには子どもの世界があって，それぞれが自分の好みや考えをもっているし判断しているということです。そして，あおいくんは子ども同士の遊びを通していきいきと魂を活性化させ，元気を取り戻していったのだと思います。子どもは子ども同士のかかわりのなかで育つこと，子どもが子どもをささえているということに注目しながら，子どもをあてにし，子どもと共に作り上げる実践をしていきたいと思います。

（4）あおいくん実践の振り返り：休息の時間と遊びを保障し，育つエネルギーを蓄積する

　新年度始業式の日，会場の体育館に出向くと担任の先生が近寄ってきて，あおいくんがクラスの列に並んでいることを教えてくれました。あおいくんは自分でちゃんと考えて，この日を新たなスタートにしたのです。大人は，子ども自身が対処するのを忍耐強く待ち，自制するのをそっと見守るべきであることをつくづく実感しました。

　あおいくんの父は，あおいくんに食事や睡眠を除いたすべての時間を勉強に充てさせようとしていました。効率的に勉強を進めるよう自らがスケジュールを作成し，また，あおいくんに成果も強く求めていました。遅刻や欠席が増え始めた当初は無意識だったかもしれませんが，あおいくんは次第に自分の人生を父親に乗っ取られようとすることに抵抗していき，自ら児童相談所に連絡することもありました。

　家庭訪問であおいくんの登校を後押しし，学校という子どもの世界に誘いました。父親にとっては非生産的で非効率，無駄と思われる休息する時間，のんびりする時間を保障すること，子ども同士の遊びを通して精神を活性化することによって，あおいくん自らが主体的に生き，育っていく必要なエネルギーを生み出していったのだと考えます。

6　学校という場の力を生かす

　ここまでに，「家庭訪問」をきっかけとする実践を述べてきました。スクールソーシャルワークで必要とされる「学校，家庭にかかわる支援機関，地域の人たちとの協働や連携」は，「家庭訪問」と異なるアプローチではなく，「家庭訪問」を通じたアセスメントから必然的に生じることであると考えます。

　この数年，新型ウイルス感染拡大防止のため，外出や人との交流の自粛が求められ，学校が数か月休校したり，新しい生活様式が求められ続けてきました。国が児童虐待やDV（ドメスティックバイオレンス）の増加を危惧したように，子どもたちがとどまらなければならない家庭が，子どもにとって安心できる場

でなかったり，かかわる支援者が不安に思う場合もあるでしょう。そんな状況の時，子どものもとに出向き親や子どもに声をかける，子どもが在籍する学校だからできる家庭訪問の意義があると考えます。

　今般のように相談機関を含め学校が家庭訪問を縮減せざるを得ない状況にあっても，短いメッセージを記した手紙をポストに届け，そのメッセージが家庭の中に入ることで，家庭訪問の役割を果たすこともまれではありません。また，この間子どもと会えない教師らは，電話やSNS（ソーシャルネットワーキングサービス）を利用して，子どもや家庭と連絡を取り合おうと工夫や努力を続けてきました。

　そして，文部科学省のGIGAスクール構想により進められていた，義務教育を受ける子どものために一人一台の学習用PCの整備が，今般の新型ウイルスによる影響によって一気に進み，学校教育の中にオンライン授業が一定程度位置づけられた状況があります。

　はるとくんの場合は，今後，別室からオンラインで授業に参加できるようになるかもしれません。しおりさんの場合は，学校に来始めたしおりさんへの学習サポートとして，数人の先生との放課後オンライン学習を行っていました。これからも従来の直接顔を合わせることができる家庭訪問を大切にしながら，そして学校が家庭に侵入するようなことにならないよう十分配慮した上で，将来はオンライン訪問などのような形など，学校だからできる新たなアプローチを創造していくことになるかもしれないと考えています。

　　［付記］　本稿の一部は，日本子どもを守る会編『子どものしあわせ』に連載した
　　「子どもに寄り添う仕事の中で　スクールソーシャルワークで育てる子どもの
　　力」から，以下の論考を加筆修正したものが含まれています。
　　・「子どものそのままを受け止める」『子どものしあわせ』842号，46-49頁
　　・「子どもが自分自身を受け入れるということの大切さ」『子どものしあわせ』
　　　844号，44-47頁
　　・「人を信頼する力を取り戻す」『子どものしあわせ』846号，46-49頁
　　　　　　　　　　　　　　　　　　　　　　　　　　　　　（山田恵子）

第3章
教師が福祉職と一緒に仕事をすることの意味

　2008年にスクールソーシャルワーカー活用事業が開始されてから今年で15年が経ちました。事業開始当時は存在さえも知られていなかったスクールソーシャルワーカーは，今や人と人をつなぎ子どもが抱える問題の解決を図る専門職としてなくてはならない存在となっています。その間，社会の状況等を反映して予算削減が優先されたり，生徒指導上の諸問題への対応に重点が置かれたりするなど，スクールソーシャルワーカーの配置状況は変化してきました。現在，都道府県や政令指定都市，各市町村においては，それぞれの状況は異なっているものと思いますが，スクールソーシャルワーカーを中心とした子どもの'well being'（子どもが安定した環境の中で夢や希望をもって生活している状態，子どもが健康で安定した生活を送っている状態）を目指す取り組みはこれからの学校教育の中核であるべきと考えます。

1　学校で子どもの貧困をどうとらえるか

（1）Aさんのケース

　Aさんは小学校5年生で，小学校2年生の時，父親の家庭内暴力（DV）が原因で母親とともに他県から学校近くのアパートへ転居してきました。真面目ですが，目立つ児童ではなく，他の児童と比較すると持ち物は質素でした。校納金を滞納することが2回ほどあったこと以外は特に問題はありませんでした。

　4月の家庭訪問は母親の仕事が多忙であるという理由で実施されませんでした。Aさんは6月になると休みがちになり，7月にはほとんど欠席する状態になりました。学級担任は週に1回は家庭訪問をしていました。初めは，Aさんと会うことはできていましたが，回数を重ねるうち，Aさんはだんだんと部屋から出てこなくなりました。母親はいつも留守で，欠席連絡は滞り，学校からの電話にも出ないことがほとんどでした。

　夏休みに三者面談があり，Aさんは登校できませんでしたが，母親は来校しました。学級担任は疲れた表情を見せていた母親のことが気になり，尋ねたところ，4月初めに勤めていた会社が経営不振で解雇となり，現在は3つのアルバイトを掛け持ちしていることと，5月に体調が優れなかったために病院の診察を受けたところ，悪性腫瘍が見つかり，早期の入院治療が必要になったこと，その間Aさんをどこかに預けないといけないが，今は父親しか頼る当てがないことを話してくれました。

　学級担任は直ぐに学年主任や教頭に報告し，学校から教育委員会にAさんやAさんの母親への支援等について相談しました。スクールソーシャルワーカーの助言により，早速，教育委員会，児童相談所，自治体担当福祉部局，学校から関係者を集めてケース会議を開催しました。

　その結果，ケース会議では，母親の入院・治療の期間，母親の入院中のAさんの居所，それらのことに対するAさんの希望，転校前の小学校でのAさんの様子などについて確認することになりました。

　幸いにも，Aさんと母親との関係は良好だったこともあり，母親の説得でA

さんは学級担任と面談をすることになりました。

　Aさんとの面談から，母親の病状については理解しており，早く治療を始めてもらいたいと強く希望しているけれども，父親のもとで生活することは何があっても拒否すると考えていることがわかりました。また，母親に心配をかけたくないけれども，今は頭の中や心の中がもやもやして登校できないことや，現在の学校から転校したくないし，何より母親のことが心配で別れて生活はしたくないと考えていることがわかりました。

　また，Aさんの母親との面談から，入院から退院までは半年近く要することや，母親自身が父親とは連絡を取りたくないこと，娘が父親との生活を望んではいないことは十分理解しているため入院に踏み切れないでいることが確認されました。また，Aさんについては，転入する前は，父親の状況により，休みがちになることもあったとのことでした。

　転校する前の小学校の学級担任からは，Aさんは級友とのトラブルはないけれど，自分から友達をつくろうとはせず，絶えず周りの様子をうかがっており，自分の意見はほとんど話さない児童だったとの話がありました。

　これらのことをもとに，再度ケース会議を開催し，関係機関も含めて対応を検討しました。Aさんと父親との生活は不適切であることが確認され，Aさんの居所については，病院がアパートから遠く離れていることもあり，母親の見舞いも可能な病院の近くということを条件に探しました。幸いにも，短期の里親制度を利用できることになり，Aさんと里親との面会の日程を設定しました。また，Aさんの母親については生活保護の申請をしていくことになりました。

　夏休みが終わり，Aさんは2学期から里親の送り迎えで少しずつ登校するようになりました。

（2）教師（学校）ができること

　転校以来，母親との穏やかな生活はAさんの心に安全・安心感をもたらし，安定した学校生活を送ることで，将来への展望ももてるようになっていました。しかし，母親の病気により，選択したくない選択を迫られ，不登校に陥りました。「自分の人生を自分で生きている」という実感を積み重ねていくことがA

さんには必要であり，母親とのつながりは生きる土台でもあります。

　Aさんのケースのように，変化が激しい現代においては，安定した家庭生活を送っていても保護者が突然失職してしまうこともあります。学校において，不登校，いじめ，暴力行為などの子どもが抱えている問題の背景に貧困があることも多いものと思います。それらの事例においては，貧困の度合いは違っても，保護者の収入が増えればすべて解決するわけでなく，保護者の生き方や生き難さ等が貧困につながっている場合も多いため，子どもが将来の夢や希望を抱いたり，将来設計などを描いたりするようになるまでは，子どもへの支援だけでなく，保護者等が課題に向き合うようにするなど継続的な保護者への支援も必要であると考えます。

　当然のことながら，それらの支援等を学校だけで行うことは不可能だと言わざるを得ません。法令上，学校と保護者とは協力関係にあり，学校は保護者を指導する立場にはありません。状況により教師が保護者等を指導するというような場面は多少あるのかもしれませんが，学校は保護者に対して学校教育への協力を依頼する対等な関係です。教師は保護者等に寄り添うような立ち位置でかかわりますが，それ以上学校が支援等を広げていくことは難しいものと思います。学校単独では，保護者等の経済的負担の軽減や医療的ケアなどを行うことはできませんし，周知のとおり教職員の勤務実態は多忙であり，担当している職務等を遂行するだけで手一杯である教師がほとんどという現状です。問題が生じている子どもの対応の仕方によっては，教師がライフワークバランスを著しく崩してしまうことも少なくないにもかかわらず，学校（教師）の業務（職域）を越えなければ，子どもが抱えている問題を解決することができない多様な事例を多く抱えていることも事実です。そのため，学校が子どもが抱えている問題を解決するためには，子どもが抱えている問題にかかわっている保護者等にはたらきかけることができる機関や団体等と連携し，協働して対応していく必要があります。このことは，子どものよりよい未来の実現を望む上で必然の営みであると考えます。

2 教師にどのような力を育てるか——校長の立場から

（1）スクールソーシャルワーク的視点（福祉的視点）

　かつて，子どもの自殺事案が急増した折，教職員がカウンセリングマインド的手法を身に付けるべくカウンセリング講習会が各地で開催されました。そして，教師のカウンセリングマインド的手法による子どもの心に寄り添った指導が推進されました。子どもと教師との人間関係の構築だけでなく，それが授業改善にも役立つなど，一定の成果をあげてきました。子どもの心へ働きかけ，子ども自身が解決に向かうように図っていくことは有効な方法のひとつです。Aさんのケースのように，重篤ではあるけれどもある程度対応できたという好例はもとより，手を尽くせども事態がなかなか好転しない事例では，子どもや保護者等に対する共感や受容などの心理的支援はより重要になります。

　共感や受容は「相手の目線の高さに立って理解しようとする」ことであり，子どもを理解する基本です。この姿勢を欠く教師の言動は，子どもや保護者等の信頼を損なう原因にもなります。例えば，Aさんのケースでこのような場面があったとします。教科担任制の教科において，前時の授業で配付したプリントを本時でも使用しました。Aさんは休みがちであったため，前時は欠席して学習プリントを受け取っていませんでした。Aさんが担当教師に「プリントをください」と申し出たところ，担当教師から一方的に「なぜ忘れたんだ」と強い口調で叱責され，学習プリントを受け取っていないことを伝えることができませんでした。共感も受容もない教師の忘れ物をさせない指導は，Aさんの「学びたい」という思いを踏みにじり，学びの障害でしかありません。この後，Aさんがこの担当教師の授業を欠席したり，これをきっかけとして不登校となったりすることにつながりなりかねません。忘れ物をしない意識を高める指導は主に事前に行った方が効果的であると思います。

　そこで，このような場面が起こらないようにするには，スクールソーシャルワーク的な視点（福祉的視点）で子どもの表れをとらえていくことが肝要だと考えます。Aさんの例のように忘れ物をした子どもは，教師から見れば「困っ

た子」なのですが，子どもの立場では学習プリントを受け取っておらず，学習活動ができなくて「困っている子」です。学習プリントがないというAさんの困っている課題を解決するには，Aさんの忘れ物をしない意識を高めることではなく，Aさんに学習プリントを渡すことです。「プリントがなくて，困っているんだね」という共感と受容に加えて，学習プリントを手渡しながら「どうしたのかな」という声掛けをすれば，Aさんの学ぼうとする思いを大切にしながら，学習プリントを受け取っていない事実も確認できるのではないでしょうか。

　スクールソーシャルワーク的視点では，問題の原因や解決を子ども自身に求めるのではなく，問題は子どもと子どもを取り巻く環境との間の相互作用によって起きているものととらえ，問題の解決にはその関係の調整を図っていきます。Aさんの例では，Aさんと教師との関係において，教師をAさんの環境ととらえるならば，調整すべきは教師の指導です。この「困っている子」ととらえる視点を「スクールソーシャルワーク的視点（福祉的な視点）」として，子ども理解の根幹的な基盤としていくことが重要です。

（2）深い子ども理解（背景を理解する＝子どもの行動には理由がある）

　ところで，学校においては「生徒指導は生徒理解に始まり，生徒理解に終わる」と言われるほど，子どもを理解する大切さは，教師ならば日々の実践の中で常に実感しているものと思います。この言葉は子ども理解の難しさを表すだけでなく，教師が子どもを理解したと簡単に判断するなという戒めでもあると思います。子どもの状況に応じた支援・指導のために子どもをより深く理解しようとすることは，教師の不易な営みです。

　冒頭のAさんのケースにおいて，登校し始めたAさんへの支援を構想してみます。

○真面目ですが，目立つ児童ではなく，他の児童と比較すると持ち物は質素でした。校納金を滞納することが2回ほどあったこと以外は特に問題はありませんでした。
○当時の学級担任からは，Aさんは級友とのトラブルはないけれど，自分から友達

> をつくろうとはせず，絶えず周りの様子をうかがっており，自分の意見はほとん
> ど話さない児童だと伝えられていました。

　例えば，Aさんは人見知りだと判断し，学級にも慣れていないので面倒見の
良い女子児童をAさんの隣の席にすることや，周りの席には比較的穏やかな児
童を配置することなどはよく行われる支援です。このとき，Aさんが父親から
のDVにより対人恐怖症であったり，発達障害で人間関係づくりが苦手であっ
た場合，医療機関につないだり，通級指導教室へ通級させたりするなど，児童
間の支援に加えて，Aさんの「困っている」ことに対してより的確に対応して
いく必要があります。学級担任だけで対応しようとすれば，合成の誤謬（ミク
ロの視点では合理的な行動であっても，それが合成されたマクロの世界では，
必ずしも良くない結果が生じてしまうこと）のような状況に陥ることもありま
す。例えば，世話好き過ぎな児童では，Aさんは心を閉ざしてしまったり，心
ない児童からの余分な干渉を防ぐために近くの席に配した正義感が強く体格の
良い児童の姿に父親を想起してしまったりすることも考えられます。Aさんの
ようなケースでは，新たな学校生活のスタートが重要であることは言うまでも
ありません。学級担任がAさんのために良かれと思って行った支援であっても，
Aさんについての情報が少ない場合は，AさんとAさんを取り巻く環境との複
雑な関係の調節は的確さを欠く可能性があります。そのため，スクールソー
シャルワーク的視点から多面的・多角的に子どもを深く理解し，子どもと子ど
もを取り巻く環境との調整を図っていく必要があります。言い換えれば，ス
クールソーシャルワーク的視点から深く子どもを理解することが，子どもが抱
えている多様化した問題への対応の根拠となります。

　教師が子どもを理解する場合，教師の経験などをもとにした見方や考え方で
理解することが多いと思いますが，経験などの差異によって子ども理解に偏り
が生じては多様な問題への対応を難しくします。そこで，子どもについての情
報を包括的にまとめるためのアセスメントシート（カンファレンスシート等）
を活用し，子どもについての情報（出欠席状況や学力，対人関係，気になる言
動，生育歴，基本的生活習慣，健康，本人の願い・思いなど）や子どもを取り

巻く環境についての情報（家族関係や家族以外の関係者を含む家族等の状況，住居環境など）などをまとめていくことで，深い子ども理解に必要な情報を客観的に集めることができます。また，事例に応じてアセスメントシート（カンファレンスシート等）を継続的に活用することによって，スクールソーシャルワーク的視点から包括的に子ども理解をするスキルを身につけていくことができるものと思います。

　子どもを深く理解するということは，目の前の子どもの表れの理由や原因を探ることであり，子どもの今を生きている姿を包括的に理解することでもあります。

（3）チーム対応（組織的対応）のスキル

　学校内においては，子どもが抱えている問題は第一義的に学級担任が責任を負っていますが，学級担任だけが責任を負う雰囲気が常態化すると，Aさんへの対応のように，時に対応の適切さを欠いたり，子どもの背景にある深刻な問題の発見が遅れたりする原因にもなります。このことで，学級担任が力量を問われるなどすれば，教師としての使命感と現実との差異に自信をなくし，心理的な負担が増してパフォーマンスは低下し，結果，学校力の低下につながりかねません。多様化していく子どもが抱えている問題への対応は，教師一人の努力では限界があり，学校だけで対応することにも限界があります。子どもが抱えている問題へ対応するために，子どもを取り巻く環境の状況に応じて関係者が協力して取り組んでいく必要があることは前述の通りです。教師の営みは，子どもが夢や希望をもって学校生活を送ることを目指しており，ソーシャルワーク的な視点での深い子ども理解にもとづいたチーム対応で子どもの'well being'の実現を目指すことと同じ取り組みであると考えます。そして，合成の誤謬を招かないために，教師の取り組みはソーシャルワーク的な視点での深い子ども理解にもとづいたチーム対応に包含されるということを教師は理解する必要があります。

　詳細な情報はアセスメントシート（カンファレンスシート）などにまとめていくと，ケース会議の資料として活用でき，会議時間の短縮にもつながります。

これらの情報は教師一人で集める場合もありますが，問題の複雑さや重篤さに応じて関係者から広く集めていきます。子どもと子どもを取り巻く環境について関係者が情報を交換するには，関係者が一堂に会するケース会議を開催して，問題が生じている関係の課題を明らかにし，問題の解決に有効な手がかりや手段となる子どもや子どもを取り巻く環境の強み（ストレングス）を生かした関係の改善を図るためのプランニングと役割分担などを行っていきます。教師がこのようなケース会議に繰り返し参加することによって，ソーシャルワーク的な視点での深い子ども理解にもとづいたチーム対応について，これからの教育における重要性を実感するとともに，実践しながら学び，身につけていくことができるものと思います。また，教師自身のこれまでの子ども理解や，それに基づいた支援・指導の偏りなどにも気づく機会となると考えます。さらに，チームで対応する関係機関等の役割や機能について理解を深めることで，教師や学校の使命について見直す機会にもなると考えます。そして，ケース会議に参加した教師等の協力も得ることで共感を伴った同僚性に支えられ，教師の負担が軽減するものと思います。

　ケース会議は，子どもの問題に応じた関係者で構成されることが基本ですが，緊急性のある問題が生じた場合などでは，コアメンバー（中心的な役割を担う者）で対応方針などを決定することもあります。教師は，ケースごとの実践を積み重ねていくことにより，ケースに応じた実効性のあるチーム対応を行うスキルを身につけていくものと思います。このことにより，学校全体のチーム力が向上するとともに，スクールソーシャルワーカーが，背景が複雑で専門性を必要とするケースに注力できるようになると思います。

　教師は使命感や責任感をもって日常の教育活動をしています。その取り組みにおいて独自性が強過ぎると「学級王国」などと揶揄されることもありますが，使命感や責任感が高い教師ほど自力で解決しようとする傾向があると思います。Aさんのケースのような貧困の問題も含めて，子どもが抱えている問題への対応は一人の教師が対応できるものだけでなく，専門家などを含めた組織的対応も必要となることを理解する必要があります。そして，教師個人のみならず学校組織としても，教師を含めた関係機関等の関係者と協働して子どもが抱えて

いる問題へ対応するスキルを高めていくことが重要です。教育は子どもの変容であり、学習指導要領においては「主体的・対話的で深い学び」による子どもの変容を求めています。その実現のため、教師にはスクールソーシャルワーク的視点からの自己の変容が求められていると考えます。

3　教育課程の運営や全校的視野からみた　　スクールソーシャルワーカー活用

（1）学校教育活動における活用

　スクールソーシャルワーカーの活用については、所属教育委員会によっては、地域の状況に応じて活用範囲がある程度限られているかもしれませんし、配置状況や学校の状況等によってもスクールソーシャルワーカーの活用の仕方は異なるものと思います。子どもが抱えている問題への対応のため、人と人をつなぎ、子どもと子どもを取り巻く環境との調整を図っていくことが主たる業務ですが、教職員の研修等の実施など多様なスクールソーシャルワーカーの活用が考えられます。スクールソーシャルワーカーが教育と福祉をつなぐキーパーソンとして機能することが今後の学校教育の未来を拓いていくものと考えます。

（2）協力・協働する上で目的・目標の共有

　教育心理学において、子どもの学習への動機付けは内的動機づけと外的動機づけがあるとされ、具体的には「興味・関心などの知的好奇心を高める」「個人やグループで競争させる」「称揚や叱責を含めた賞罰を与える」などがあります。学習への動機づけには興味・関心をもたせるなどの内的動機づけが最も良いことは当然ですが、日常の指導においては競争や賞罰などの外的動機づけも効果があり、うまく織り交ぜることを教師は日常の実践から身につけています。教師の授業をスクールソーシャルワーク的な視点で参観した際に、インシデント的に外的動機づけは適切か否かの是非を問うのではなく、本時の目的や目標達成の過程全体の中で子供の学びに適切であったのかを検討していくことが大切であると考えます。スクールソーシャルワーカーは教育課程上の営みと

表2-3-1　スクールソーシャルワーカーの活用例

No	活動内容等
1	子どもに対する教職員の指導やその姿勢が，スクールソーシャルワーク的な視点（福祉的な視点）を踏まえているかなどについて，授業や朝の会，給食，帰りの会などを，管理職とスクールソーシャルワーカーが定期的に評価する。
2	スクールソーシャルワーカーとスクールカウンセラー，生徒指導主任・生徒指導主事，養護教諭，学年主任などスクールソーシャルワークの中核を担う関係者が，子どもや子どもを取り巻く環境とその関係について，定期的に情報交換する。
3	児童虐待が疑われる子どもや貧困が背景にある子どもについて，教職員への聞き取り調査や子供の観察を継続的に実施し，その結果をまとめ，リスクの高い子どもについては，担当教師と相談の上，管理職の許可を得て関係機関の担当を招聘し，ケース会議を開催する。
4	授業参観を通して，特別な支援が必要な子供のリストアップと表れについてまとめ，ティームティーチングや学習支援員等の配置の資料とするとともに，就学指導の資料とする。また，必要に応じてケース会議を開催し，具体的な支援を検討する。
5	学校行事や学年行事，学校の日課，朝の準備，給食の配膳，掲示などについて，発達障害のある子供等，環境との関係において問題が生じている子どもの視点で円滑に学校生活を送ることができるか検討する。
6	特別な教科道徳や学級活動で，人権や貧困，いじめや不登校などから一つのテーマを絞り，スクールソーシャルワーカーからモラルジレンマ的な話題を提供する。
7	総合的な学習の時間などにおいて，福祉等をテーマとした活動で，さまざまなセイフティーネットなどの救済機関や関係法令等について取り上げるとともに，予期せぬ事態に陥った時の対処等について講義する。講師は，スクールソーシャルワーカーだけでなく，関係機関から講師を招聘することも考えられる。（中学校向け）

して，体育科や保健体育科の競技や球技などでは外的動機づけがすでに存在していることや，学習習慣や生活習慣の定着のきっかけに学年や学校全体で一定期間外的動機づけを用いることがあることなども理解しておく必要があります。

　教師は日ごろの実践を積み上げていく中で，その実践を理論化し，自らの指導スタイル（支援行動・指導行動など）を構築していきます。そのため，スクールソーシャルワーク的な視点を身に付けることは，教師によってはこれまでの子ども観や指導観を変えることにもなり，それを身につけ，日ごろの支援や指導に根づかせるまでには時間が必要であることに，教師やスクールソーシャルワーカーは留意しなくてはなりません。

　Aさんのケースでは，AさんとAさんを取り巻く環境との関係の調整には当初教師がかかわってはいませんが，ケース会議において教師が進捗状況を確認

する中でAさんを包括的に深く理解するとともに，Aさんを取り巻く環境の調整が整っていく状況を見ながら学校が果たすべき役割について確認することができ，その後のAさんの継続的な支援につなげていくことができるものと思います。ケース会議において，教師がスクールソーシャルワーカーや関係機関等と目的や目標を共有し，協力・協働して子どもが抱える問題を解決していく経験を積み重ねていくことを通して，学校教育の中に福祉的な視点が根づいていくものと思います。Aさんについて第一義的に学校が責任をもつことを踏まえれば，ケース会議に継続的に参加することは当然のことですが，理解や経験の不足からそのように受け止めていない教師もいます。教師がケース会議等を通して経験知を積み重ねていくことにより意識も改善していくものと思いますが，それまでは関係機関等と協力・協働する具体的なゴールを明確に示すとともに，それを共有することに配慮が必要であると考えます。

4　コミュニティ・スクールや学校運営協議会にスクールソーシャルワーカーがいれば

（1）コミュニティ・スクール（学校運営協議会制度）等への期待

　「地方教育行政の組織及び運営に関する法律」の一部が2004年に改正され，地域住民の学校運営への参画の仕組みを制度的に位置づけるためにコミュニティ・スクール（学校運営協議会制度）が創設され，学校と地域住民等が協力して学校の運営に取り組むことが可能となる学校運営協議会を設置できることになりました。2017年には，「地方教育行政の組織及び運営に関する法律」の一部改正により学校運営協議会の設置が努力義務化され，同時に「社会教育法」の一部改正により地域学校協働活動の推進のため地域学校協働活動推進委員の委嘱に関する規定の整備が行われました。今後，学校運営協議会と地域学校支援本部との連携・協働により，「地域とともにある学校づくり」と「学校を核とした地域づくり」を併せて実現するため，学校や地域の実情に応じた多様な活動が展開され，地域の子どもは地域で育てるという意識が地域で醸成していくことを期待されています。

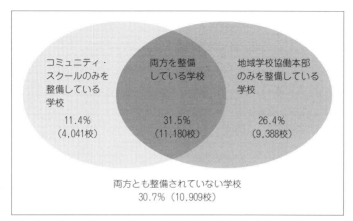

図2-3-1　コミュニティ・スクールと地域学校協働本部とともに整備している学校
出典：文部科学省「令和4年度コミュニティ・スクール及び地域学校協働活動実施状況
　　　調査」結果。

　Aさんのケースにおいては，例えば学校が不登校を課題としていた場合，学校運営協議会における不登校を課題とした取り組みを推進する方針などの承認を受けて，地域学校協働本部と課題を共有し，家庭教育支援チームなどによる訪問型アウトリーチ支援などにより母親への継続的な支援を行っていくことなどが考えられます。その取り組みの中で，Aさんが抱えている貧困やヤングケアラーなどの問題が明らかになった場合は，学校においてケース会議などを開催し，福祉関連機関等と連携してAさんに対する支援を行っていくことなどが考えられます。このような活動が実際に行われていたならば，Aさんが抱えている問題へ早期に包括的な対応が図られたものと思います。

（2）スクールソーシャルワーカーへの期待

　文部科学省「令和3年度コミュニティ・スクール及び地域学校協働活動実施状況調査」結果によれば，全国の公立学校におけるコミュニティ・スクールの導入率は33.3％でした。（全国の公立小学校，中学校，義務教育学校の導入率は37.3％）一方，全国のコミュニティ・スクールと地域学校協働本部をともに整備している学校は24.0％でした。2008年からスタートした学校支援地域本部は，2017年の法改正以降学校運営協議会や地域学校協働本部の整備は進んでは

いるものの拡充の余地は十分残されています。Aさんのケースにおいては，早期に包括的な対応がなされていなかったことから，Aさんが在籍している学校や所轄の教育委員会等にコミュニティ・スクールや地域学校協働本部が整備されていない可能性があります。Aさんが在籍している学校に学校運営協議会が設置され，さらに，スクールソーシャルワーカーが委員であれば，学校と地域の福祉関連の支援活動とを連携させ，多様な学校協働活動を展開させていくことができるものと思います。

（3）基本的な方針の承認

　学校運営協議会においては，校長の作成する学校運営の基本的な方針について承認する熟議を通して，保護者や地域住民等の意向を当該方針に反映させ，育てたい子ども像や目指す学校像等に関する学校運営のビジョンを共有していきます。

　ところで，2023年4月に，子ども施策を社会全体で総合的かつ強力に推進していくための包括的な基本法として，「こども基本法」が施行されました。「日本国憲法」及び「児童の権利に関する条約」に則った同法は，子ども施策の基本理念のほか，「こども大綱」の策定や子ども等の意見の反映などについて定めています。これからの学校教育は，この法に基づいて展開されていきます。学校運営の基本的な方針は，同法の6つの基本理念の中で学校教育に関係する①～④の内容に則っている必要があります。

　また，2017年「義務教育の段階における普通教育に相当する教育の機会の確保等に関する法律」が施行され，これを受けて，文部科学省では2017年「教育機会の確保等に関する施策を総合的に推進するための基本的な指針」を策定しました。学校運営の基本的な方針が，この不登校児童生徒への効果的な支援や個に応じた支援策を策定することを求めた同法や指針を踏まえている必要があります。

　学校運営協議会にスクールソーシャルワーカーがいれば，福祉の専門家として，学校の実態に応じて，子どもの権利の保障などの福祉に関係する法令等の内容が学校運営の基本的な方針や教育課程等に反映されているかなどを確認す

表 2 - 3 - 2　こども基本法の基本理念

① 全てのこどもについて，個人として尊重されること・基本的人権が保障されること・
　差別的取扱いを受けることがないようにすること
② 全てのこどもについて，適切に養育されること・生活を保障されること・愛され保護
　されること等の福祉に係る権利が等しく保障されるとともに，教育基本法の精神にのっ
　とり教育を受ける機会が等しく与えられること
③ 全てのこどもについて，年齢及び発達の程度に応じ，自己に直接関係する全ての事項
　に関して意見を表明する機会・多様な社会的活動に参画する機会が確保されること
④ 全てのこどもについて，年齢及び発達の程度に応じ，意見の尊重，最善の利益が優先
　して考慮されること
⑤ こどもの養育は家庭を基本として行われ，父母その他の保護者が第一義的責任を有す
　るとの認識の下，十分な養育の支援・家庭での養育が困難なこどもの養育環境の確保
⑥ 家庭や子育てに夢を持ち，子育てに伴う喜びを実感できる社会環境の整備

るだけでなく，子どもや学校が抱えている問題への対応や学校における子ども
の‘well being’の実現に向けて，学校運営のビジョンをより具体的に描くよう
に協議を進めていくことができるものと思います。
　Aさんのケースにおいては，Aさんが在籍する学校において「新たな不登校
をださない」ために，子どもにとって「魅力ある学級・学校づくり」や学校に
おける子どもの「居場所づくり」，子ども同士の「絆づくり」などが学校の方
針に反映されていれば，Aさんが不登校に陥ることはなかったかもしれません。

（4）学校や教育委員会への意見の申出
　学校運営協議会は，広く地域住民等の意見を反映させる観点から，校長が作
成する基本的な方針の承認にとどまらず，当該学校の運営全般について，教育
委員会または校長に対して主体的に意見を申し出ることができます。
　2015年12月中央審議会からの答申「チームとしての学校の在り方と今後の改
善方策について」を受け，学校においては「チームとしての学校」を実現する
ための具体的な改善方策として，専門性に基づくチーム体制の構築に向けて，
教員以外の心理・福祉の専門スタッフの参画を求めています。具体的には，学
校におけるスクールカウンセラーやスクールソーシャルワーカーの位置づけを
明確にするよう求められており，このことは，2022年12月に改訂された「生徒
指導提要」にも示され，「チーム学校」として組織的な連携を強めながら，教

師やスクールソーシャルワーカーなどがそれぞれの専門性を生かして，多様な背景をもつ子どもへ対応することが大切であるとしています。

　学校運営協議会にスクールソーシャルワーカーがいれば，学校と学校運営協議会とでビジョンを共有した子どもの'well being'を実現するための教育課程における取り組みだけでなく，子どもや学校が抱えている問題への対応のための教師やスクールソーシャルワーカーなどの学校内の「教職員のチーム」や，学校外の関係者を含めた「学校・家庭・地域の関係機関等の連携」に向けた体制づくりやその運営などについても，学校や地域の実態に応じて，校長や教育委員会に対して具体的な提案をし，充実を図っていくことを期待しています。

　例えば，「こども基本法」の施行により，子どもの意見表明権の保障のひとつとして子ども主体で校則の見直しを実施した学校は多いと思います。校則を見直した後，その順守に向けた活動を行うことは当然ですが，順守の活動だけを数年続けている学校も散見されます。「校則は年ごとに変えるような性質のものではない」また「校則の見直しは最終的には校長の権限である」という学校の方針かもしれません。そのような学校においては，スクールソーシャルワーカーが，子どもが校則の見直しを通じて身近な課題を自ら解決をすることは教育的な意義を有することを教職員と確認し，「校則の見直しは最終的には校長の権限である」ということを子どもに理解させた上で，「校則は年ごとに変えるような性質のものではない」という学校の方針が子ども自身の協議の結論として導き出されるように支援していくことを提案することなどが考えられます。そして，校則の見直しを毎年実施するのならば，見直しから順守までの様々な過程で子ども一人一人が自分の意見を表明する場面が設定されていることについて確認することが大切です。Aさんのケースにおいても，授業や学級生活の中でAさんが意見を表明する場面が様々に設定されていれば，Aさんは学校生活等に実感を伴う手応えを感じ，自分の居場所をつくることができたものと思います。

　また，子どもが抱えている問題への対応については，「教職員のチーム」や「学校・家庭・地域の関係機関等を含めたチーム」において，子どもが抱えている問題に応じた実効性のある参加者で構成され，スクールソーシャルワーク

的視点での的確なアセスメントやストレングスを生かした適切なプランニング
と実行が図られ，それらを振り返った結果を次の取り組みに生かし，継続的な
支援が行われていることなど，体制づくりや取り組みについて検証し，チーム
の実効性を高める助言や支援をスクールソーシャルワーカーに期待しています。
Aさんが在籍する学校においては，Aさんのケースをロールモデルとして，
ケース会議を中心としたチーム対応に対する教師等の意識を高めていくなどの
取り組みも可能であると思います。

　さらに，学校が抱えている問題への対応については，学校や地域の状況に応
じて，地域の家庭教育支援チームなどの立ち上げや福祉関係を主とした地域学
校協働本部の創設などについて，校長や所轄の教育委員会に働きかけていくこ
とを期待しています。家庭教育支援チームは，子育てサポーターや教職員経験
者，民生委員・児童委員，保健師，スクールカウンセラー，スクールソーシャ
ルワーカーなど，地域の様々な人々や専門家で組織し，学校等と連携して，孤
立しがちで待っていては支援が届きにくい家庭へ親同士のつながりづくりや相
談対応などの支援を行っていくことなどが考えられます。Aさんのケースにお
いて，Aさんが在籍する学校の地域において家庭教育支援チームのアウトリー
チ支援などが充実していれば，早期にAさんを取り巻く環境へのはたらきかけ
がなされていたものと思います。また，教育基本法では，国及び地方公共団体
は，家庭教育の自主性を尊重しつつ，保護者に対する学習機会や情報の提供な
ど，家庭教育を支援するための必要な施策を講じることを規定していますので，
学校運営協議会や家庭教委育支援チームが広報誌を発行するなど，法令で保障
されている子どもの権利や人権などについて地域へ啓発していくことも期待し
ています。

（5）教職員の任用に関する意見の申出

　学校運営協議会は，学校の課題解決や教育活動の充実のために校内体制の整
備充実を図る観点から，教職員の採用その他の任用に関する事項について，直
接，任命権者に対して意見を述べることができます。

　学校が抱える課題や推進しようとする目標に応じて，学校運営協議会に自治

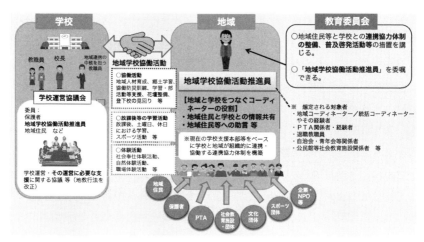

図2-3-2　地域学校協働活動イメージ図

出典：文部科学省「地域学校協働活動ハンドブック」。

体の福祉部局等や社会福祉協議会，その他関係機関の担当者，家庭教育支援チーム等の関係者が委員として加わることで，例えば，不登校の課題について地域の中に不登校の子どもの居場所をつくったり，学校を貧困対策のプラットフォームに位置づけて福祉関連機関等と連携した総合的な対策を進めたりするなど，それぞれの専門性にもとづいた連携・協働により総合的な支援を展開していくことが期待できます。

　一方で，身近な地域の人たちが，地域のために自主的に保護者等の子育てや家庭教育に関する相談にのったり，親子食堂など親子で参加する様々な取り組みや講座などの学習機会，地域の情報などを提供したりする事例が散見されることから，それらの活動や家庭教育支援チームなどを含めて地域学校協働本部を創設し，活動の連携を図り，学校のニーズに応じた支援活動を充実させていくことが必要となっています。

　学校運営協議会にスクールソーシャルワーカーがいれば，学校協働活動の充実のため，地域学校協働本部の組織づくりだけでなく，地域学校協働本部の地域と学校をつなぐコーディネーター役の地域学校協働活動推進委員の必要性を教育委員会に具申することや，地域学校協働活動推進委員として福祉分野に見

識が高く，学校協働活動への寄与が期待できる人物を推薦したり，地域学校協
働活動推進委員を学校運営協議会委員として推薦したりすることを期待してい
ます。所轄教育委員会の規則には，学校運営協議会委員や教職員の任用に関す
る意見の申出などについて定められていることもあり，実効性のある学校運営
協議会や地域学校協働本部を構成していくため，状況によっては，学校運営協
議会規則の改定についても取り組んでいく必要があります。

　スクールソーシャルワーカーが学校運営協議会へ参画することは，地域への
スクールソーシャルワーク的な視点（福祉的な視点）の浸透や新たな人と人と
の関係の構築，教育資源の発掘等に有効であり，その人的ネットワークの広が
りや活動の充実は将来的に家庭や地域の教育力の向上へとつながっていくもの
と考えます。

5　生徒指導提要（改訂版）を読み解く

（1）「指導」から「支援」へ

　生徒指導提要（改訂版）においては，「生徒指導とは，児童生徒が，社会の
中で自分らしく生きることができる存在へと，自発的・主体的に成長や発達す
る過程を支える教育活動のことである。なお，生徒指導上の課題に対応するた
めに，必要に応じて指導や援助を行う」と定義され，その目的を「児童生徒一
人一人の個性の発見とよさや可能性の伸長と社会的資質・能力の発達を支える
と同時に，自己の幸福追求と社会に受け入れられる自己実現を支える」として
います。これらを達成するために「自己指導能力を身につける」ことは改訂前
と同様に取り組んでいきますが，その過程で子どもを「支える」ことに重きを
おいています。つまり，これからの生徒指導は，「指導」から児童生徒の自主
性や主体性をより大切にした「支援」へと転換を図っていく必要があるという
ことに他なりません。子どもが自主性や主体性をもって活動するためには，基
本的人権に十分配慮し，一人一人を大切にした教育が行われることが求められ
ます。とくに，日本が1990年に署名し，1994年に批准した「児童の権利に関す
る条約」の4つの原則を理解しておくことが不可欠です。それらは，生徒指導

の根幹であり，学校教育のあらゆる場面で，この4つの原則にもとづいた実践が展開されるように，スクールソーシャルワーク的視点で子どもを理解し，子ども一人一人の'well being'を実現するように取り組んでいく必要があります。

児童の権利に関する条約」の4つの原則
- 児童生徒に対するいかなる差別もしないこと
- 児童生徒にとって最もよいことを第一に考えること
- 児童生徒の命や生存，発達が保障されること
- 児童生徒は自由に自分の意見を表明する権利を持っていること

（2）子どもが身につける資質・能力

　子どもが生きていく未来は社会構造や雇用環境は大きく急速に変化しており，予測が困難な時代となっています。そのような状況にあって，学校教育には，子どもが様々な変化に積極的に向き合い，他者と協働して課題を解決していくことや，様々な情報を見極めて情報を再構成するなどして新たな価値につなげていくこと，複雑な状況変化の中で目的を再構築することができるようにすることなどが求められています。これらの学習指導要領に示された子どもが自分自身の未来を切り拓ひらいていくために必要な資質・能力を一層確実に育成することを目指す取組は，子ども一人一人の'well being'を実現する取り組みであるといえます。例えば，教科等の授業では，「主体的・対話的で深い学び（アクティブ・ラーニング）」の実現のため，子どもに「学ぼう」とする学ぶ意義を理解させたり，「学びたい」というような興味・関心を高めたりするなど，子どもの自主性や主体性を大切にしながら，自ら設定した課題や目標に向けて協働的活動などで追究し，最後に「わかった」「できた」などの学びを実感したり，「もっと学びたい」「これを生かしたい」など学んだ内容と自分の見方・考え方や生き方との関係を深く理解したりしていくような展開が考えられます。自ら設定した学習課題を追究・解決することは自己実現のひとつであり，そのために，日ごろから子どもの安全・安心を担保したり，円滑な協働的活動が展開されるよう支えたり，子どもの学びのつまづきなどにはスクールソーシャル

ワーク的視点で理解し，支援をしたりして子ども同士の人間関係を保っていく必要があります。

（3）「支援」への変革におけるキーパーソン

　新規採用の教師には1年間の初任者研修が義務づけられており，1年をかけて教師に必要な基礎的・基本的知識や技能等について研修します。しかし，2年目以降の実践等から学ぶことの方がはるかに多くあり，初任から日々負担感やストレスを感じながらも，3〜4年を経るとOJT（on the job training）やOJL（on the job learning）などにより経験知を積み重ね，安定して基本的な職務を遂行できるようになってきます。この頃になるとある程度責任ある立場になることもありますが，その後，経験知に応じて職務は増え，多様な職務を抱えて常に多忙です。教育という営みの特徴にも起因しているところもありますが，教師の多忙化については，法令や制度において根本的な解決が図られることを願っているところです。教師は多忙であればある程，安定して職務を遂行したいという思いは強くなり，理解していないことや経験のないことへ取り組む意欲は減退するものと思います。また，教師は「指導」から「支援」への新たな変化が学級や学校の子どもとの信頼関係などの様々なバランスを崩してしまうのではと懸念を抱くこともあるかもしれません。そのため，子ども一人一人の'well being'の実現を目指す校長の強いリーダーシップが必要であり，教師が強く啓発されるようなロールモデルを示したりするなど，教師に対する実効性のある支援が強く望まれるところです。しかしながら，教師だけでは，暗中模索で「支援」への変革を進めていくこととなりかねず，取り組みやその道筋の是非の判断も難しいものと思われます。学校や地域において子どもの人権や意見表明の権利，最善の利益などが守られていることや，そのための体制づくりや協働連携活動などの活動全般について，管理・指導・育成等の観点から支援するスーパーバイザー的な立場にスクールソーシャルワーカーを位置付けることで，「支援」への変革を確実に推し進めることができるものと考えます。「生徒指導提要（改訂版）」の趣旨を学校経営方針等に反映し，それを具現化していく営みにおけるキーパーソンはスクールソーシャルワーカーであり，ス

クールソーシャルワーカーを学校経営等で生かしていくことで学校は「指導」から「支援」への変革を成し遂げることができると考えます。

（沼野伸一）

第4章
生きづらさを乗り越えようとするヤングケアラー
——教師の気づきとともに——

　　今日，学校はヤングケアラーの早期発見や把握の場として期待されています。教員の気づきから支援につながることもある一方で，「気づいたら，放っておけない」「何とかしなければ…」と責任感や焦りをもつ教員と出会います。その中には，ケアをしている自覚がなかったり，ほかの人には知られたくないという思いや，「相談しても何も変わらなかった」，「言ったら今より大変なことになる」など，支援に拒否感のあるヤングケアラーと出会う教員もいました。

　　この章では，こうした支援に当たる教員を支援する「支援者支援」について広く地域の中で考える視点を論じていきたいと思います。

1 ヤングケアラーの今

　近年，家事や家族の世話等を日常的に行う18歳未満の子どもである「ヤング
ケアラー」が注目されています。実態調査の結果や自治体の取り組みに関する
報道，SNSによる当事者からの発信等，多様な方法でヤングケアラーが取り上
げられ，一般市民にとっても身近な言葉となりつつあります。筆者がスクール
ソーシャルワーカーとして訪問した学校でも，図書室や保健室にもヤングケア
ラー関連の本が置かれていたり，面接をした生徒から「この前のドラマ，ヤン
グケアラーの話だった。スクールソーシャルワーカーも出てたよ」と教えても
らったりすることもありました。

　ヤングケアラーへの理解を深めるための研修会等で，「ヤングケアラーとは，
具体的にどういうひとをイメージしますか？」と問いかけてみると，子どもも
大人も回答は様々です。実際に，ヤングケアラーが行っているケアの内容は，
食事の用意や洗濯等の家事，幼いきょうだいの世話や見守り，目が離せない家
族の見守りや声かけなどの情緒的ケア，アルコールや薬物，ギャンブル問題を
抱える家族への対応，障害や病気のある家族の身の回りの世話，日本語が第一
言語ではない家族や障害のある家族に代わって通訳をする，家計を支えるため
にアルバイトをする等，ケアの内容は多様で，それぞれの負担感や必要とする
支援も異なっています。

　厚生労働省は，令和2年度に中学2年生・高校2年生を，令和3年度に小学
6年生・大学3年生を対象として実態調査を実施しました。小学6年生6.5%，
中学2年生5.7%，全日制4.1%，定時制8.5%，通信制11.0%，大学3年生
6.2%が，世話をしている家族が「いる」と回答しています。ケアの対象者は，
すべての学校種において幼いきょうだいが多いのですが，父母に関しては，定
時制，通信制が約3.5割と多く，精神疾患のある母親と幼いきょうだいのケア
をしながら定時制等に通う等，ダブルケアを担う高校生もいることが調査結果
からうかがえます。自治体による調査でもほぼ同様の結果となっていることか
ら，地域や学校種にかかわらず，ヤングケアラーは存在しているといえます。

　学校や大人に対して助けて欲しいことや必要な支援については，回答者の約4割が「特にない」と回答しています。この回答は，単純に支援が不要なヤングケアラーの回答ではなく，担っているケアが支援を受けるレベルにあるという自覚がないことや，これまでの経験から大人に対して期待していない等，ヤングケアラーの複雑な心情による回答も含まれていると考えられます。筆者もケアの実態は把握できても「相談しても何も変わらなかった」「大人は約束を守らないから」「言ったら今より大変なことになる」等，相談に対して拒否感のあるヤングケアラーに出会ってきました。そうした反応から，ケアに対する自覚と，助けを求めることは，簡単にはつながらないとも感じています。

　こうした実態から，厚生労働省による「多機関・多職種連携によるヤングケアラー支援マニュアル」をはじめとして，自治体等においても支援マニュアル等が作成され，ヤングケアラーのための相談窓口等も設置されるようになりました。

　一方で，スクールソーシャルワーカーの支援に関しては，文部科学省のスクールソーシャルワーカー実践事例集にヤングケアラーの区分が出来る以前から，不登校等の区分のなかに精神疾患のある家族や幼いきょうだいのケアを行う事例等，ヤングケアラーと言える児童生徒への支援が示されてきました。

　「ヤングケアラーの支援に向けた福祉・介護・医療・教育の連携プロジェクトチームの報告書」（厚生労働省2021）には，「福祉，介護，医療，教育等といった様々な分野が連携し，ヤングケアラーを早期に発見した上で支援をおこなうことが重要」，とした上で，教育相談体制の充実や，NPO等と連携した学習支援の推進等を目的として，スクールソーシャルワーカー等の配置支援が示されました。また，「多機関・多職種連携によるヤングケアラー支援マニュアル」（厚生労働省 2022）においても，スクールソーシャルワーカーの役割例や支援事例が明記されており，ヤングケアラー支援におけるスクールソーシャルワーカーの役割に期待が寄せられていると言えます。

　こうした現状をふまえ，これまでの筆者の実践をもとに，ヤングケアラーへの支援について考えてみたいと思います。事例は個人が特定されないよう加工したものです。

2　登校しない理由

　定時制高校に通うＡさんは，１年生の６月位から遅刻や早退が増え，夏休み明けには体調不良を訴えて欠席するようになりました。担任が母親の携帯に電話をするとＡさんが対応し，「今，母親は忙しいから」と言って母親に代わらないことが何度か続きました。Ａさんは，６月に遅刻が続いたことで担任と面談をした時に，小学５年生位から不登校になり，中学校は相談室や保健室を利用しながら，週に３，４回登校していたことを話しました。友達関係でいろいろあった，トラブルは解決したけど教室に行くタイミングがわからなくなっちゃったと，小中学校時の不登校は友達関係が原因だったと言い，「リセットしたくて」と高校はできるだけ中学校の同級生がいない学校を選んだこと，高校では「普通にしたい」と思って進学したことも話しました。

　高校入学後の遅刻や早退は，「毎日登校することに慣れていないから疲れてる。トラブルとか無いから心配しないで」と面談を切り上げようとしているのが伝わってきました。担任は，教員には言いにくいこともあるかもしれないからと，スクールカウンセラーの面談をすすめましたが，「高校になってやっと学校が楽しくなった，登校できた日は教室に行きたいからやめとく」と断り，「本当に大丈夫！」と言ってそれ以上は語りませんでした。今回の電話で，改めてカウンセラーとの面談をすすめましたが，「本当におなかの調子が悪いだけ。病院も行ってるし，別に話すことない」「今日は弟も調子が悪くて休んでる。今，騒いでるから相手しないと」と今回も相談の話になると避けるように電話を切られてしまいました。担任は，何かありそうな様子にもどかしさを感じつつ，友達関係や体調不良が気になっていました。

　学年主任にＡさんの様子を伝え，トラブルは解決したと言っていたけれど，中学校ではどうやって解決したのか，Ａさんのお母さんとなかなか話ができないけれど，Ａさんの体調についてどう思っているのか確認したいと話しました。学年主任から，スクールソーシャルワーカーとも話をしてみるのはどうかと提案があり，担任と学年主任，スクールソーシャルワーカーとで話をすることに

なりました。

3　スクールソーシャルワーカーの役割と
　　教員によるヤングケアラーへの理解

　スクールソーシャルワーカーの配置形態は自治体によって多様で，およそ9割が非常勤であることから，他の仕事と兼務しているスクールソーシャルワーカーは少なくありません。Aさんが通う高校を担当しているスクールソーシャルワーカーは派遣型で，他の自治体のスクールソーシャルワーカーと兼務しています。スクールソーシャルワーカーは，これまでも別の生徒のことで何度か訪問したことがあり，担任や学年主任とは面識がありました。今回は「不登校ぎみになっている生徒」へ支援として高校から教育委員会への派遣要請があり，高校に訪問し，担任と情報共有をすることになりました。

　スクールソーシャルワーカーは，高校に訪問し，担任や学年主任，養護教諭から最近の学校の様子や保健室の利用状況等を聞いた後で，Aさんについて担任から話を聞くことにしました。本人の家庭環境や本人の言動等から，「ヤングケアラーかもしれませんね」と教員に伝えました。近年，ヤングケアラーが注目されていることや，学校にも様々な文書等が届いていることで，教員も「ヤングケアラー」という言葉に敏感になっています。担任は少し驚きながらも，「弟のことは電話でも言っていたけれど，きょうだいがいたら，誰でも多少はお手伝いをするでしょう？」とスクールソーシャルワーカーに問いかけました。スクールソーシャルワーカーは，お手伝いとケアの違いは簡単には判断出来ないこと，ケアの内容や本人の生活への影響も様々であることを伝えました。学年主任も一緒に話を聞きながら，「ヤングケアラーって言葉を知ったのは最近だけど，これまでもそういう生徒は結構いたよ」と定時制には家族の問題を抱えながら通学している生徒が多いことや，アルバイトの許可証の申請がきっかけとなって家庭の様子を話してくれる生徒もいること等，これまでの経験から話をしてくれました。担任は教員になって2年目で，今回初めて担任になりました。学校生活にかかわることであれば，それぞれの生徒に合わせて話

を聞いたりアドバイスをしたりしていますが，家庭の話になると声かけに悩むこともありました。担任はスクールソーシャルワーカーにそのことを伝え，Aさんには学校を続けて欲しいけれど，家庭のことで教員ができることはあるんでしょうか？」と問いかけました。

　スクールソーシャルワーカーは「Aさんの思いが一番大切」であることや，本人が話したがらない気持ちも尊重しつつ，いつでも相談ができるような関係づくりや情報提供の必要性について教員と共通理解を図りました。

4　ヤングケアラーAさんの思い

　Aさんは，担任からの電話を切った後，仕事を休んで横になっている母親に話続けている弟に「こっちでゲームしよう」と声をかけ，母親の寝室から連れ出しました。小学4年生の弟は自閉症で，特別支援学校に通っています。母親は，5年前に離婚した頃からうつ病になり，仕事から帰宅しても横になっていることが多く，弟の身の回りの世話はほとんどAさんがしてきました。弟と一緒にいると，「いい子だね」「お母さん，助かってるでしょう」と声をかけられることもあります。笑顔で「ありがとうございます」と対応しながらも，面倒くさいな…とも思うこともあります。父親とは中学校入学以降，会っておらず，母親以外に頼れる人がいません。Aさんは，離婚直後に母親のことを心配して，当時の担任に相談したことがありました。担任の先生は親身になって話を聴いてくれたのですが，その日の夕方には母親に電話をし，Aさんが心配していることを伝えたことで，母親から怒られたことがありました。母親から「恥ずかしい」「勝手に家のことを話さないで」と言われたことがずっと心に残っています。そのころから，学校に行きたくない気持ちが強くなり，休みがちになりました。家のことを話さないように意識すると，友達との会話もぎこちなくなり，友達とも距離が出来てしまいました。担任は休みがちになっていることを心配して，話を聴いてくれようとしましたが，「もう大丈夫」と言って相談することはありませんでした。

　中学校では，別室登校をするようになり，少し話ができる友達ができました。

その友達は母親が精神疾患で入退院を繰り返していて、母親が入院中は祖母宅や児童養護施設にショートステイに行っていました。「母親が入院すると安心するというか、ほっとするというか…嫌いってことじゃないよ」と話してくれたことがきっかけとなり、Aさんも母親と弟について話をするようになりました。安心して家族のことを話せる友達ができたと思い始めた頃に、友達は母親と祖母宅に転居することになり、電車で30分程離れたところにある中学校に転校しました。転校後もしばらくはSNSでやりとりをしていましたが、「毎朝、おばあちゃんに起こしてもらってる。教室に行けるようになった」「部活にも入ったよ」と、充実した様子が語られるにつれ、少しずつ疎遠になっていきました。Aさんは再び学校に気持ちが向かない日が増えましたが、「高校生にはなりたい」という思いから、別室登校を続けました。

高校のパンフレットを眺めていた時に、別室の様子を見にきていた教員から、「定時制高校はどう？」と話しかけられ、教員が実際に高校の見学に行ってきた時の様子や、定時制高校のシステムについて説明してくれました。Aさんは教員の話から定時制に興味をもち、学校見学にも参加して進学先を決めました。人間関係も環境も「リセット」したいという思いから、同じ学校から受験する生徒がいなかったことも、高校選択の理由のひとつになっています。母親にも相談しましたが、「行きたいところで良いよ」とそれ以上は何も言わず、Aさんの進路に興味がないように感じられました。自分のことだから自分で決めないと、と思いながらも心細さもありました。Aさんは、相談しても誰も助けてくれない…と思うようになっていました。

5 発見・把握の先に

学校は、子どもたちが多くの時間を過ごすことから、ヤングケアラーの早期発見・ニーズ把握の場として期待されています。実際に、教員の気づきから支援につながることが少なくありません。また、「気づいたら、放っておけない」「何とかしなければ…」と責任感や焦りを感じている教員に出会うこともあります。ヤングケアラーの中には、ケアをしている自覚がない場合や、自覚

があっても知られたくない，相談する程ではないと思っている子もいます。支援の緊急性があるのかどうか確認をしながら，本人の思いに配慮した支援をすすめることも，ヤングケアラー支援において重要です。

「ヤングケアラーの早期発見・ニーズ把握に関するガイドライン（案）」（2020）には，ヤングケアラーの支援の必要性や緊急性の判断として，虐待にあたる可能性があり支援の緊急性が高い「要保護レベル」，個別またはネットワークによる支援を必要としている「要支援レベル」，周囲には気づかれていないが，本人が苦痛を感じている可能性のある「要配慮レベル」に整理されています。「要配慮レベル」にある児童生徒は潜在化しやすく，学校では，このレベルにある生徒への支援が中心になると考えられます。スクールカウンセラーをはじめとして相談支援に関するスタッフが学校に配置されていることは，児童生徒にも共通認識されつつありますが，自分が相談をするとなると抵抗感のある子もいます。これまでに出会ってきた児童生徒の中には，「相談室に行っていることを友達に知られたくない」「相談した後ってどうなるの？」「秘密を守るって言っても先生には言うんでしょう？」等，相談をすることに対する不安を語る子もいました。教員だけでなく相談支援にかかわるスタッフも，見守りや日常的な声かけを通じて，相談しても大丈夫だと思えるような信頼関係を築くことも，支援のひとつであると言えます。

ヤングケアラー支援において，支援の必要性や緊急性にかかわらず，子どもの権利に関する視点は不可欠です。子どもの権利条約の4つの原則である，差別の禁止，生命，生存及び発達に対する権利，子どもの最善の利益，子どもの意見の尊重は，2023年に施行された「こども基本法」にも取り入れられています。ヤングケアラーに関連の深い子どもの権利としては，生命にかかわる権利のほかに，子どもの最善の利益，意見を表す権利，教育を受ける権利，休み，遊ぶ権利，あらゆる搾取からの保護等があげられます。

ヤングケアラーの権利擁護や代弁をするアドボカシーには，スクールソーシャルワーカーの役割が有効であると考えられます。スクールソーシャルワーカーが行うアドボカシーには，本人が自ら主張する「セルフアドボカシー」のサポートや，個人を対象として行う「ケースアドボカシー」，同じような状況

に置かれているヤングケアラーを対象として行う「コーズアドボカシー」等が考えられます。セルフアドボカシーは，本人を取り巻く環境を改善するだけでなく，社会的な影響を及ぼすこともあります。その一方で，本人の思いが家族に伝わったり，家族の問題が外部に知られたりすることで，家族の関係性に様々な影響が生じる場合も少なくありません。本人に不利益がないよう，家族や関係機関等に働きかける等の環境調整も必要となります。

　コーズ（cause）アドボカシーのコーズとは，特定のニーズや原因等を意味し，本人や教員との情報共有から課題を整理し，共通の課題をもつグループの権利擁護を行います。「ヤングケアラー」という大きなグループだけでなく「精神疾患のある親の情緒的ケアをしている」「幼いきょうだいを保育園に送ってから登校している」といったもう少し具体的な共通課題のあるグループの権利擁護を行うこともあります。先行研究等からも「ヤングケアラー」への認識が広がる以前から，障害のある親やきょうだいがいる子どもたちに対する認識はありました。現在も当事者会の活動や発信等があり，スクールソーシャルワーカーとして連携することもあります。

　スクールソーシャルワーカーは，教員と情報共有やコンサルテーションを通じて支援方法を提案する等，間接的支援も行います。専門的な支援が必要な状況であっても，Aさんのように相談を拒否したり，抵抗感を示したりすることで，すすめた教員や周囲の大人が困惑することもありますが，相談をすることも本人の意思や自己決定が大切です。スクールソーシャルワーカーは，ヤングケアラーに日常的にかかわる教員をサポートすることや，学校や家族，地域社会との関係性等，本人を取り巻く環境調整を行う等，間接支援も行います。本人が相談をしたり，本人自身が変わろうとしなくても，周囲の大人の認識が変化したり，ケアの対象者がサービスを利用する等，本人を取り巻く環境が変わることで本人の負担軽減につながることもあります。

　国や自治体によるヤングケアラー支援のための施策やサービスは少しずつ進みつつありますが，すべてのヤングケアラーに対応可能な支援方法はなく，それぞれの状況に合わせて現場で支援を考えていく必要があります。

　また，共通点の多いケアの内容や家庭環境であっても必要となる，または，

本人が求める支援は異なることもあります。支援者間で役割を分担するだけでなく，支援方法を模索しながら，新たな施策やサービスを想像するために，自治体等に働きかけていくことも，ヤングケアラー支援の現状において必要であると考えられます。

引用・参考文献

厚生労働省（2021）「ヤングケアラーの支援に向けた福祉・介護・医療・教育の連携プロジェクトチームの報告書」。
　　https://www.mhlw.go.jp/content/000780549.pdf
厚生労働省（2022）「多機関・多職種連携による　ヤングケアラー支援マニュアル　～ケアを担う子どもを地域で支えるために～」。
　　https://www.pref.fukushima.lg.jp/uploaded/attachment/537775.pdf
こども家庭庁　こども基本法（令和4年法律第77号）。
　　https://www.cfa.go.jp/assets/contents/node/basic_page/field_ref_resources/747eda79-9d10-4e9c-a13f-29bbef1e6578/63e6740f/20230113-laws-law-77houritsu.pdf
三菱UFJリサーチ＆コンサルティング（2020）「ヤングケアラーの早期発見・ニーズ把握に関するガイドライン（案）」（令和元年度　子ども・子育て支援推進調査研究事業　ヤングケアラーへの早期対応に関する研究）。
　　https://www.murc.jp/wp-content/uploads/2020/04/koukai_200427_10_2.pdf
三菱UFJリサーチ・コンサルティング（2021）「ヤングケアラーの実態に関する調査研究報告書」。
　　https://www.murc.jp/wp-content/uploads/2021/04/koukai_210412_7.pdf
文部科学省「スクールソーシャルワーカー実践活動事例集」。
　　https://www.mext.go.jp/a_menu/shotou/seitoshidou/1312714.htm
令和3年度調査研究（報告）株式会社日本総合研究所（2022）「ヤングケアラーの実態に関する調査研究報告書」。
　　https://www.jri.co.jp/MediaLibrary/file/column/opinion/detail/2021_13332.pdf

（朝日華子）

第5章
ユニバーサルデザインと子どもの福祉
──家庭科教育が目指すしあわせ──

　1995年以降，人権教育は国際的に進められ，2015年の国連サミットで「持続可能な開発のための2030アジェンダ」に持続可能な開発目標（SDGs：Sustainable Development Goals）が記載されると，共生・多様性への理解を促す取り組みは一層増えていきました。

　しかし，子どもの生活に目を向けると，コロナ禍以前からの課題である格差・貧困の拡大とそれに伴う学習権の危機，様々な偏見や差別，いじめ，自死など，深刻な問題は未解決のままのように思われます。すでに人権・共生にかかわる授業は道徳等で行われていますが，「思いやり」などの心情的理解にとどまらず，児童生徒が主体性をもって多様な価値観と向き合える授業は家庭科でこそつくれると考えます。

　本章では，筆者が取り組んできた研究とともに授業実践報告などを紹介しながら，家庭科の魅力──自分の生活をつくり変える力を育て，主権者意識を高めることで社会を変革する力を育成できる可能性──について取り上げたいと思います。

1 つながりのなかで生きる

　2023年 5 月 8 日，新型コロナウイルス感染症法上の位置づけが「 2 類相当」から「 5 類」に引き下げられ，感染対策の実施は個人や学校等の判断に委ねられました。

　行動自粛が求められてからの 3 年間を振り返ってみると，新型コロナウイルスによる感染の怖さもさることながら，日常生活・社会生活を送るうえで無意識に行われる「人の分断」行為にやるせない気持ちも増幅しました。例えば，職業，出身地，家族の居住地に対するまわりの反応です。国籍や民族などを理由にするようなあからさまな言動ではありませんが，ヒロシマやフクシマにおける差別・偏見と同じものを感じ，次第にこれは無意識に行われる不当な扱いだと思うようになりました。どんなに個の尊重，人権の保障，差別の理不尽さや不条理さを学び頭で理解していても，自身も含め，人はそれだけで「差別しない人」になれるわけではないことを痛感しています。

　家庭科におけるユニバーサルデザイン（以下，UDとする）[1]研究の出発点もここにあります。小さな工夫や配慮で人をエンパワーしてくれるモノ，コトを探すなかで，それが生きづらさや困り感の背景にあるものや社会状況と人々の生活意識のかかわりを考えるきっかけになると考えました。UDの対象となるものは私たちの生活に密着したものばかりであり，それらには生活用品や施設[2]設備といった形のあるものだけでなく，情報・サービス，社会制度なども含まれます。そして，これらの使い手・利用者は，目の前の高齢者や障がいのある人だけでなく，自分も含めたすべての人なのです。

　北欧で生まれた「ノーマライゼーション」や「ソーシャルインクルージョン」，その影響を受けてアメリカで生まれた「UD」の思想，つまり共生・多様性の視点は，家族や地域を支え，衣・食・住生活を支え，労働・社会参加を支えるなど，家庭・社会生活のすべてにかかわるものであり，家庭科教育の根幹に据えられるべきものととらえています。

　以上のことから，より多くの人の自由・自立[3]を実現できる社会，持続可能な

社会は，共生・多様性の視点をもった自分たち生活者の声によって成り立つこと——どんなに小さな気づきでも社会を変えるきっかけになること，必要であれば行政や企業などに声を届けることの大切さ——を学習者が自覚し，他者と協働しながら自らの生活をマネジメントできる力をつけられるような家庭科の授業が必要だと考えました。

2020年に開発した教材[4][5]は，人のもつ多様性を時間軸・空間軸からとらえることで，人はいつでも「ケアする側・される側」の両方の存在になり得ることを学ぶことができ，社会の諸課題を自分に引き寄せて考えるきっかけをつくることができます。これについては後述します。

2　ノルウェー社会を支える主権者教育

2017年9月に筆者らは，先述した教材開発の手がかりとして，北欧の思想と現状を知るためにノルウェーの教育機関等を視察しました[6]。ノルウェーは，人権，多様性への理解といった人間形成視点と民主主義が底流する福祉社会です。民主主義とは，市民一人ひとりが積極的に社会活動や政治の決定にかかわれることであり，その実現のために家庭や学校において，社会に貢献すること，自分の選択に責任をもつこと，換言すれば「良き社会人[7]」になることを目指した教育がなされています。18歳ですべての若者が親から独立して生活するからです。

2019年現在，ノルウェーの「人間開発度指数」は第1位であり，2016年以降この順位を維持しています。また，「男女平等度」はアイスランドに次いで第2位です。これら順位の高さの背景には，よりよい社会を目指した多様な公的制度がありますが，ノルウェーの人々の人権意識の高さのバックグラウンドには，人間形成の基盤となる学校教育の存在があるように思われました。

そこで，視察先で入手したノルウェーの学校教育に係る資料『基本原則——基礎教育の理念と方針』について，共生・多様性の視点から眺めてみたいと思います。ノルウェーの学校教育における人間形成のあり方を知ることは，日本の家庭科教育に求められる，今後の社会の急激な変化——家族・家庭生活の多

様化や消費生活の変化等に加え，グローバル化や少子高齢社会の進展，持続可能な社会の構築等――に主体的に対応できる力の育成（文部科学省 2017a, 2017b, 2018）の手がかりになると考えるからです。

（1）『基本原則――基礎教育の理念と方針』

　ここでは，オスロアーカスフース教育専門大学（Høyskolen i Oslo og Akershus）で入手した『基本原則 – 基礎教育の理念と方針（Overordnet delverdier og prinsipper for grunnopplæringen)』（以下，基本原則と称す）の抜粋を紹介します。

　なお，本項目で記す「生徒」には，小学生から高校生が含まれます。

基本原則について（序文から）

　『基本原則』は，教育基本法に基づき2017年9月1日に国王裁可によって制定されました。

　『基本原則』に定めるノルウェーの基礎教育は，小学校から企業や労働の場で実施される職業専門の教育プログラムまでが含まれており，家庭と学校のあいだに協働を築くための土台となり，すべての人の人間形成と能力の発達に対し責任を負うことを明らかにしています。その内容は「第1章 教育の基本理念」，「第2章 学び，発達，人間形成のための方針」，「第3章 学校における実践のための方針」の三章から構成されていますが，ここでは第1・2章を中心に取り上げます（表2-5-1）。

教育の目的【教育基本法§1-1】

　学校における教育は，家庭の理解と学校との協働のもと，世界と未来への扉をひらき，生徒に歴史的，文化的な理解と土台を築く。

　教育は，人間の尊厳や自然への敬意，思想の自由，隣人愛，許し，平等と連帯，様々な宗教や人生哲学のなかで表現される理念，人権に基づく理念といった，キリスト教や人道主義の遺産と伝統のなかの基本的な理念の上に築かれる。

表2-5-1　基本原則——基礎教育の理念と方針　目次

基本原則について
教育の目的
1　　　教育の基本理念
1.1　人間の尊厳
1.2　アイデンティティと文化多様性
1.3　批判的思考と倫理意識
1.4　創造の喜び・熱意・探求心
1.5　自然への敬意と環境意識
1.6　民主主義と協働
2　　　学び・発達・人間形成のための方針
2.1　社会的な学びと発達
2.2　教科の習熟度
2.3　基本的技能
2.4　「学ぶこと」を学ぶ
2.5　分野横断的なテーマ
3　　　学校における実践のための方針
3.1　統合された学びの環境
3.2　授業と個別支援教育
3.3　家庭と学校の共同
3.4　訓練校と労働の場での教育
3.5　専門職集団と学校の発展

　教育は文化多様性の理解を築き，（中略）民主主義と平等，科学的思考を促進させる。

　教育は生徒の知識と能力を伸ばし，自身の人生に向き合わせながら，労働や社会コミュニティに参加しようとする姿勢を養う。そして，創造する喜び，没頭する力，探求心を促す。

　教育は生徒の批判的思考を育て，それが倫理的かつ環境に配慮した行動を促進させる。

第1章　教育の基本理念

　本章は，1.1 人間の尊厳，1.2 アイデンティティと文化多様性，1.3 批判的思考と倫理意識，1.4 創造の喜び・熱意・探求心，1.5 自然への敬意と環境意識，1.6 民主主義と協働，の6つの節から構成されていますが，ここでは研究目的から以下三節の一部を取り上げます。

1.1　人間の尊厳

　人権の基盤は人間の尊厳にあり，人権は法治国家の重要な土台の一部である。人権思想は，それが誰であれ，どこの出身で，どこに暮らしているかにかかわりなく，すべての人に適用される普遍的な理念の上に築かれている。子どもの権利条約に定められた内容は人権の一部であり，子ども・若者に対し特別な保護を寄与する。教育は，生徒に人権の知識を身につけさせると同時に，人権に基づいて行われなくてはならない。

　同等の価値，平等は，歴史を通じて勝ち取った理念であり，いまなお大切に強化していかねばならないものである。生徒はみな同等に扱われ，差別に遭う生徒がいてはならない。また，すべての生徒に自律的な選択が行えるよう，同等の機会が与えられる。我々は同じではないことが認識され，それが評価されることを信じる。

1.2　アイデンティティと文化多様性

　学校は，生徒に歴史的，文化的な理解と土台を築き，統合された多様な共同体のなかで個々の生徒が自身のアイデンティティを大切にし，発達させていけるよう寄与する。

　個人が社会への帰属意識を抱くには，共通の枠組みがあることが重要である。共通の枠組みとは多様性への理解である。生徒がいかにして様々な視点や姿勢，異なる人生哲学をもつ人とともに生きていくかを理解することが，仲間意識をつくり，個人のアイデンティティを大きな共同体と歴史的つながりのなかに根づかせる。

　よい社会とは，統合と多様化が進んだ共同体が基盤になっている。

1.6 民主主義と協働

社会に参加するということは，互いを尊重することや，寛容，個人の思想，表現の自由，自由な選択といった基本的な民主主義の理念を尊重し，支持することを意味する。教育の全期間における積極的な社会参加を通して，民主主義の理念を身につけなくてはならない。

民主的な社会には，すべての国民が決定プロセスに参加する権利と機会を有しているという基盤がある。少数派を守ることは，民主主義の法治国家において極めて重要な方針である。

学校という共同体に参加する者はみな，協働，対話を行うための余地を残しておかねばならない。

第 2 章 学び，発達，人間形成のための方針

本章は，2.1 社会的な学びと発達，2.2 教科の習熟度，2.3 基本的技能，2.4 「学ぶこと」を学ぶ，2.5 分野横断的なテーマ，の五つの節から構成されていますが，ここでは研究目的から以下二節の一部を取り上げます。

2.1 社会的な学びと発達

生徒のアイデンティティや自己像，意見，姿勢は，他者との相互作用のなかで形づくられていく。他者が何を考え，感じ，経験しているかを十分に理解できることは，生徒同士の共感と友情の基盤となる。

社会的な学びでは対話を中心に据え，敵対するものに立ち向かえるよう傾聴的な対話の価値と意味を伝える。他者に耳を傾け，同時に自らの視点で議論することは，生徒が意見の不一致や対立に対処し，共有しうる解決策を模索できるようにするための基盤となる。

2.5 分野横断的なテーマ
2.5.1 公衆衛生と人生への対応力

このテーマは，生徒が幸福と逆境，個人的かつ実践的な課題に最良の方法で対処することを学べるよう寄与する。具体的な分野は，身体的・精神的健康，

生活習慣，セクシュアリティとジェンダー，薬物，メディアの使用，消費と家計である。

2.5.2　民主主義と社会市民としての意識

このテーマでは，生徒に民主主義の条件，理念，ルールについての知識を与え，民主的なプロセスに加わる準備をする。基礎教育により，生徒は表現の自由や投票権，団体を組織する自由といった人権と民主主義のつながりを理解する。このテーマに取り組むことで，生徒は個人の権利と義務の関係を理解する。学校は，活発な社会市民となるよう生徒を刺激し，ノルウェーにおける民主主義のこれからの発展に加わることができるような力をつけさせる。

以上，ノルウェーの小学校から高校で適用される『基本原則』の内容から，教育の土台に人権思想，多様性への理解があり，自由・平等・公平さといった価値観を大切にしていることが確認できました。

加えて，子ども・青年一人ひとりの人権を大切にしながら，授業のなかに協働，対話，傾聴の機会をあらゆる場面で設定し，違いを受け入れ，それを理解できる人を育てようとする国の姿勢もとらえられました。これらノルウェーの「良き社会人」の育成は，生活の営みを科学的な視点から検討し，家庭を取り巻く諸課題を社会とのかかわりのなかで思考しながら解決を目指す，日本の家庭科教育にも通じるものがあると考えます。

（2）『基本原則』を生かした授業
① 小学校の視察から

Ski市の小学校Finstad Skolenの視察では，3年生の自然科学で，環境問題としてプラスチックごみと生物の関係を取り上げ，自身の生活行動を振り返りながらグループで解決方法を考える授業が，iPadを活用して行われていました（図2-5-1）。教員は「1個のプラスチックごみを海に捨てると，それがなくなるまでに100年かかるのよ。魚などの生き物がそれを食べてしまったらどうなるだろう」「ごみを拾えばいいっていうけれど，世界中のごみを集めなが

図2-5-1　3年生自然科学の授業風景

図2-5-2　ランチタイム

ら歩けるかしら」「地球は私たちのものよ」など，子どもの発言に揺さぶりを
かけながら，さらに考えるよう促します。

　6年生のMoral Educationでは，いじめ防止について「ともだち」をテーマ
にKJ法とディスカッションを用いた授業が行われていました。授業のコンセ
プトは，①違いを知る，②違いを理解する，③共生意識を社会で生かす，の

3つです。

　授業以外の教育の場として給食があります。4年生から7年生は週に2回給食があり，約200人分の食事作りを6・7年生の縦割りグループが交代で担っています（主食は各自持参）。彼らは家庭でも調理に携わっているため給食作りに何ら問題はないと話しており，お気に入りの場所で自由に食事をしている姿が印象的でした（図2-5-2）。

　このように，小学生の段階から様々な場面で協働・対話し，異なる意見に耳を傾けながら思考を深める経験を積み重ね，18歳で自立し共生社会の一員になるための準備をしていることがわかりました。

② 中学校の視察から

　中学校Ski Ungdom Skolenを視察した際には，校長，教頭，複数の教務担当教員，進路担当教員，スクールカウンセラーが迎えてくれ，彼らは「すべての人の平等と子どものしあわせを第一に考えている」と，その教育方法や教職員の連携について話しました。

　視察で特に印象に残っているのは，10年生（中学3年生24名）の社会科の授業です。間もなく行われる選挙について，どのような政策を打ち出す政党を支持するのかをグループで相談し発表していましたが，各発表への教員の助言から，社会が抱える問題等の現状を把握し自分の意見をもてるようにすること，物事を多角的にとらえる姿勢を生徒のなかに育てようとしていることが感じられました。

　生徒（S）と教員（T）のやりとりの一部を紹介します。

　S$_1$：学童保育を無料にしてくれる党
　S$_2$：収入の格差が大きいので，それに応じて税金の額を決められる党
　S$_3$：少数民族の人々への教育の必要性を理解する党
　S$_4$：環境問題に取り組む党
　T　：具体性がないが，どんな目標を掲げるの？
　S$_4$：車のガソリン税を高くして，ガソリンを買えないようにする

S₅　：いじめ防止に取り組む党

T　　：具体的には，どういう提案をしている党？

S₅　：先生の数を増やす

T　　：ノルウェーの経済に目を向けていないわね。いじめの防止は，学校内
　　　だけでなく家でもできることがあるよね。いじめが起こる前のことを考
　　　えたことはある？　どうやっていじめを発見できる？　自分からいじめ
　　　られていると言わないかもしれないよ。

発表で注目したのは，生徒が国の政策として推進すべき項目に，学童保育，
収入格差，少数民族と教育，環境問題，いじめを挙げた点です。彼らの声は，
自らの生活をくぐらせ身近な他者の生活も想像しながら，社会との関連を思考
するなかで生まれたもののように思われました。生活者の視点が育成されてい
るからこそ，社会参画のきっかけとなる投票を題材にした授業が成立している
ことを推察します。ノルウェーの「考える材料は生活のなかにちりばめられて
いる」という思想は，日本の家庭科教育にも通じるものととらえました。

3　生活主体・権利主体者を育てる家庭科教育
──共生社会を目指す実践研究・授業実践報告等から

ここではまず，ノルウェー視察で得られた知見をふまえて改訂を重ねた開発
教材（前掲注4，5）の，生徒の共生・多様性視点の育成を目指した「UD授
業」と，その発展的位置づけにある自然災害時の支援者視点の育成を目指した
「減災授業」について取り上げます。

次に，日本で唯一の民間家庭科教育団体である，NPO法人家庭科教育研究
者連盟が発行している教育研究誌『家教連　家庭科研究』に掲載された近年の
授業実践のなかで，共生社会の実現につながる報告を中心に取り上げます。

最後に，社会に存在する様々な素材を客観的に取り上げ，生徒の生活意識に
揺さぶりをかけながら課題や問いを提示する教員の取り組みを紹介します。

（1）－1　UD授業で人権意識を育てる

　UD授業には，鈴木裕子（鈴木 2018；鈴木 2021）や植田幸子の実践（以下，鈴木実践，植田実践とする）がありますが，ここではUD授業後，植田に行った聞き取り調査結果を報告します。

　植田実践の特長は2つあります。1つは，日常的に生徒一人ひとりの生活実態を把握し寄り添いながら，自己肯定感を高める支援を通して生徒が一歩前へ踏み出す力を育てている点にあります。2つは，生徒が何気なくつぶやく言葉を聞き逃さず，すぐに拾って授業に活かす点にあります。

　UD授業には，教具となる生活用品のさりげない配慮・工夫点をグループで見つけて発表・交流する活動と，UD視点が社会環境にも活かされていることを視覚教材で確認する活動があるのですが，植田によると，この授業直後に一人の生徒が駆け寄ってきて「先生，私，初めてみんなの前で発表することができたんです」と言ったという。個の尊厳や公平さを教具のなかに見つけたこと，その発表に他者からの共感的応答があったことが，それまで発言することがなかった生徒の気持ちの高揚を生んだのではないかと想像します。植田は「まさか，そんな生徒がいるなんて思ってもみなかったので驚きましたが，一緒に喜びました」と話しました。

　その後，UD授業の学びは文化祭につながりました。模擬店で食品販売をすることが決まり，その準備を進めていた夏休みのある日，海外にルーツをもつ生徒が「風邪で病院へ行った時，医者は一生懸命説明をしてくれたけれど，何を言っているのかわからなかった」とつぶやいたことがきっかけになり，模擬店にUD視点を取り入れることが決まったそうです。具体的には，模擬店における車いす利用者の受け入れ，筆談用ブースの設営，点字や他言語表示などの環境整備をし，多くの人が快適に利用できる会場に変わりました。

　成功裏に終わった文化祭後のLHRでは，UD視点での取り組みを振り返り，まとめの発表が行われました。その時の学習指導案と発表テーマの一部を紹介します。

① 題材名

　　ユニバーサルデザインが切り拓く未来—英明祭での取り組みを通して—
② 題材設定の理由

　　クラス全体は落ち着いた雰囲気であるが，生徒同士の関係性には希薄さな
どの課題がある。これらを解決する糸口として，生徒がUDを学び，他者へ
の理解を深めることをめざす。（中略）生徒たちのなかに育ってきた自分を
大切にするという気持ちが，UDの学びをきっかけに他者へも向けられるこ
とを期待したい。
③ 発表テーマ（抜粋）

　• 車いす体験を通して

　• 車いすバスケットについて考える

　• 視覚障がい者の疑似体験を通して

　• UD製品から考えたこと

　• 「手話を用いた歌」の発表

　本発表では，普段おとなしく目立たない生徒の活躍がみられ，植田はその成
長に驚きました。発表を見学した他教科教員の反応も大きかったそうです。生
徒たちは，文化祭やその後のLHRでの発表を通して「一人ではできないこと
がみんなとならできる，ということを実感した」と振り返りました。その背景
に，植田がHR活動，教科学習，学校行事のいずれにも生徒の成長を願い，主
体的に取り組めるよう支援し続けたこと，とりわけ，様々なニーズのある生徒
に深いまなざしを向けてきたのは言うまでもありません。
　鈴木（2021）は，子どもの福祉（しあわせ，生活の質の向上）を権利として
要求し行使する主体に育てていくことが学校の使命であり，子どもの声を聞く
とは子どもを置き去りにしないこと，あきらめないことだと述べています。植
田実践にはそれらが窺えました。

（1）－2　発展授業 減災授業で「権利主体」の目を育てる

本授業は 2 時間設定になっています。

1 時間目の到達目標は，① 多発する自然災害と避難所の実態，災害関連死について理解する，② 自然災害を自分ごと化し，避難してくる多様な人々への支援策を UD 視点で考える，であり，2 時間目は 1 時間目に考えた支援策を念頭に，多様な人々（10ケース提示）が安心・安全に過ごせる避難所をデザインすることにあります。先行研究（冨田・小谷 2019）において，生徒が避難所で多様な人々に配慮しながら主体的に行動できる力を育成できるポイントは 1 時間目の授業にあることが明らかになったことから，ここでは植田，鈴木の UD 授業後に実施した減災授業の 1 時間目について，生徒の授業後の感想記述と教員への聞き取り調査結果から，その特徴を紹介します（冨田・植田・鈴木 2022）。

なお，植田の勤務校は南海トラフ地震の被害想定地域であり，鈴木の勤務校は東日本大震災の被災県ではありますが，高校所在地周辺は避難所生活経験者が少ない地域です。

植田実践では，「避難所があっても入れない人がいることを初めて知った」「中学の時から地震について学ぶ機会はよくあったが，避難所で亡くなることは知らなかった」「東日本大震災における関連死の数を知って驚いた」など，避難所生活や災害関連死への理解を示した記述が多いことがわかりました。

また，「いろいろな人がいるので，それに対応するためには日頃から多くの人と接していきたい」「LGBTや障がいについての理解を深めたい」など多様な人々への対応について考えた記述や，「ちょっとしたことで不安なことが軽減されたりする。避難所の人が楽しめるような娯楽もあると，ストレスも少しは軽減するのではと思った」「少しでも気持ちが和らいでもらえるよう，話しかけたい」など，自分にもできることがあるといった支援者の視点での記述が多いこともわかりました。

さらに，「私たちの班は，生後 3 ヶ月の乳児と母親のケースについて考えた。最初は何が必要かわからなかったけれど，自分が母親だったらと考えたらいろいろな案が浮かんできた」「日本はグローバル化が進み，海外から来る人が増

えている。日頃から多様な人の立場に立って物事を考えることが大切だ」「自分一人で考えただけでは思いつかない案も，グループで考えることでたくさんの案を出すことができた」「こういうことが起こった時に考えるのではなく，前もっていろんな知識・経験を積んでおきたい」というように課題を自分に引き寄せて考えられただけでなく，対話を通して他者とともに解決策を考える姿勢や，社会をつくる主体者の視点での記述もみられました。

　加えて，「多様な人々に対応できるような設備が大切だ」「避難所には十分な備蓄が必要だ」「安全に過ごせるよう環境整備をしておくことが大切だ」など，公助の必要性についての記述もみられました。

　鈴木実践では，「自分は避難所生活をしていないのでよくわからなかったが，今日の授業で本当に何もない状態に近いとわかった」「私は地震の時に家に帰れてテレビも見れてご飯も食べられたけど，避難所は大変な状態で亡くなった人がいることに驚いた」「避難しただけでは安全とは言えないということを実感した」「避難所に入れない人の多くが高齢者や障がいのある人，外国人というのがとても驚きだった」など避難所生活や災害関連死への理解について非常に多くの生徒が記述していることがわかりました。

　さらに，「自分たちのことで手いっぱいになってしまい，そんな中でうまく助け合うのは難しいが，そういう状況に遭うかもしれないからこそ，地域の人たちとうまくやっていきたい」「もし自分が避難所に行った時には，多様な人々への気遣いを忘れず協力したい」「熊本地震の時の高校生のように，私たちが中心になって素早く動けるよう，今しっかり学ぼうと思う」など，多様な人々への対応や支援者視点で考えた記述がみられた。なかでも，多様な人々への対応についての記述量が非常に多いことがわかりました。

　加えて，「災害が起こった時に様々な問題が発生しているので，いろんなことを想定しながら常に必要なものが準備できているべきだと感じた」「避難所の実態が明らかになった。それを生かして国や地域も動き，備えておくことが必要だと思った」「あらかじめ災害が起こることを想定し，避難所になっている学校は事前に配置などを考え，スムーズに準備が進められるようにしておくことが大切だと思った」「出張中に震災に遭ってしまった人は土地勘もなく，

どこが避難所かもわからない。そういう人のために，道に地図か防災マップが多くあるといいと思った」など，国や自治体への要望といった公助の必要性についての記述もみられました。

　鈴木は，災害関連死に関する記述量の多さについて「生徒の多くは被災していても避難所生活を経験していない者がほとんどであるため，災害関連死を知らなかった。そのため，授業で初めて実態を知り，同じ県民の多くが避難所で亡くなったことに衝撃を受けたのだろう」と話しました。また，多様な人々への対応における記述量の多さについて，ともに仮設住宅を訪問した際に「生徒のなかには祖父母と同居している者もおり，地域住民と日常的に関わっている」ことや「これまでの学校行事は，福島県内の農業・畜産業従事者や，地域住民が日常的に食べている，いわゆるB級グルメを販売している人たちを巻き込んで計画・実施してきた」と語っており，それらがUD授業によって生徒のなかに多様な人々の存在を一層浮き上がらせたものと思われます。

　二校の生徒のUD授業および減災授業における感想記述内容や教員への聞き取り調査等から，生徒は多様な他者の立場に身をおきながら，自然災害という社会が抱えるリアルな課題に協働と対話で向き合い，「何かしたい」という社会への主体的な姿勢が生まれたことを確認できました。また，避難してくる人々への支援策を考えるなかで，自分たち高校生の支援には限界があることを感じ，公助の必要性を述べる生徒がいることもわかりました。「命を守るために逃げてきた避難所で亡くなるなんておかしい」という意識の表れと受けとめます。

　以上，開発した2つの教材を通して，生徒は対話を重ね多様な考え方にふれながら，視野を広げ思考を深めていることが確認できました。

（2）教育研究誌『家教連　家庭科研究』：授業実践報告にみる子ども・青年の姿

　次に，『家教連　家庭科研究』のなかの，すべての学校種の改訂学習指導要領の告示がなされた2018年以降の実践報告を対象に，「生活主体」「権利主体」「共生」の三観点から実践報告を精査し，授業のねらい，児童生徒の教材に向

表2-5-2　授業実践報告にみる子ども・青年の姿

発行年	号	授業者名 （敬称略）	実践報告	学校種	学習領域
2023	6月	鈴木恵子	法律から読み取る「家族」の授業-「世帯主」を手掛かりに-	高校	家族
2022	6月	小口博子	コロナ禍でも，実践的・体験的な活動を通して家庭科の学びを深める	中学校	保育
2021	4・6月	鈴木博美	「子どもの虐待」から考える（1）（2）	高校	家族
2021	2月	筧 敏子	中学3年生の授業で「子どもの成長」の学習をどうすすめたか（2）-ふれ合い体験の様子を中心に-	中学校	保育
2020	8月	石田晶子	盲学校での実践-視覚障害のある生徒の「保育」学習	高等部	保育
2020	6月	辻 聖佳	心を生かす性の学習-自分らしく生きることを考える授業を目指して-	高校	性
2019	6月	小山田祐太	世代間交流を意識した団地改修プラン-住視点からライフステージ・地域コミュニティーをとらえる-	高校	住
2018	10月	明楽英世	共生という言葉の意味をたずねて-生徒たちの共生意識のなかに日本国憲法の水脈を見る-	高校	総合
2018	6月	鈴木裕子	主権者を育てる授業を考える	高校	総合
2018	4月	森下育代	家族やいのちのつながりを考える	中学校	家族

き合う姿，成果と課題等の詳細が掴みやすいものを表2-5-2にまとめました。本章では5件を取り上げます。

　まず，高校の家族の授業で，鈴木（2023）は，コロナ禍において全国すべての国民を対象に一律1人当たり10万円が給付される「特定定額給付金」の，世帯主名義の口座に振り込まれるシステムの問題点に着目しました。生徒は「家族」と「世帯主」の違いを住民基本台帳法で確認した後，様々な事情を抱えた人が10万円を受け取れないかもしれない現実を知ることで，「世帯主」という考え方がどこから生まれたのか，誰が世帯主になるのか，男女平等とは，と思考を深めました。授業は家族法へと展開し，婚姻届や出生届，戸籍法から民法改正の動きについての班討議へと続きます。班討議では，夫婦別姓や再婚禁止

期間が中心的な話題となり，生徒が他者の意見に共感し自分の考えを問い直す姿や，現行の法律・制度のなかに家制度に象徴されるような価値観が隠れていることに気づいたことを報告しました。

　次に，保育の授業において，石田（2020）は，盲学校高等部の授業に幼稚園実習を取り入れたことを報告しました。妊婦体験，疑似新生児の抱っこ体験などを終えた後に設定したものです。幼稚園は高等部に隣接していることから，生徒は園児の声でその存在は知っているものの，園舎の特長，園庭の遊具の種類などの情報は得られません。そこで，小さな子どもと接する機会のない生徒が多いことや，施設の構造や雰囲気を知ることで少しでも安心して体験ができるようにという配慮から，事前見学を願い出ました。見学では，生徒は2名の園児に両手をそれぞれ持ってもらい「ここから段差です」と説明を受けながら，段差の高さや手すりの位置などを確認できただけでなく，小さな手の感触と優しい誘導に感激した様子だったと述べています。実習では，劇の披露においてナレーターが手にしていた点字台本に園長が気づき，園児に点字を紹介すると，瞬時に子どもたちから「エレベーターのところにあるやつ？」「何と書いてあるの？」と声が上がり，生徒がそれに丁寧に答えたことを報告しました。また，実習後の振り返りでは，子どもたちが障害の有無を抜きにまっすぐ自分たちに向き合ってくれたことから，障害に対する差別や偏見を誰もが持っているわけではないことに気づき，初めて子どもがかわいいと思えたことや，どんなこともやってみようと決意するなど，意識の変容を報告しました。

　筧（2021）は，中学3年生という授業時間数にかなり制限があるなかにおいても，近隣の保育園児に学校に来てもらい柔剣道場で一緒に遊ぶ，ふれ合い体験を実施したことを報告しました。本実践の特長は，ふれ合い体験の直前確認にあります。生徒が計画した内容を園長に見てもらい，読み聞かせで使用するのに適する絵本であるか，生徒が考えた遊びが安全かどうかなど，様々な配慮や工夫について助言をもらった上で，はじめの会や終わりの会の進め方や読みきかせの練習などをしたと述べています。体験後の感想には，幼児をしっかり観察しその特徴を掴んだ記述だけでなく，幼児と接することの苦労とともに楽しさを感じたことや，普段の自分たちの行動に幼児にケガをさせる危険な行為につな

がるものがあるという気づき，そして，生徒の幼稚園時代にも高校生とのふれ合い体験があったなど，幼児の頃を思い出す記述もあったことを報告しました。

　さらに，高校の住生活の授業において，小山田（2019）は，近年の課題となっているコミュニティの希薄化を，「空き家問題（住宅管理）」「買い物難民（高齢社会）」など他の学習領域と関連させられるととらえ，授業を展開しました。まず，住まいの基礎知識と音環境の問題を押さえた上で，集合住宅一戸の平面図の作成を課した後，各世帯の世帯人数が減少している現状から発生する課題と団地に盛り込みたい要素を抽出し，周辺の環境を含めた団地改修案の検討をグループで行いました。その後の発表総括として，集合住宅から自分の居住地域に目を向けた時の課題を考察させた結果，生徒の記述内容には，高齢者が訪れやすい図書館などの公的施設でのイベント実施や住民同士が顔を見られる機会となる回覧板システムの活用提案，マンションの建設が急増する一方でマンション内でのかかわりがなく自治会の存在が不明だという指摘があったことを報告しました。さらに，地域のまとまりのなさが災害対応につながりにくい不安を指摘する声や，地域の大きな祭りに公的団体をかかわらせることで地域密着型の生活が実現するのではないかという提案など，今後の地域コミュニティーのあり方を考える記述もあったことを報告しました。

　加えて，学習領域を限定しない総合的な授業として，鈴木（2018）はすべての学習領域において，主権者を育てる視点で授業設計をしていることを報告しました。具体的な授業テーマを「誰もが豊かでHAPPYな社会をつくる，高校生はともに社会をつくる仲間」とし，生徒一人ひとりの意見の多様性を尊重し，教師の思い，考え，価値観を出さないよう努めていると述べています。生徒が考察や感想を記述する際には，「世界，国，行政，社会に望むこと」だけでなく，社会の一員として「自分は何がしたいか」を考える主体的な姿勢も求め，一連の実践報告の最後には「深く考える，他人の意見も聞く，合意づくりをする，さまざまな判断のもと自分はどうありたいのか，どんな社会がみんなにとって幸せなのかが考えられる授業をめざしたい」とまとめました。

（3）共生・多様性視点を育み，大学卒業後の進路を見据える

　小谷教子は，1994年の高校家庭科の男女共修実現から2年後，私立の男子進学校に初めて家庭科が導入された時の第一号の教員であり，先述した『家庭科UD学習手引書』の開発における共同研究者（大学教員）でもあります。

　「生活に根差したものや他者への思いやり・関わりを，身近なところから学んでほしい」[8]「頭でっかちで地に足がついていない感は否めないが，高1というみずみずしい感性があり物事を客観的に判断する公平性を持ち合わせている生徒に，将来の生き方・考え方の核になるものを」（小谷 2014）との思いから，夏休みの体験学習を中心としたテーマ研究に長年取り組んできました。有機農業体験，特別養護老人ホームや障害者作業所，母子健康センターの役割を担う病院でのボランティア，車いす体験，フェアトレード企業への訪問，大学教員による環境講座など，生徒自らが選択して行うところに特長があります。本実践では，男子生徒の生活自立にとどまらず，大学卒業後の進路を見据えている点にも注目しました。小谷は，自立した市民として将来社会を変える力になり得ることを期待しながら，多くの人や場との出合いを設定し，生徒が多様な価値観にふれ，生活の営みと社会のつながりの理解の深化と拡大を促す教材研究をし続けることで，生徒の変化を目の当たりにし他教科の教員の理解も深まったことを報告しました。

4 家庭科教育が目指すしあわせ
──考える材料は生活のなかにちりばめられている

　日本社会はいま，格差，貧困，非正規雇用，孤立（育児不安，ヤングケアラー，老老介護なども含む），様々な暴力，環境破壊といった多くの課題を抱えており，自然災害や福島第一原子力発電所の事故による被災者の生活再建も未だ復興途上にあります。そして，これらの様態は，いまそれに直面している当事者だけの問題ではなく，いつでもその当事者になり得るすべての人の問題です。

　家庭科は，生活の営みを学習対象とし，生活主体者を育てることを目指して

います。この点について荒井（2013）は，「生活の何が大切かを考え，どうすればよいかを明らかにし実行することは，どんな些細なことであっても，それぞれが新たな生活を創り上げることを意味している。同時に，地域の町づくりや自治体の制度づくりなど，一人ではできないことであっても，市民として他の人と協働して発想し，考えを表明し，実現していくことは不可能ではない」と述べています。

　誰一人取り残さずみんなが生きやすい社会を実現するために，今後も社会が抱える様々な課題と生徒の現実生活や関心事との関連を摑み，学内外のヒト・モノ・コトがつながる取り組みや聴きあう空間を仕組みながら，他者とともに多様な経験を積み重ねるなかで，生徒の生活主体者・権利主体者としての自覚の醸成を目指したいと思います。社会・地域課題を解く鍵は，自分の足元の生活のなかにあることを心に留めて。

　注
(1)　アメリカの「ユニバーサルデザイン（UD）」提唱者，ロナルド・メイスは「建物や施設を追加の費用なく，あるいは最低の費用で，障害のある人だけでなく全ての人にとって機能的で魅力的にデザインする方法」と説明しているが，筆者は「より多くの人が社会生活を送りやすくするための製品，施設，情報・サービス，制度等のデザインのことであり，その人の自立や自由をより可能にするもの」と定義した。
(2)　生活用品を扱うにあたり，「合成洗剤を推奨するのか」等の声を受けとった。多様な生活状況があることをふまえた上で取り上げ方は工夫できる。家庭科だからこそ「正しい」生活を教え込むのではなく，子ども・青年を揺さぶり考えさせたい。
(3)　誰にも依存せず一人で生きていくことを指すものではなく，社会のなかにある多様な支援（依存先）を得ながら，人生の様々なシーンで自己決定ができること，ととらえる。
(4)　2020年に『UD授業から減災授業へ──共生社会をめざす実践研究』（一藝社）を出版した。そのなかで「家庭科UD学習手引書」の内容を紹介している。
(5)　冨田道子・小谷教子・石垣和恵・齋藤美保子・木村玲欧（2020）「家庭科ユニバーサルデザイン学習を活かした減災教育プランの実践」『地域安全学会論文集』36，55-63.
(6)　冨田道子・小谷教子・松岡依里子（2017）「ノルウェーの学校教育とそれを支え

る共生社会：インタビュー調査を中心に」『広島都市学園大学子ども教育学部紀要』4(1)，11-23.

⑺　EXCELLENT NORWAY EQUAL Vol.4，東京，紀伊国屋書店，104-115.
　　ノルウェーにおいて，学校教育は「社会的な格差を減少させるための手段」「社会に貢献する人間を育てる場」であり，それがよりよい社会の形成につながる，という考えが基本にあることから，「良き社会人」という言葉が国に浸透している。

⑻　麻布学園PTA会報，No.38。

参考・引用文献

荒井紀子（2013）『新版 生活主体を育む──探究する力をつける家庭科』ドメス出版。

石田晶子（2020）「盲学校での実践──視覚障害のある生徒の『保育』学習」『家教連 家庭科研究』357，30-33。

小山田祐太（2019）「世代間交流を意識した団地改修プラン──住視点からライフステージ・地域コミュニティーをとらえる」『家教連 家庭科研究』350，40-45。

筧敏子（2021）「中学3年の授業で『子どもの成長』の学習をどうすすめたか（2）──ふれあい体験の様子を中心に」『家教連 家庭科研究』360，36-43。

小谷教子（2014）「生活総合『高1夏休み体験学習』のあゆみ」『麻布中学校・高等学校紀要』。

鈴木恵子（2023）「法律から読み取る『家族』の授業──『世帯主』を手掛かりに」『家教連　家庭科研究』374，18-23。

鈴木裕子（2018）「主権者を育てる授業を考える」『家教連 家庭科研究』344，22-25。

鈴木庸裕（2021）「地域課題を子どもの声を活かして考える──「謙虚な問いかけ」からはじめる家庭科教育」『家教連 家庭科研究』363，4-9。

冨田道子・小谷教子（2019）「高校生の減災学習を支える授業デザイン──教師に対するインタビュー調査によるリフレクションを手がかりとして」『広島都市学園大学子ども教育学部紀要』6(1)，17-28。

冨田道子・植田幸子・鈴木裕子（2022）「家庭科における主権者意識育成の可能性──UD・減災授業実践からの検討」『広島都市学園大学子ども教育学部紀要』8(2)，33-42。

文部科学省（2017a）『小学校学習指導要領解説　家庭編』6。

文部科学省（2017b）『中学校学習指導要領解説　技術・家庭編』6。

文部科学省（2018）『高等学校学習指導要領解説　家庭編』8。

（冨田道子）

第6章
歴史学や社会科教育にとって子どものしあわせとは

　歴史学や社会科教育は，これまで子どもたちのしあわせをどのように研究したり教えてきたのでしょうか。高校の社会科には2022年度から新科目が導入されています。そのうち「歴史総合」や「公共」では，子どものしあわせをどう位置づけているのでしょうか。そして，いまを生きる「私たち」には，時代の「傍観者」にならないために，他者と学び合いながら現代社会が抱える諸課題に向き合う主体として何が求められているのでしょうか。

　歴史学や社会科教育の視点から子どもたちのしあわせを考えることは，各時代を生きた子どもたちの姿を復元し，社会の仕組みや課題を理解することにつながります。それは，これからの社会のあり方や子どもたちのしあわせを考えるうえで大切なヒントになるといえるでしょう。

1　自らを省みるところから

　私は，これまで高校や大学で歴史学や社会科教育にかかわる教科や科目を担当してきました。すでに四半世紀，学校，キャンパスと呼ばれるところで仕事をしてきたことになります。ところが，授業のなかで子どもにとってのしあわせとは，ということについて具体的に取り上げてきたかと問われれば，自信がありません。戦争が無い世界をつくる，貧困を克服した社会にしあわせがある，といった授業はしてきました。しかし，考えてみると，平安時代であれ江戸時代であれ，各時代を生きた人々が感じたしあわせがどのようなものだったのかは教科書にはほぼ書かれていませんし，それを教えたこともほとんど無いといっていいでしょう。また，学術論文を検索する際に使う，CiNii（NII学術情報ナビゲータ）で「社会科」・「子ども」・「しあわせ」といったキーワードで検索してみても，数えるほどしか論文はヒットしません。

　このように，みずからの学んできたことや教えてきたことをふり返ったとき，なぜ子どもにとってのしあわせについて直接的に言及したり，各時代の子どもたちの様子をもっと扱わなかったのか疑問が浮かんできました。本章は，そうした疑問がなぜ生じたのかについて，歴史学や社会科教育の視点から原因を考えてみたいと思います。なぜならそうした研究領域に課題が内在していると思うからです。また，子どもたちとしあわせについて考える授業とはどのようなものなのか，具体的に考え，提案することを目的とします。

2　歴史学や社会科教育が子どものしあわせを考えるために

　歴史学や社会科教育にかかわって，子どもたちのしあわせはこれまでどのように扱われてきたのでしょうか。

　日本において子どものしあわせについて考える際，避けて通れない歴史，教育があります。それは，戦争の歴史や戦時下の教育です。日中戦争やアジア・太平洋戦争において，学校や教室は，新しい兵士を補充するいわば「兵站」に

なりました。さらに言えば，当時の教員たちは，目の前の子どもが戦場に行けばどうなるか，もしくは疎開していった子どもたちが食糧不足や空襲などによって二度と会えないかもしれないことを理解していました。しかし，多くの場合は，何もできませんでした。現実から目を背けたからです。

　そうした状況を戦後，以下のように悔いた人がいます。この思いが戦後の歴史学や社会科教育には広く求められていたと思います。

　　戦争中の私は，生きた現実の社会に背を向けて，ひたすら地上の相対世界を超えた絶対の世界に目を向けることによって，時流に便乗・迎合することを免れたが，それは私が戦争の本質を洞察していたからではなく［中略］傍観者にとどまっていたための偶然の結果にすぎない。

（家永 1985：ii）

　これは家永三郎という歴史学者が残した言葉です。彼は戦時中，高等師範学校の教員として教壇に立っていました。戦後，戦争に対して「傍観者」であり，主体的な生き方をしなかったと省みています。

　その後，家永は政治が教育に介入することについて，具体的には教科書検定が表現や学問の自由を侵害しているとして，1965年から1997年まで三次にわたる教科書裁判を行いました。その原点は，二度と「傍観者」にならないという強い思いだったといえるでしょう。

　一方で，**1**でも記した通り，戦後の歴史学や社会科教育において，子どもたちのしあわせを教科書や授業で扱ってきたかといえば，必ずしもそうではないように思えます。子どもたちのしあわせや未来を奪った戦争について，例えば，戦争孤児の様子や戦後の暮らしなどはほとんど教科書に書かれてきませんでした。また，日本軍「慰安婦」とされた女性たちのなかには，学齢期の子どもがたくさんいました。しかし教科書には長く書かれませんでした。つまり，戦後，今日に至るまで日本の戦争について被害，加害に関係なく，子どもと戦争を結びつけて学ぶ機会は必ずしも多くなかったといえます。

　一言に子ども，しあわせ，といっても，多種多様であり一人ひとり受けとめ方や考え方が異なるため，誰にとっての，どのようなしあわせなのかを明らか

にする必要があります。いいかえれば，しあわせというものを，各時代で主体的にどうとらえていたのか，ということが授業を行う際に大切になってくると考えます。

　戦争に向き合わない戦後，時代が長く続きました。今日もそうだと言っても過言ではありません。日本やアジアの戦争被害者が何をどう奪われ，回復困難な状況に置かれ続けたのかを理解できなければ，そうした時代を生きた子どもたちのしあわせがどのようなものであったかもわからないのではないでしょうか。

　戦争に向き合わなかったのは，何も歴史学や社会科教育だけではありません。社会全体と言ってもよいでしょう。歴史学や社会科教育で扱わないことを疑問に思わないどころか，むしろ避けてきた社会，日常がありました。戦争の惨禍を国籍に関係なく自分のこととして受けとめてこなかった私たちは，子どもたちのしあわせについて主体的に考えようとしてこなかったといえないでしょうか。

　上述したように考えると，今日，子どものしあわせ，もしくは生きづらさを研究，教育を問わず，そして社会全体として考えたり，受けとめたりすることが難しい理由の一つは，なにも近年生じている貧困や格差といった今日的諸課題だけに原因があるのではなく，そもそも日本の近現代史において行われた支配や暴力，差別といったものを研究領域や教育活動を超えて協働，共有してこなかったことが背景としてあるように私は考えています。

　では，近年の歴史学では，こどものしあわせにかかわって，どういった研究が進展しているのでしょうか。歴史学を専門とする大門正克の整理によれば，1990年代から2010年代にかけて「生きること」にかかわる「いのち・生命・福祉」の三つの視点が提起され（大門・長谷川 2022：4），いずれも共通して，以下の特徴があるとしています。

　　　第一に，変貌する時代と学問状況のもとで，歴史研究者が歴史への向き合い方を再考するなかで提起されていること，第二に，歴史のなかの「生きること」の検討に向かう際に，現在の視点を演繹的・機会的に歴史に適用するのではなく，歴史のなかの「生きること」をめぐる取り組みや史料

を手がかりに歴史に向かっていること。　　　　　　　　（同前：6）

　ここでいう「変貌する時代」とは，新自由主義の時代であり，東日本大震災および福島第一原子力発電所の核災害，そして近年であれば，コロナ禍を指しています。いずれも自己責任が突き付けられ，自分の力ではどうしようもないような大きな力が働く下に長期間置かれ，生命に危険が及んだり，排除されたりする時代を指しています。

　では，具体的に子どもにかかわってどういった研究が進展しているのでしょうか。例えば，捨て子の歴史です。沢山美果子は，江戸時代の捨て子に焦点に合わせて研究を深めています。その理由を以下のように述べています。

　　　捨て子たちの姿を匿名のままに終わらせず，固有名詞を持った存在として描きだしたい。［中略］歴史史料には現れにくい子どもたちの姿，とりわけ，自らは語ることができない乳幼児の姿が見えてくること，また，子どもという存在を親や当時の人々がどのように捉えていたのか，子どもをめぐる人々の意識や社会の紐帯が見えてくるに他ならない。

　　　　　　　　　　　　　　　　　　　　　（沢山　2008：187-188）

　このように，子どものいのちに着目し，一人ひとりの生，そしてしあわせのあり方を史料から裏づけ記録していくことが行われています。そうすることで，捨て子が社会のなかでどのように位置づけられていたのかを明らかにしています。

3　高校の新科目「歴史総合」や「公共」と　　子どもたちのしあわせ

（1）「歴史総合」と子どもたちのしあわせ

　「歴史総合」の授業が始まって1年あまりが経過しました。2023年度からは，「日本史探究」，「世界史探究」も全国各地の高校で取り組まれています。いま，高校生たちは，何をどのように学んでいるのでしょうか。

　「歴史総合」の特徴の一つは，「近代化と私たち」，「大衆化と私たち」，「グローバル化と私たち」といった「私たち」から見た歴史を学ぶスタイルになっていることです。そもそも，この「私たち」とは，誰を指しているのでしょうか。

　原田智仁は「『私たち』が学習者である生徒をさすのはいうまでもない」と指摘しています（原田，2019：11）。一方，大日方純夫や成田龍一は，生徒だけに限定せず，歴史をどのような立場から語るのか，教師なのか，国家なのかといったことを授業のなかで問い直す大切さに言及していきます。

　いずれにしても「私たち」，いいかえれば歴史に向き合う主体が何者なのか十分に問われていないことがわかります。

　私は，これまで10を超える大学で授業を行った経験があります。東京都内のマンモス大学，地方の公立大学から女子大学，新設されたばかりの学部などに至るまで，多種多様な環境で教えてきました。そうした大学で障害学生を教えることはごく限られ，授業で支援や配慮をする必要性がほとんどありませんでした。今思えば，おそらく受け入れ体制が乏しく，受験者がそもそも少ないのだと推察します。

　しかし，現在，私が勤める大学は，「ふくし」を建学の精神にすえた大学です。担当科目に何らかの支援を必要とする学生がいることはあたりまえです。私だけでなく，履修している他の学生を含め，授業中だけでなく，授業前や授業後に支援を行うことは自然な行動になっています。こうした光景を，各種支援設備を含め，かつて教えた大学ではほとんど見ることがありませんでした。

　以上のような経験をふまえて，「私たち」に障害者が含まれているのかという問題意識から「歴史総合」の教科書を読んでみると，障害者や特別支援教育についてふれた内容があまりにも少ないことが分かります。

　刊行されている歴史総合の教科書のうち（帝国書院１種類，明成社１種類，第一学習社２種類，山川出版社３種類，東京書籍２種類，清水書院１種類，実教出版２種類の７社12種類），障害者や特別支援教育について見開き以上のスペースをとって扱っているのは，明成社版の「幕末の密航留学——山尾庸三盲唖学校建白の原点」と「障害者の社会進出」というコラムだけです。

　前者は，イギリス留学を経験した山尾庸三が「盲唖学校設置建白書」を太政官に提出し，東京学善会訓盲院の設立が認可され，今日の特別支援学校につながったことが書かれています。後者は東京オリンピックを契機にパラリンピックへの意識が高まったことなどが書かれています。

　明成社といえば『最新日本史』に代表されるように，自国中心かつ日本の戦争責任にかかわる記述が乏しく，排他的な内容，歴史観が長く批判されてきました。上述の障害や障害者にかかわる二つの事例も，日本の誇らしさ，すばらしさを強調することが目的なのかもしれません。しかし，何も書いていないのであれば，子どもたちの目にふれることがないことも事実です。こうした従来の教科書から続く「健常者史観」は，新科目の導入によっても克服されたとはいえないと思います。

　障害者を大量に生み出すのは戦争です。戦争学習の際，戦争と障害，障害者の関係を学ぶことは欠かせないように思います。なかでも戦争が障害者に新しい差別，排除を生み出したことは，その本質を考えるうえで大切です。

　ここでいう新しい差別，排除とは，戦争によって障害を負った人とそうではない障害者との間に生じる格差や排除を意味します。ある弱視者の戦時中の証言に，以下のようなものがあります。

　　　家の戸口に立った老婆の口からは「ああ戦争で目をやられはった人たち
　　や。もったいない。見てはバチが当たる」と伏し拝む姿に一度ならず出
　　会ったものです。「ああ，同じ目が悪くてもお国のために悪くした人と，
　　もとから悪くなった者とはどうしてこうまで扱いが違うのだろうか」と悲
　　しくなるのでした。
　　　　　　　　　　　　　　　　　　　　　　　　　　　（西岡 1987：34）

　日本の戦争は，総力戦体制下で障害者（児）たちを健常者と一緒に根こそぎ動員しました。それは，一見すると障害の有無にかかわらず障害者が健常者と分け隔てなく「私たち」として社会のなかで位置づけられていたようにも思えます。しかし，そこには見せかけの「公平感」や「平等感」があるだけで，証言が示すように，戦場で失明した場合と，他の何らかの理由で視覚に障害がある場合とでは，社会における立場が大きく異なりました。つまり，総力戦体制

によって同じ戦争の時代を生きているという「共通認識（私たち）」が全世代的に無理やりつくられていくなかで，実際には戦争を続ける国家にとってどれほど役に立ったのか，という点で障害者には新たな差別や排除が持ち込まれました。つまり，あくまでも「私たち」には含まれない人たちがいたのです。

　こうした「歴史総合」には書かれていない歴史について，生徒たちはどのような立場や視点から向き合うことができるのでしょうか。「私たち」とはいったい誰なのか，「私たち」から排除されたり，こぼれ落ちたりする人たちがいるのかどうかを問うことができなければ，歴史の「傍観者」になるだけではないでしょうか。

（2）「公共」と子どもたちのしあわせ

　次に新科目の「公共」についても見ておきましょう。科目の新設経緯，背景にかかわって下記の指摘がすでになされています。一つ目は，2010年に発表された自民党政策集Jファイル2010がきっかけになっていることです（杉浦・菅澤・斎藤 2020：4）。このファイルには，以下のような文言があります。

　　　国旗・国歌を尊重し，わが国の将来を担う主権者を育成する教育を推進します。過激な性教育やジェンダーフリー教育，自虐史観偏向教育等は行わせません。道徳教育や市民教育，消費者教育等の推進を図るため，新科目「公共」を設置します。中学・高校でボランティア活動やインターンシップを必修化し，公共心や社会性を涵養します。農山漁村地域での体験学習等を推進します。
　　　　　　　　　　　　　　　　　　　　　　　　　　　　　　　（同前）

　これを読むと，国家にどれだけ役に立つ人材を養成するかが科目創設の目的であることがわかります。また，そうした「役に立つ」人間を主権者と呼ぶことも分かります。自国中心的な発想で，「役に立たない」と見なされれば容赦なく排除されていく様子が目に浮かびます。

　二つ目は，「公共」の導入が国民の国家や政権に対する主体性なき追従につながりかねないという危険性を指摘するものです。

　　　「公共」では，18歳選挙権の導入に伴う選挙教育や，裁判員制度の導入

に伴う法教育が強く意識されている。

　そもそも18歳選挙権も裁判員制度も，国家の側が国民に対して強く統治機構への参加を求める場面で導入されている。　　　　　（和田 2023）

さらに教室からは，2015年に行われた18歳選挙権の公布について，

　　実社会における政治・経済の関係性や人々の性格とのつながりなどを未経験のまま投票行動へ反映させなければならなくなった。

　　　　　　　　　　　　　　　　　　　　　　　　（田中 2016：103）

という問題が提起されています。

　このように新科目の導入には，国家にとって都合のよい「私たち」づくりが見え隠れしています。そのため限りある高校生活のなかで，「私たち」の内実を問いなおすことができなければ「傍観者」を大量生産しかねません。

　学習指導要領を見てみると，「公共」も「歴史総合」と同様に，「私たち」というフレーズが目立ち，従来の学習指導要領では，「良識ある公民」・「社会に参画する自立した主体」と書かれていたものが，「公共の扉」・「自立した主体としてよりよい社会の形成に参画する私たち」・「持続可能な社会つくりの主体となる私たち」といったように「私たち」に変化しています。

　では，学習指導要領で強調されている「私たち」は，教科書ではどのような存在，主体として叙述されているのでしょうか。

　東京書籍の教科書には，以下のように書かれています。

　　現代社会で求められるのは，私たちの社会を私たちでつくりあげるといった主体的で積極的な「公共」への関わりです。　（間宮ほか 2023：2）

と書かれており，社会への関与を積極的に行うのが「私たち」ということがわかります。また，

　　望ましい社会のあり方をみんなで考える空間を，「公共的な空間」といいます。そして，「公共的な空間」は，一人ひとりの意見を尊重し，人と人とがつながることを基本として成立します。社会にかかわる，政治に参

　　加するというと，ボランティアや選挙といった直接的な行動をイメージし
　　がちですが，「公共的な空間」におけるしっかりとした議論がないままに
　　行動するのはとても危険なことです。　　　　　　　　　　　　　　（同前）

とも記しています。これは，「私たち」の社会への関与の中身を常に問わなけ
ればならないという「示唆」であり「警告」といってもよいでしょう。
　帝国書院の教科書はどうでしょうか。冒頭に「公共とは，『人によくするこ
と』を実現する場のことだ」と記しています（苅部ほか 2023：5）。そして，「さ
あ，『人によくすること』という単純で簡潔な答えに向かって，力の限り考え
てみよう」としめくくっています（同前）。
　ここからは，どのように「人によくすること」が誰に求められ，どういった
形で社会にかかわるのかわかりません。「人によくすること」は，そんなに簡
単にできることなのでしょうか。「私たち」一人ひとりが現代社会を生きる主
体として，社会の歪に目を向けることなしに，闇雲にできることではないと思
います。
　こうした主体のありようと対極にあるのが，1985年に出された「第4回ユネ
スコ国際成人教育会議における『学習権』という名の宣言」です（以下，ユネ
スコ学習権宣言と省略）。そこでは学習権の重要性が繰り返し述べられ，主体
について，言い換えれば「私たち」について以下のように言及しています。

　　学習活動は，あらゆる教育活動の中心に位置づけられ，人間を，できご
　　とのなすがままに動かされる客体から，自分たち自身の歴史を創造する主
　　体へと変えるものである。　　　　　　　　　　　　　　（藤田 2001：10）

　そして，学習権を下記のように規定しています。
　　学習権とは，自分自身の世界を読み取り，歴史を書く権利である。
　　　　　　　　　　　　　　　　　　　　　　　　　　　　　　（同前：11）

　ここで大事なことは，「歴史を書く権利」という表現です。歴史を書ける人，
つまり，みずからの生きた証を書き残せる人間は極めて限られ，それは往々に

して権力者や経済的にゆとりがある人だといえます。また，書き残された内容は，権力者にとって都合のよい政治史や外交史が中心です。

「私たち」という主体を問いなおすためには，こうした学習権やユネスコ学習権宣言，子どもの権利条約といった子どもの基本的人権にかかわる内容を具体的に学ぶ必要があります。しかし，中学校社会科の公民的分野や「公共」の教科書には，ほとんど記述されていないのが実情です。

もう少し具体的にみてみましょう。

私は今回，東京書籍，教育出版，帝国書院，日本文教出版から刊行されている中学校社会科，公民的分野の教科書に，ユネスコ人権宣言，学習権，そして子どもの権利条約がどのように記述されているか読んでみました。

残念ながら教育出版の教科書に，子どもの権利条約について以下のように記述されてるだけでした。

> 世界では，紛争や災害，飢餓，貧困など次々と新しい問題が生まれています。その影響を最もうけるのは，子どもたちです。1989年，国連で子どもの権利条約（児童の権利に関する条約）が採択され，すべての子どもが人間らしく生きるために，必要な権利が保障されました。[1]

つまり，学習権にかかわる内容は全くと言っていいほど書かれておらず，教科書から学ぶことはできないといっていいでしょう。

「公共」も東京書籍，実教出版，帝国書院を見てみました。学習権について，実教出版の教科書で「教育を受ける権利」の部分に，以下のような側注が付記されていました。

> 学習権
> 教育を受ける権利の基礎には，人は教育を受け学習して成長，発展していく固有の権利（学習権）を有する，という理念があるとされる。

（桐山ほか　2023：62）

また，子どもの権利条約について東京書籍では「人権保障の広がり」の部分で，人種差別撤廃条約や障害者差別解消法と並んで記述されていました（間宮，

2023：45）。

　こうして見てみると，学習権，ユネスコ人権宣言，子どもの権利条約は，中学校，高校を問わず学ぶ機会は乏しいといえます。特徴的なことは，憲法第26条の「教育を受ける権利」については，すべての教科書に書かれていることです。「教育を受ける権利」は，現代社会においてあたりまえのことであり，その前提となる学習権にふれられていない（ふれられてこなかった）ことは，「人間を，できごとのなすがままに動かされる客体から，自分たち自身の歴史を創造する主体へと変える」という意味において，従来はあくまでも国民や主権者という大きな括りでの「私たち」を意味しており，現代社会を生き，諸課題の克服のために仲間とともに学び合う一人ひとりとしての「私たち」とは異なることが分かります。そうした「私たち」をめぐる理解の乖離を，実教出版は「理念があるとされる」という婉曲した表現で示しているのだと思います。

　「公共」を学ぶうえで，「私たち」という存在，ありようが問われるはずです。しかし，それを学ぶための材料は教科書の記述には十分無いことが分かります。従来と比較して「私たち」が強調されている分だけ，それ自身が曖昧に解釈できたり，権力者によってあるべき姿が子どもたちに強いられる危険性が強まったともいえるでしょう。

　総じて，「私たち」を問いなおせる主体としての子どもたちを生み出せるかは，歴史学，社会科教育にかかわって全国各地の社会科教員の努力に委ねられているのが今日の実情です。また，それは社会科教員の養成課程を有する全国の大学にもかかわります。　．

4　「私たち」を問いなおすために

　子どもたちがみずからの力で「私たち」を問いなおすことは，現代社会を生きる主体として，しあわせについて考えることにつながると思います。では，どのような機会が必要でしょうか。

　私は，2でかつて日本が行った戦争や植民地支配について知ることが大切だと書きました。戦争や植民地支配に対してだけでなく，現代社会が抱える諸課

題の「傍観者」にならないためです。しかし，日本の敗戦から80年が経とうとしています。今日，戦争を知り，当時，夢を打ち砕かれた子どもたちに思いをはせることは簡単ではありません。では，どうすればよいでしょうか。

　私は戦争遺跡を通じた学習や保存運動が役割を果たせると考えています。戦争遺跡は，地域の人々が残そうとしない限り保存することができません。学校という単位には収まらない地域との関係や世代を越えた戦争の語り継ぎ，地道な保存運動があったからこそ今日まで残り見学できるのだと思います。

　戦争遺跡は物言わぬ歴史の証人です。それを前にした際，自分だったらどうしただろう，何ができただろうといった想像力や共感力，いうなれば自分のこととしてとらえることが重要になります。子どもたちに学ぶ機会さえあれば，戦争遺跡をめぐって作られてきた地域のネットワークであったり，世代を越えた対話や交流のなかに入っていくことができます。そこでは人との出会いがあり，応答がダイレクトに求められます。何も知らず，考えをめぐらせなければ応えようがありません。つまり，「私」という主体が存在しないことになります。

　まずは他者から応答が求められる，いいかえれば必要とされる「私」という存在に子ども自身が気づくことが大切だと思います。なぜなら現代社会において自分を必要とされる機会が極端に少ないからです。また，すべてが自己責任で片づけられ，他者について自分のこととしてとらえても無駄だと考えがちな風潮があるからでもあります。

　他者に応答しようと努めたとき，主体が立ち上がるといえるでしょう。それは，本人が経験したこともないような新しい発見があったり，自分自身の成長を感じる一瞬になるに違いありません。

　私が勤務する大学は，いくつかのキャンパスがありますが，その一つが愛知県半田市にあります。戦争中，半田市は半田空襲と呼ばれる激しい空襲にあいました。戦闘機を作っていた中島飛行機株式会社半田製作所があったことが一つの要因です。現在も戦争遺跡がわずかに残っています。

　半田市の戦災にかかわって1995年に建てられた「半田戦災犠牲者・追悼　平和記念碑」が半田市雁宿公園にあります。「平和を願って」と題された碑文に

は，以下の文言が刻まれています。

　　　半世紀前，太平洋戦争がありました。その戦争のため，この半田でも，
　　子ども・老人・市民・労働者，地元をはじめ，全国各地から軍需工場に動
　　員されていた学徒・女子挺身隊・徴用の人びと432人以上の貴い生命が失
　　われました。とくに，当時，日本の植民地とされていた朝鮮の北部から連
　　行された，青年49人以上がこの中に含まれることは，まことにいたましい
　　ことです。戦災は天災ではありません。わたしたちは，半田における戦争
　　の惨禍の記録をここに刻み，アジア諸国をはじめとする，すべての戦災犠
　　牲者を追悼します。そして，この事実を後世に伝え再び戦争を起こさせな
　　い決意をこめて平和を祈念するものであります。

　「日本の植民地とされていた朝鮮の北部から連行された」ことが明記されて
います。朝鮮の北部，つまり，現在の北朝鮮に関する歴史は，小学校であれ，
中学校，高校であれ，ほとんど学習しないテーマです。まして，日本の強制連
行について学ぶ機会はわずかだと思います。
　戦争被害者という意味において，日本人であれ朝鮮の人々であれ「私たち」
という言葉で語ることができるかもしれません。しかし，両者には支配と被支
配という関係性がありました。そこで「私たち」という存在をどのようにとら
えればよいのか，子どもたちと一緒に学び合うことが大切だと思います。つま
り，「私たち」は，歴史の見方や解釈によって，多様に意味づけることができ
ます。その難しさや危うさを知ることは，戦争の歴史や植民地支配の歴史を理
解することにつながるだけでなく，現代社会において様々な課題に直面し，苦
しんでいる人々に向き合う主体としての姿勢を鍛えることにもつながるでしょ
う。
　この碑を建てたのは，半田・戦災犠牲者追悼平和祈念碑建立実行委員会です
が，その中心となったのは1980年代から活動を続けてきた「半田空襲と戦争を
記録する会」です。日本の戦争を空襲という被害面だけでなく，加害の歴史も
同時に残そうと努めてきた人々がいたことがわかります。
　授業では，半田空襲や朝鮮人の強制連行という史実だけでなく，そうした歴

史を人々が記録にとどめ，今日に至っていることを扱うことも大切だと思います。歴史を地域からどのように紐解くのか，それにたずさわった人々，つまり学習権を行使した人々がいたこともあわせて知ることで，戦争や植民地支配の歴史と現代社会を生きる自分とを結びつけられるとともに，自分が歴史を見て，感じ，考え，記録として書き記す主体であることに気づくといえないでしょうか。

5　時代の「傍観者」にならないために

　本章では，歴史学や社会科教育にとって子どものしあわせとは，というテーマについて，「私たち」，学習権，主体といったキーワードから論じてきました。歴史に向き合い，現代社会を生きる意味を学び合い，書き記すことは，どんなに厳しい時代の状況下に置かれていても決して「傍観者」になることなく「私たち」を問い続けることにつながるといえます。その担い手が大人だけでなく，子どもたちでもあることを信じること，尊重することからすべては始まるように思います。

　子どもたちを信じる，尊重することは，歴史学や社会科教育だけでできることではありません。他の研究領域や地域に深く入って教育・社会活動を行っている方々との対話，協働によってはじめて可能になるといえます。

　ひるがえって私自身に何ができるのか，応答を求められています。日々の生活，授業のなかで，子どもたちだけでなく将来教壇に立ち子どもたちの前で授業することを夢見る学生たちと対話を続けていきたいと思います。

　歴史学や社会科教育にとって，子どものしあわせとは何なのかを考えることは，私自身の専門分野に内在する課題を明らかにするだけでなく，現代社会を生きるひとりとして時代の「傍観者」にならないよう努めることに他ならないのです。

注
(1)　成田ほか（2021：71）。なお，巻末に子どもの権利条約からの抜粋として前文と

第 1 条，第 2 条，第 6 条，第12条が掲載されている。

引用・参考文献

家永三郎（1985）『戦争責任』岩波書店。

苅部直ほか（2023）『高等学校　公共』帝国書院。

桐山孝信ほか（2023）『公共』実教出版。

沢山美果子（2008）『江戸の捨て子たち──その肖像』吉川弘文館。

杉浦真理・菅澤康雄・斎藤一久編（2020）『未来の市民を育む「公共」の授業』大月書店。

大門正克・長谷川貴彦編著（2022）『「生きること」の問い方──歴史の現場から』日本経済評論社。

田中一裕（2016）「18歳選挙権によって高校地歴科・公民科はどうかわるか」日本社会科教育学会編『社会科教育の今を問い，未来を拓く──社会科（地理歴史科，公民科）授業はいかにしてつくられるか』東洋館出版社。

成田喜一郎ほか（2021）『中学社会　公民　ともに生きる』教育出版。

西岡恒也（1987）「ある弱視者の戦中戦後」清水寛編著『障害者と戦争──手記・証言集』新日本新書。

原田智仁編著（2019）『高校社会　「歴史総合」の授業を創る』明治図書。

藤田秀雄編著（2001）『ユネスコ学習権宣言と基本的人権』教育史料出版会。

間宮陽介ほか（2023）『公共』東京書籍。

和田悠（2023）「自覚的な『客分』を育む主権者教育の方へ──新教科「公共」の性格をめぐる覚書」『現代思想』 4 月号，88-97。

（齋藤一晴）

第7章
SDGsの視点に立つ教育職と福祉職の連携

コロナウイルスによる世界的なパンデミックを経験した今，世界規模で取り組まれているSDGs（Sustainable Development Goals）はより身近で，かつ深刻な課題として認識されはじめています。SDGsの目指すゴールには，教育や福祉に関するイシューがちりばめられており，教員（教育職）にとって，またスクールソーシャルワーカー（福祉職）にとっても取り組まなければならない課題が山積しています。また，SDGsが提起する課題とその視点を知れば知るほど，多職種（ここでは教育と福祉にかかわる職種）が連携・協働することの意義が数多く埋め込まれていることに気づきます。

本章では，SDGsの考え方や理念に触れながら，教育職と福祉職の連携と協働のあり方について探っていきたいと思います。

1　SDGsとはなにか

（1）SDGsとは

　2015年9月，「持続可能な開発のための2030アジェンダ」，いわゆるSDGs（Sustainable Development Goals）が国連総会にて全会採択されました。2030年を期限として，国際社会全体が取り組むべき国際的な目標を定めたもので，その進展を評価するための指針「17のゴール」「169のターゲット」「230の指標」が示されています。

　SDGsは先進国も含む世界全体で取り組むものとし，取り組みの主体も国（政府）レベルにとどまらず，民間企業や個人レベルにおいても，自国や世界の問題に取り組むことをうたっています。その理念は「誰一人取り残さない（leave no one behind）」ということ。すべての人が尊厳をもって生きることのできる世界をいかに実現するのか，それが問われています。

（2）17のゴール（目標）と5つのP

　SDGsが示す17のゴールは表2-7-1のように設定されています。

　また，17のゴールは，5つの要素に沿って分類することができます（表2-7-2）。

　さらに，「SDGsのウエディングケーキモデル」という概念も提唱されています。こちらはストックフォルムにあるレジリエンスセンターが，持続可能な開発の三側面である「経済」「社会」「環境」についてのSDGsの考え方を三層のケーキに見立てて図式化したものです。ベースが「環境」（目標6，目標13，目標14，目標15），2層目が「社会」（目標1，目標2，目標3，目標4，目標5，目標7，目標11，目標16），3層目が「経済」（目標8，目標9，目標10，目標12）であり，頂点が目標17である「パートナーシップ」となっています。このモデルが指し示すのは，「環境」の持続なくして「社会」や「経済」の発展はなしえないということですが，加えて「社会」の項目の多さに着目すると，現実問題として解決すべき課題が社会のいたるところにあるということに気づかされま

表 2 - 7 - 1　SDGs：17 のゴール

目標 1.「貧困をなくそう」 　あらゆる場所のあらゆる形態の貧困を終わらせる
目標 2.「飢餓をゼロに」 　飢餓を終わらせ，食料安全保障及び栄養改善を実現し，持続可能な農業を促進する
目標 3.「すべての人に健康と福祉を」 　あらゆる年齢のすべての人々の健康的な生活を確保し，福祉を促進する
目標 4.「質の高い教育をみんなに」 　すべての人々への包摂的かつ公正な質の高い教育を提供し，生涯学習の機会を促進する
目標 5.「ジェンダー平等を実現しよう」 　ジェンダー平等を達成し，すべての女性及び女児の能力強化を行う
目標 6.「安全な水とトイレを世界中に」 　すべての人々の水と衛生の利用可能性と持続可能な管理を確保する
目標 7.「エネルギーをみんなに，そしてクリーンに」 　すべての人々の，安価かつ信頼できる持続可能な近代的エネルギーへのアクセスを確保する
目標 8.「働きがいも経済成長も」 　包摂的かつ持続可能な経済成長及びすべての人々の完全かつ生産的な雇用と働きがいのある人間らしい雇用（ディーセント・ワーク）を促進する
目標 9.「産業と技術革新の基盤をつくろう」 　強靱（レジリエント）なイノベーションの推進を図る
目標10.「人や国の不平等をなくそう」 　各国内及び各国間の不平等を是正する
目標11.「住み続けられるまちづくりを」 　包摂的で安全かつ強靱（レジリエント）で持続可能な都市及び人間居住を実現する
目標12.「つくる責任，つかう責任」 　持続可能な生産消費形態を確保する
目標13.「気候変動に具体的な対策を」 　気候変動及びその影響を軽減するための緊急対策を講じる
目標14.「海の豊かさを守ろう」 　持続可能な開発のために海洋・海洋資源を保全し，持続可能な形で利用する
目標15. 陸域生態系の保護，回復，持続可能な利用の推進，持続可能な森林の経営，砂漠化への対処，ならびに土地の劣化の阻止・回復及び生物多様性の損失を阻止する
目標16.「平和と公正をすべての人に」 　持続可能な開発のための平和で包摂的な社会を促進し，すべての人々に司法へのアクセスを提供し，あらゆるレベルにおいて効果的で説明責任のある包摂的な制度を構築する
目標17.「パートナーシップで目標を達成しよう」 　持続可能な開発のための実施手段

注：「　」内の表現はユニセフによる。
出典：国連広報センターおよび外務省訳。

表 2 - 7 - 2　5 つの P

「People」 人間	目標 1 〜 6	あらゆる形態の貧困と飢餓に終止符を打ち，尊厳と平等を確保する
「Planet」 地球	目標 7 〜11	将来の世代のために，地球の天然資源と気候を守る
「Prosperity」 豊かさ	目標12〜15	自然と調和した，豊かで充実した生活を確保する
「Peace」 平和	目標16	平和で公正，かつ包摂的な社会を育てる
「Partnership」 パートナーシップ	目標17	確かなグローバル・パートナーシップを通じ，アジェンダを実施する

出典：国際連合広報局作成資料「我々の世界を変革する持続可能な開発のための2030アジェンダ」。

す。そして，それに手を伸ばすことができるのは，社会に暮らす私たち自身であるといえます。また，「経済」を優先することが，「環境」「社会」に大きなダメージを与えてしまうことになることも示唆しているように思えてなりません。

2　SDGsにおける教育と福祉の課題

（1）学びの根幹に寄与するESD，そしてSDGs

　SDGsの達成のために設定された期間の，半分が過ぎた今（2023年），わが国におけるSDGsへの取り組みは，メディアを通じて目や耳にすることが格段に増えました。さらに，小学校では2020年度から，中学校では2021年度からの学習指導要領にSDGsが盛り込まれ，多くの学校でSDGsを扱った授業が実施されています。

　例えば，ある中高一貫校では，中学3年次に「SDGs入門講座」を設け，個人課題研究として，SDGsを取り入れた研究テーマを各自が設定，2年間の研究計画を立て，継続的な学習を行っています。高校段階になると，個人課題研究に加え，グループ研究も始まり，英語でのプレゼンテーションも実施されるとのことで，取り上げるテーマも，「社会と連携して食品ロスを減らす」「貧困改善のために教育ができることを考える」「Xジェンダー当事者が生きやすい

社会にするためには」など，幅広い内容となっています。

　実は，わが国では，SDGsが採択される以前から「持続可能な開発のための教育（Education for Sustainable Development：ESD）」に取り組んできた流れがありました。ESDは「持続可能な開発に関する世界首脳会議」で日本が提唱した考え方であり，「国連持続可能な開発のための教育の10年」（2005-2014年・2002年国連総会で採択）や，「持続可能な開発のための教育（ESD）に関するグローバル・アクション・プログラム（GAP）」（2015-2019年・2013年ユネスコ総会で採択）に基づいた取り組みです。ユネスコを主導機関として国際的に取り組まれてきた経緯があります。

　ESDは，「地球規模の課題を自分事として捉え，その解決に向けて自ら行動を起こす力を身に付けるための教育」と定義づけられ，これはそのままSDGsにおける目標4を実現するためのターゲットのひとつに位置づけられることになりました。

（2）日本におけるSDGs達成度と教育や福祉に関する課題

　学校現場におけるこれまでのESDの取り組みを含め，SDGsへの取り組みが学習指導要領に組み込まれ，カリキュラムとして浸透し始めたことは，「目標4・質の高い教育をみんなに」の達成にも貢献するものと考えてよいでしょう。一方で，SDGsの他の目標には，課題が山積していることが指摘されています。

　国際的な研究組織である「持続可能な開発ソリューション・ネットワーク（SDSN）」は，各国ごとにSDGsの達成度を点数化したランキングを公表しています。日本のランクは2021年が163カ国中19位，最新の報告である2022年が21位と，順位を落としています。「達成（SDG achieved）」したのは「目標4」と，「目標9」のわずか2つの項目のみで，残り15の目標においては，「課題が残る」「重要な課題がある」「深刻な課題がある」のそれぞれで，5つずつの評価結果となりました（表2-7-3）。

　ところで，現時点ですでに達成されたとされる「目標4・質の高い教育をみんなに」ですが，義務教育制度や「高校全入時代」といわれるわが国において，表面的には異論の余地はないといえるでしょう（表2-7-4の①及び②参照）。

表 2 - 7 - 3　日本のSDGs達成度ランキング（**2022**）

達成 (SDG achieved)	• 目標 4「質の高い教育をみんなに」
	• 目標 9「産業と技術革新の基盤をつくろう」
課題が残る (Challenges remain)	• 目標 1「貧困をなくそう」
	• 目標 3「すべての人に健康と福祉を」
	• 目標 6「安全な水とトイレを世界中に」
	• 目標11「住み続けられるまちづくりを」
	• 目標16「平和と公正をすべての人に」
重要な課題がある (Significant challenges)	• 目標 2「飢餓をゼロに」
	• 目標 7「エネルギーをみんなに，そしてクリーンに」
	• 目標 8「働きがいも経済成長も」
	• 目標10「人や国の不平等をなくそう」
	• 目標17「パートナーシップで目標を達成しよう」
深刻な課題がある (Major challenges)	• 目標 5「ジェンダー平等を実現しよう」
	• 目標12「つくる責任，つかう責任」
	• 目標13「気候変動に具体的な対策を」
	• 目標14「海の豊かさを守ろう」
	• 目標15「陸の豊かさも守ろう」

出典：World Economic Forum（2023）.

　しかし，最新の調査で不登校児童生徒が29万人を突破しているという事実を考えると，「質の高い教育」がすべての子どもたちに行き届いているかどうか，すなわち教育権の保障の問題を誰が感知し，手立てを加えていくのかといったソフト面での課題については，現場での試行錯誤が続いているとも考えられるのです。[1]

　表 2 - 7 - 5 のc）には「開発途上国や最も開発が遅れている国や島国」と，具体的な対象国が示されていて，一見我々にはあまり関係のないように感じられます。しかし，「知識や経験のある先生の数をたくさん増やす」というのは，先進国であっても高い教育を提供・浸透させるためには重要な方策と考えられます。

　わが国においては「教員の働き方」に注目が集まり，教員を目指す若者の減少が課題となっています。前述の不登校生徒の増加と教育の担い手の減少の問題にどう対峙していくのか，現時点で良案を見出すことは難しいのが現状です。

表2-7-4　目標4「質の高い教育をみんなに」7つのターゲット（ユニセフ版）

達成目標（ターゲット）
① 2030年までに，すべての子どもが，しっかり学ぶことのできる，公平で質の高い教育を無料で受け，小学校と中学校を卒業できるようにする。
② 2030年までに，すべての子どもが，幼稚園や保育園にかよったりして，小学校にあがるための準備ができるようにする。
③ 2030年までに，すべての人が，男女の区別なく，無理なく払える費用で，技術や職業に関する教育や，大学をふくめた高等教育を受けられるようにする。
④ 2030年までに，働きがいのある人間らしい仕事についたり，新しく会社をおこしたりできるように，仕事に関係する技術や能力をそなえた若者やおとなをたくさん増やす。
⑤ 2030年までに，教育のなかでの男女の差別をなくす。障がいがあったり，先住民族だったり，特にきびしいくらしを強いられている子どもでも，あらゆる段階の教育や，職業訓練を受けることができるようにする。
⑥ 2030年までに，すべての若者や大半のおとなが，男女ともに，読み書きや計算ができるようにする。
⑦ 2030年までに，教育を受けるすべての人が，持続可能な社会をつくっていくために必要な知識や技術を身につけられるようにする。そのために，たとえば，持続可能な社会をつくるための教育や，持続可能な生活のしかた，人権や男女の平等，平和や暴力を使わないこと，世界市民としての意識，様々な文化があることなどを理解できる教育をすすめる。

表2-7-5　目標4「質の高い教育をみんなに」実現のための方法（ユニセフ版）

a) 子どものこと，障がいや男女の差などをよく考えて，学校の施設を作ったり，なおしたりし，すべての人に，安全で，暴力のない，だれも取り残されないような学習のための環境をととのける。
b) 2020年までに，開発途上国，特に最も開発が遅れている国，島国やアフリカの国などの人が，先進国や他の国で，職業訓練，情報通信技術，科学技術のプログラムなどの高等教育を受けるための奨学金の数を世界的にたくさん増やす。
c) 2030年までに，開発途上国，特に開発が遅れている国や島国で，学校の先生の研修のための国際協力などを通じて，知識や経験のある先生の数をたくさん増やす。

3　SDGsの時代を生きる子ども・若者の現状

（1）子ども・若者を取り巻く状況（関連：目標1〜17）

　SDGsという概念が生まれた背景には，将来の世代へ，いわゆる負の遺産を引き継いではならないという危機感があったことは想像に難くありません。SDGsで示される17のゴールは，そのまま現在の国際レベルでの課題でありな

がら，わが国にとっても，未来を生きる子どもが生きていく世界を表していま
す。

　グローバル化した世の中，特に経済の発展によって，人々の生活は利便化し
豊かになったものの，その裏では貧富の格差がさらに広がっています。ソー
シャルメディア（SNS）の発達で，ニュースのみならず，個人情報が瞬く間に
拡散され，プライバシーがいとも簡単にさらされたり，世界のいたるところで
紛争の数が増え，民族間の対立や移民・難民への偏見など，排他主義がすすん
でいます。環境面では，地球温暖化による異常気象や海面上昇が現実のものと
なり，日本でも，いつ気候変動の影響による台風や豪雨による被害，地震など
の災害に見舞われるかわからない状況となっています。

　子どもたち，若者たちがこの先，不安定で不確実，不透明で不寛容な時代を
生き，かつ持続可能性に取り組んでいくという，ある意味重い課題を背負わさ
れていることを，今一度しっかり受け止める必要があるでしょう。教育職であ
れ福祉職であれ，ともに生きていく大人として，理解し手助けしていくことが
求められます。

（2）子どもの貧困への対応（関連：目標1〜3）

　近年「子どもの貧困」が社会問題化され，2013年には「子どもの貧困対策の
推進に関する法律」が成立，それに基づいた「子供の貧困対策に関する大綱」
が閣議決定されています。同大綱には，学校が貧困対策にかかわることの重要
性（「学校プラットフォーム」という考え方）や，就学援助，進路指導等の支
援方針が示されています。

　SDGsでは目標1〜3に該当し，人間の尊厳，平等の理念に深くかかわる
ところとして，問題が提起されています。

　ところで忘れてはならないのは，「子どもの貧困」は，「親（保護者）の貧
困」であるという，当たり前の事実です。社会的な構造の課題や親（保護者）
の社会的な立場の脆弱性など，子どもではどうにもならないことが，出発点と
してあります。その上で親（保護者）への社会的な支援（子育て支援等）や社
会への参画を促すアプローチが必要となってきます。ここは，福祉職（スクー

ルソーシャルワーカーや福祉の関係機関，地域資源等）の力が必要となる部分
です。

　子どもへの支援も，同時に考える必要があります。生活環境（食や必要な物
の調達ができないなど）だけでなく，進路選択の幅がどうしても狭くなること
や，気持ちが学業に向かない状況，自分の希望がかなわないときの心のゆらぎ
やあきらめの状態に置かれることになります。高校生世代になってくるとアル
バイトに時間が割かれ（しかもそれは「一家の大黒柱」としての役割を負って
いたりします），ますます子どもたちは自分の気持ちを話さないようになって
いきます。

　スクールソーシャルワーカーが学校現場に入るようになって15年となりまし
たが，この間，特に「子どもの貧困」の課題に関してのワーカーへのニーズの
多さには目を見張るものがありました。親（保護者）へのアプローチと子ども
へのアプローチを包括的に行い，福祉のサービスや社会的な支援，地域の資源
を活用しながら対応していくスクールソーシャルワークの手法は，期待をもっ
て受け入れられたといってもよいでしょう。

　さらに貧困問題は，小学校から中学校の学齢期はもちろんのこと，高校，そ
してその後の進路と，子どもの生きていく道（キャリア）を見据えたときに影
響が大きいことは否めないのもまた事実です。福祉的支援だけで子どもの将来
を考えるのではなく，子どもの可能性を信じ，良いところを伸ばしていくこと
でその先を拓くことができる，つまり「教育」が果たす役割が必要不可欠とい
えます。「キャリア教育」が定着して久しいですが，一番身近なところにいる
大人として，また，生きた知識を教授する教育職として，教員が子どものモデ
ルとなり，様々な道があることを示せる存在となるはずなのです。

　教員もスクールソーシャルワーカーも，お互いのもつリソースやポテンシャ
ルに着目し，お互いの接地面を増やす。役割の切り分けやすみ分けではなく，
重なりあって連携し，それぞれの目で複眼的に子どもや親（保護者）を客観
的・包括的にとらえることが，子どもの安心を担保していくことにつながって
いくのだと思います。

（3）ジェンダー平等，児童虐待，ハラスメント等への対応（関連：目標3，5，16）

　SDGsが取り上げている課題とそれに向けての目標の中で，平等，平和，公正の実現は大きなウエイトを占めていることがわかります。特に日本で最も重要視するべきは，平等の不均衡でしょう。前項で取り上げた「貧困」の問題にも絡んできますが，「ジェンダーギャップ」については，世界146カ国中125位（世界経済フォーラム「グローバル・ジェンダー・ギャップ報告書」（2023）より）となり前年（146カ国中116位）から順位を9つ下げる結果がでました。この順位は指数の公表を開始して以来（開始年：2006年），過去最低でした。各国の男女格差を「経済」「教育」「健康」「政治」の4つの分野で評価し，国ごとのジェンダー平等の達成度を指数にしたのがジェンダーギャップですが，「経済」「政治」の分野での男女格差は深刻な状況となっています。

　ここでも「教育」は識字と就学の割合が問われているため，SDGsの教育（目標4）の達成率同様，高いスコアを出しているものの，大学進学率は現時点でも男子の学部進学率は59.7％，女子は53.4％（文部科学省学校基本調査・2022）。と，女子の方が低くなっています。また，大学院在学者は男性より女性が少なく，その影響で女性研究者比率もOECD諸国より低くなっています。SDGsにおける日本の「高い質の教育の達成」は，日本のどこにいても，基本的には平等に（義務教育までは）教育を受けられることで成し遂げられているがゆえに，その裏側や隙間に隠された課題が蓄積し，見過ごされてしまっています。

　また，ジェンダーの問題とも深くかかわるのが，児童虐待やいじめ，ハラスメントの問題です（SDGsでいえば目標3，16に関係します）。わが国の1年間の児童虐待通告件数は，統計を開始してから前年を下回ることなく，増加の一途をたどっており，児童虐待の防止等に関する法律（児童虐待防止法）では，学校の役割として表2-7-6のように示されています。

　もちろんこの役割を果たすためには，学校及び教員だけで対処することは極めて困難です。校内での組織的な対応，さらには行政の福祉部局や児童相談所等，外部関係機関との連携（地域の多機関との連携）が強く求められるのと同

表 2 - 7 - 6　児童虐待対応における学校の役割

① 虐待の早期発見に努めること（努力義務）【第5条第1項】
② 虐待を受けたと思われる子供について，市町村（虐待対応担当課）や児童相談所等へ通告すること（義務）【第6条】
③ 虐待の予防・防止や虐待を受けた子供の保護・自立支援に関し，関係機関への協力を行うこと（努力義務）【第5条第2項】
④ 虐待防止のための子供等への教育に努めること（努力義務）【第5条第5項】

時に，スクールソーシャルワーカーには，校内と関係機関の両者にかかわり，子供と保護者（家庭）を支援体制へとつなげる役割が期待されます。

　児童虐待やいじめ，ハラスメントは，子どもの暮らす環境が脅かされている，不適切な人間関係であり人権の侵害であるととらえることができます。学校も子どもの暮らす環境のひとつであることから，学校においては予防的・未然防止的な環境づくりが重要であると考えられます。

　教員とスクールソーシャルワーカーが連携・協働し，児童虐待・いじめやハラスメントに対応する実際の動きをまとめました（表2-7-7）。未然防止から早期対応までは，スクールソーシャルワーカーはどちらかというと側面的な支援となり，対応の中心は教員となります。一方，継続的なかかわりをもって対応する段階に入ると，教員は校内での子どもの安心・安全の場を担保することに注力しつつ，スクールソーシャルワーカーとの協働場面が具体的に多くなってきます。

　ここで改めてSDGsの視点に立ってみると，未然防止の段階に示した安心・安全のための土壌づくり（教員の動き：「安心して過ごせる学校づくり」「保護者・地域・関係機関との関係づくり」，スクールソーシャルワーカーの動き：「教員との日頃からの信頼関係（ラポール）形成」）が，子どもの健康や福祉（目標3）に寄与し，暴力の撲滅を目指す目標16（平和と公正をすべての人に）へとつながるのではないかと思うのです。

表2-7-7　段階別・学校における児童虐待対応
—教員とスクールソーシャルワーカーの動き—

段階	具体的対応	教員の動き	スクールソーシャルワーカーの動き
未然防止	予防	• 安心して過ごせる学校づくり • 児童虐待・いじめ，ハラスメント等への意識の向上 • 組織的対応の確認 • 保護者・地域・関係機関との関係づくり	• 教員との日頃からの信頼関係（ラポール）形成 • 児童虐待・いじめ，ハラスメント等についての研修・啓発活動 • 児童虐待等，福祉に関する法律・制度についての情報提供等
早期発見	気づき・発見	• 児童虐待・いじめ，ハラスメント等の定義理解 • 気づきと状況の把握 • 子供からの訴えの受け止め	• 客観的な立場での関与・助言 ※SSWrの任用の形態によっては，出勤日数，勤務時間等の関係で，即時的な対応が限られる場合がある
早期対応	確認・判断	• 子供の状況の確認 • （児童虐待の）通告の判断 • 被害の子供の安全確保と不安の解消	• （児童虐待の）通告時・通告後の関係機関の動きや判断基準の説明（判断のための意見を述べる等
	（児童虐待の）通告	• （児童虐待の）通告，通告後の対応 • 教育委員会への報告	• （児童虐待の）通告や申し送りのための確認内容・項目の検討協力 • （児童虐待の）通告後の対応協力
継続的関与 ※校内委員会を核とした対応	介入・関わり モニタリング	• 子供，保護者への関わりについての検討 • SC・SSWrとの連携	• 子供，保護者への関わりについての検討（教職員・SCと一緒に） • 児童虐待・いじめ，ハラスメント等状況のアセスメント，校内ケース会議開催の提案 • SCとの連携や教職員との役割分担等，援助技術面でのバックアップ
	多機関連携・フォローアップ	• 市区町村の担当部署や児童相談所等，警察等関係機関との連携 • （主に児童虐待に関して）要保護児童対策地域協議会への参画	• 機関それぞれの役割と限界，権限等を学校に説明 • 関係機関との連絡調整，ケース会議の開催　等 • （主に児童虐待に関して）要保護児童対策地域協議会への参画

出典：土屋（2022）をもとに作成（一部改変）。

4 事　例——教育職と福祉職の協働事例を通して（総合的な学習の時間の活用）

　筆者がスクールソーシャルワーカーとして勤務していた際に行っていた実践
（2012〜13当時の実践）について紹介します。いわゆる具体的な個別の支援
ケースではなく，教員とスクールソーシャルワーカーの協働によって行われた
授業をきっかけに，校内の教育体制づくりへ関与できた事例です。

① 経　　緯

　スクールソーシャルワーカー（筆者）が，地域の保健福祉の関係者が集まる
会議に招かれ，思春期の子どもたちの抱える課題について話し合う機会を得ま
した。ひきこもり，リストカットやオーバードーズ（OD：薬の過剰摂取），若
年妊娠などがテーマとなるなか，ユース・若者世代のDV（デートDV）につ
いて話題となりました。ある高等学校の養護教諭からの問題提起があり，様々
な意見が出されました。会議終了後，養護教諭とスクールソーシャルワーカー
の雑談の中で，実際の授業で，この問題についてなんらかのアクションがとれ
ないか，といったことを話しました。

② 教員とスクールソーシャルワーカーの話し合い

　その後，当該校を訪問する機会があり，養護教諭と具体的に話し合うことに
なりました。総合的な学習の時間を活用し，高校2年生を対象に，各クラスで
の講話やグループワークを行うことになりました。テーマはデートDVに決ま
りました。

③ スクールソーシャルワーカーの授業

　スクールソーシャルワーカーは，養護教諭や学年の先生方とさらに話し合い
を進め，授業の内容について検討しました。いきなり「デート」や「DV」に
ついて一方的な講話を行っても，生徒の気持ちや気づきに寄り添えないとの判
断の一致をみました。また，実際にデートDVを受けている生徒にとっては，

侵襲性が高い内容となってしまわないか，その危惧についても話し合われました。そこで，自分と他人との平等な関係についての考察やグループワークを核に，アサーションの方法など，スクールカウンセラーの意見も取り入れながら，授業内容を練りました。

　授業の際には，文字や絵に工夫した資料（デートDVについては，内閣府や様々な自治体で行われている男女参画に関する研修資料などを参考に，侵襲性についてできる限り考慮する内容としました）を提示したり，生徒同士が話しやすいよう，ファシリテートしながら進めていきました。

④　アンケート結果についての吟味

　授業のあとには，生徒へアンケートを実施しました。授業の理解度や感想を記してもらったところ，予想以上に多くの関心，意見が寄せられました。中には授業内容に個別的な反応を示した生徒もいたため，養護教諭，スクールカウンセラー，学年団の先生方と情報を共有し，見守りを行っていきました。

⑤　養護教諭による生徒への声掛け／スクールソーシャルワーカーのお話会（雑談会）

　学校では，学年団での見守りを行いながら，養護教諭による個別の声掛けも行っていきました。スクールソーシャルワーカーによる授業がきっかけにはなりましたが，日常的なかかわりの中での声掛けを重視した形になりました。その中で，少し心配される生徒も出てきたことから，養護教諭はスクールソーシャルワーカーを再度要請し，保健室の中で，「お話会（雑談会）」を行いました。面と向かっての相談には抵抗のある生徒が，保健室での和やかな雰囲気の中で話すことができました。

⑥　教育相談体制への取り入れ

　その後，養護教諭と教育相談係の教員，副校長，スクールソーシャルワーカー，スクールカウンセラーが意見を交換しながら，生徒の状況把握の一環として，この授業及び授業に関連した相談体制を取り入れることになりました。

これは後進のスクールソーシャルワーカーにも引き継がれることになりました。

5 SDGsの視点に立った教育職と
福祉職の連携・協働のあり方とは

　一般的に，スクールソーシャルワーカーが支援に入るのは「不登校」「単位未取得」といった事象がきっかけとなりますが，その背景には子ども・親（保護者）共々がそれぞれに抱える課題——いじめ，ハラスメント，児童虐待，DV，ひきこもり，非行，ヤングケアラー，親の離婚や不就労や失職，ダブル・トリプルワーク，ダブルケア，メンタルヘルス不全，アルコールや薬物，性等の依存，障害（疑い）・生活困窮（貧困）住居問題，被災体験，死別体験，多文化共生（言葉や滞在ビザの問題），ジェンダー，LGBTQ，といった，場合によっては生存にもかかわる生活課題，そして社会的な問題が複雑に絡み合っています。居所不明や無国籍といった，学校教育以前の問題（人権に関する課題）が学齢期を迎えて発覚する，という事例も珍しくありません。これは前述したとおり，そのままSDGsが提起する課題と大きく重なってくるものです。

　スクールソーシャルワーカーは，個々の事例に向き合い，子どもや親（保護者），そして教員をはじめとする関係者とともに，問題解決の糸口を探すところからスタートしますが，実際には社会福祉のみの知見では対処できないことばかりです。教育，司法，心理，医療，保健，経済，労働…場合によっては芸術文化等の知見を組み合わせ，目の前で起こっている現象をとらえ，公・民のサービスを活用しつつ，現実的な課題解決に落とし込んでいかなければなりません。その上，課題解決はすぐに達成されるものでもありません。様々な見地の学際的ともいえるアプローチを続けながら，現実的な課題の整理や，それに伴う苦痛や被害の低減を目指した環境の調整（例えば「安心していられる場所」の具体的な創出など）を図ることになります。当然，ひとりのワーカーができることは限られるため，チームで，あるいはネットワークを駆使していくことになります。これは協働する教員にとっても同じで，働き方改革や，自身の仕事の優先順位の中で，具体的にできることは限られたものにならざるを得

ません。できることとできないことをそれぞれ出し合いながら，役割を分担して
いくことになります。これはこれで，連携・協働のあり方としてはスタン
ダードな形ともいえます。

　前節で紹介した教員とスクールソーシャルワーカーの実践事例は，授業とい
う形をとれる，学校という場だからこそ取り組むことのできたものです。
SDGsが提唱される以前，今から10年以上前の事例ではありますが，授業に選
んだ（そして子どもたちにとって喫緊の課題でもあった）テーマはSDGsで取
り上げられている課題（人権，ジェンダー，健康，福祉）が内包されたもので
した。授業に至る経緯と，その後の学校の動き（校内体制）は，今思えば
SDGsの視点に立ったものであると考えています。さらに授業の展開，そして
その後の生徒へのアプローチについては，クラス全員を対象にして，特定の課
題を抱えているであろう生徒へ向けての発信（自己決定のもとに相談につな
がってもらえるよう，支援に結び付くような情報を届ける），つまりはター
ゲットニーズを満たす（包含する）ユニバーサル（ポピュレーション）な仕立
てとなっていました。
　この，授業という形をとった集団と個への同時展開（ターゲットニーズを包
含したユニバーサルなアプローチ）は，教育という観点でも，ソーシャルワー
クという観点でも，生徒同士の関係性（相互作用）に着目したからこそできた
ことだったのではないかと感じています。
　実はSDGsの視点に立つ教育職と福祉職の連携・協働のあり方とは，本項の
前段に記したようなスタンダードな連携・協働のあり方だけではなく，SDGs
に示されている世界レベルで克服しなければならないような課題（この事例で
いえばジェンダーの不平等や人権侵害）に対して，かかわりのある人すべての
人が（この事例でいえば，教員やスクールソーシャルワーカー，当事者である
生徒たちも含めて），様々工夫を凝らしながらいろいろな形で（この事例では
授業という形で）足元から（この事例でいえば学校という場から）行動するこ
となのではないか…そんな仮説をもって本章を閉じたいと思います。

注

(1) 2022年（令和 4 年）度，小中学校を30日以上欠席した不登校の状態にある子ども
　は，前の年度から率にして22％増え，29万9048人となった（前年度24万4940人・
　10年連続で増加し，過去最多）。10年前と比較すると小学生は3.6倍，中学生は2.1
　倍増となっている。

引用・参考文献

土屋佳子（2022）「特集子ども虐待　学校（スクールソーシャルワーカー）」『小児内
　科』54(11)，1880-1885。
文部科学省（2020）「学校・教育委員会向け虐待対応の手引き」。
文部科学省（2022）「令和 4 年度学校基本調査」。
文部科学省（2022）「生徒指導提要（改訂版）」。
文部科学省（2023）「令和 4 年度 児童生徒の問題行動・不登校等生徒指導上の諸課題
　に関する調査結果について」。
日本ユニセフ協会（2016）「SDGsCLUB——持続可能な世界への第一歩」。
　https://www.unicef.or.jp/kodomo/sdgs/
「我々の世界を変革する持続可能な開発のための2030アジェンダ」国際連合広報局作
　成資料。
World Economic Forum (2023) "Global Gender Gap Report2023" Sustainable
　Development Report 2023.

（土屋佳子）

第Ⅲ部
学校で一緒に仕事をする人々のIPE

第1章
教育・心理・福祉の学部・学科の
多職種連携学修の試み

　この章では，小規模大学ではありますが，教育・心理・福祉の専攻・コースを設置している本学（九州ルーテル学院大学）の現状と今後の多職種連携学修に向けての展望について述べていきます。まず本学のあらましやカリキュラムに触れ，その後他分野の授業である「学校ソーシャルワーク論」を学んだ公認心理師，教職を志望した学生へのインタビューからどのような学びがあったのかを紹介したいと思います。その学びの中で，学生はそれぞれの専門性に基づいた役割を見出し，多職種協働のためにできることや子どもたちの背景などについて様々な気づきを得ていました。その学生の声を踏まえて，多職種協働の学びが現場での多職種協働の対話につながっていくこと，そこに子どもたちの声が反映されていくことが学校福祉につながっていくことについて触れたいと思います。

1　本学のあらまし

　本学は，1926（大正15）年に五年制高等女学校として開校された九州女学院を基に，1975（昭和50）年に九州女学院短期大学を開学し，1997（平成9）年に九州ルーテル学院大学として4年生大学に移行した大学です。基本理念として，建学の精神の「"感恩奉仕"に則ったキリスト教主義の人格教育」，教育研究の「幅広い教養教育（リベラル・アーツ教育）と専門領域における高度な教育研究」，社会への貢献の「福祉と社会・文化の向上に資する人材の育成」を掲げています。

　学部，学科は人文学部に人文学科，心理臨床学科の2学科を設置している定員150名の小規模大学です。心理臨床学科において2004（平成16）年4月より精神保健福祉士の養成課程を開設し，「認定心理士」に加えて「精神保健福祉士」の受験資格取得が可能となりました。また「同年高等学校教諭一種（公民）免許状」の取得も可能となり，2007（平成19）年4月に「特別支援学校教諭一種免許状」の養成課程を開設しました。そして2016（平成28）年4月からは「スクール（学校）ソーシャルワーク教育課程」をスタートさせ，2018（平成30）年4月より学部の「公認心理師養成課程」を，また2022（令和4）年4月より大学院における「公認心理師養成課程」を開設しました。また人文学科において2010（平成22）年4月より「小学校教員養成課程」を開設しています。

　このように小規模ではありますが教育・心理・福祉の学びを行っている大学です。

　2023年度学科再編までの心理臨床学科のカリキュラムは，「他者および人間環境を幅広い視点で理解・受容するとともに，現代の世情や地域・現場ニーズを考慮しながら，鋭い感性と的確な判断力に基づいて問題解決を図ることができる人材を育成するためのカリキュラム」というカリキュラムポリシーに基づき表3-1-1のように構成されています。

　筆者は，その中で2008（平成20）年度より，精神保健福祉士養成を担当し，2016（平成28）年度より「スクール（学校）ソーシャルワーク教育課程」も担

当しています。また現場経験として精神科病院における精神保健福祉士，県教育委員会や市教育委員会のスクールソーシャルワーカー及びスクールソーシャルワーカースーパーバイザーの活動経験をもっています。

　本学において教育・心理・福祉の多職種連携の学びが十分取り組めているわけではありませんが，現状の報告と今後の展望を述べてみたいと思います。

2　「学校ソーシャルワーク論」を通しての学生の声
——他分野からの学び

　本学では「スクール（学校）ソーシャルワーク教育課程」のスタート以前の2012年度より「学校ソーシャルワーク論」を開講してきました。ここ数年の履修者数は，約30名程度です。開講当初より精神保健福祉士志望学生のみならず，教職志望学生も履修していました。

　また，「公認心理師養成課程」を学部に開設してからは，将来スクールカウンセラーを目指している学生も履修してきています。

　はからずもスクールソーシャルワーカー（SSW）を目指す学生，教職を目指す学生，スクールカウンセラー（SC）を目指す学生がともに学ぶ場になっていました。

　協働的な学びにはなっていませんが，一般社団法人日本ソーシャルワーク教育学校連盟認定「スクール（学校）ソーシャルワーク教育課程」指定科目の「学校ソーシャルワーク論」をともに学んでいることになります。

　教育内容は，「児童生徒を取り巻く学校・家庭・地域の情勢」として子どもの貧困問題，貧困が子どもたちの生活に与える影響，児童虐待や外国籍児童の就学問題やヤングケアラー，「スクール（学校）ソーシャルワークの支援方法」として，実践モデルや校内ケース会議などを映像や事例なども活用して行っています。

　その中で，スクールソーシャルワーカー以外の教職や公認心理師を目指す学生が「学校ソーシャルワーク論」を学ぶことでどのような意義があったのか，2021年度に履修した公認心理師志望学生2名と教職志望学生3名にインタ

表3-1-1　学科再編前の

1年次		2年次	
前期	後期	前期	後期
	●ソーシャルワーク論 ●心理臨床学の基礎		●社会学
公認心理師			
●心理学概論 ●臨床心理学概論	●発達心理学Ⅰ	●心理学統計法 ●学習・言語心理学 ●感情・人格心理学Ⅰ ●神経・生理心理学Ⅰ ●知覚・認知心理学 ●発達心理学Ⅱ ●心理的アセスメント ●公認心理師の職責 ●障害者・障害児心理学	●心理学研究法 ●心理学実験 ●感情・人格心理学Ⅱ ●社会・集団・家族心理学Ⅰ ●社会・集団・家族心理学Ⅱ ●心理学的支援法 ●人体の構造と機能及び疾病 ●認知行動療法
特別支援学校			
		●障害者教育総論Ⅰ ●発達障害者の心理 ●発達障害者の適応援助 ●病弱教育総論	●障害者教育総論Ⅱ ●肢体不自由者の心理・生理・病理 ●肢体不自由教育総論 ●コミュニケーション障害者への心理
精神保健福祉士養成課程			
●社会福祉原論Ⅰ	●社会福祉原論Ⅱ ●医療福祉論 ●精神保健福祉論Ⅰ	●地域福祉論 ●福祉行財政論 ●精神保健福祉論Ⅱ ●精神保健学Ⅰ ●精神科ソーシャルワーク論Ⅰ ●法学	●地域福祉方法論 ●公的扶助論 ●医学一般 ●精神保健福祉論Ⅲ ●精神保健学Ⅱ ●精神科ソーシャルワーク論Ⅱ

心理臨床学科カリキュラム

3年次		4年次	
前期	後期	前期	後期
●心理学外書購読Ⅰ ●心理データ解析 ●心理測定法 ●心理学研究演習	●心理学外書購読Ⅱ ●特別研究	●心理外書購読Ⅲ	
		●卒業研究	
養成課程			
●健康・医療心理学 ●福祉心理学 ●教育・学校心理学 ●司法・犯罪心理学 ●産業・組織心理学 ●精神疾患とその治療 ●精神分析学 ●心理演習Ⅰ ●心理実習Ⅰ	●神経・生理心理学Ⅱ ●関係行政論 ●心理演習Ⅱ ●心理実習Ⅱ	●心理実習Ⅲ	
教諭養成課程			
●聴覚障害教育総論 ●重複障害教育総論 ●軽度発達障害教育総論	●病弱者の心理・生理・病理 ●コミュニケーション障害者の適応援助 ●発達援助の技法 ●視覚障害教育総論		
スクール（学校）ソーシャルワーク教育課程			
●社会保障論Ⅰ ●福祉法学 ●精神保健福祉論Ⅳ ●精神医学Ⅰ ●精神科リハビリテーション学Ⅰ ●精神科ソーシャルワーク論Ⅲ ●精神保健福祉現場体験 ●教育心理学	●社会保障論Ⅱ ●精神医学Ⅱ ●精神科リハビリテーション学Ⅱ ●学校ソーシャルワーク論 ●精神保健福祉援助演習Ⅰ ●精神保健福祉援助実習指導Ⅰ	●精神保健福祉援助演習Ⅱ ●精神保健福祉援助実習指導Ⅱ ●学校ソーシャルワーク演習	●精神保健福祉援助演習Ⅲ ●精神保健福祉援助実習指導Ⅲ
		●精神保健福祉援助実習	
		●学校ソーシャルワーク実習指導	
		●学校ソーシャルワーク実習	

ビューを実施してみました。その内容をここで整理したいと思います。

　公認心理師及び教職志望学生の履修動機は,「公認心理師の役割や立ち位置が学べるのではないか」,また「教育分野の知識や考え方を広げておきたい」,「多職種連携が必須になるので他職種への理解を深めておきたい」,「教職の科目だけを勉強してても,学校に出たときになんかやっぱり自分自身が困ることが出てくるかなあと思って」と述べているように学校現場に出た時に役立つ知識として,また自分の職種の立ち位置や他職種の役割を理解しておきたいという動機で履修していました。

3　知らなかったことへの学び

　授業を通して印象に残っていることや,得た学びについて尋ねると,「ヤングケアラー」,「ケース会議」,「外国籍の子どもたち」などが挙げられました。
　「ヤングケアラーの問題とかに関しては,その心理学の分野だけでは知ることが絶対なかったと思うので,そしてその教育分野での問題点だったりとか現状だったりとかっていうのはすごく学びになったかなと思いますし,そのヤングケアラーの問題に関しても,どの職種がいったいかかわってくるのかとか,そういったその連携職種に関していたりとか,あとはまたその中での心理師がどう動くのかっといった,そういったところがすごく学びになりました」と語ってくれ,その中で感じた心理師の役割については,「やっぱりその問題に関して,誰がどの職種がまず気づくかっていうのが,それぞれ保健の先生なのか,担任の先生なのかそれともあのご家族が,あの大事になるんだなあと思いましたし,(中略)やっぱりその連携する職種の中でもこうだんだん疲弊が見られるので,そういった点でもこうケア,職種に関してのケアも重要なんだなということになりました」と語ってくれました。このようにヤングケアラーの問題を知れたこと,そしてその中で他の職種のことを意識しながら公認心理師に何が求められるのか,その役割と子ども自身だけでなく他職種へのサポートについても関心を向けていました。
　また,「小学校とかにいるそのヤングケアラーといえる児童とかかわることも

もちろんあるかもしれないですけど，それ以上に大人になってこう病院に受診した人のカウンセリングをしていく中で，実はこの子どもの時にヤングケアラーだったっていう背景があるかもしれないなって思って，その時にやっぱりそれを学んだことによってそこの可能性をこう考えられるようになった。そのちょっとなんか大人になってもほぼ影響が続くっていう意味で」と語ってくれ，子ども時代だけでなく大人になっても続く影響としてもとらえ，子ども時代の様々な課題を学んだことが大人の支援にも役立てることができると感じていました。

　また教職の学生からも「ヤングケアラーの方がなんか一番印象に残ってて，なんかそれまであんまり知らなくて，なんか先生の授業で知って，自分自身調べるようになったし，やっぱり学校現場でもそういう子たちがいるっていうことを知ったので，なんかそれ，その子たちへの対応とか，やっぱそのときに考えるのではなく，やっぱ今のうちから考えとったほうがいいかなっていうのは思いました」と述べており，ヤングケアラーへの関心が高まっていったことを感じました。

　「ケース会議」については，教職志望学生からあがっており，「ケース会議というのをまず知らなかったので，こういう会議があってるんだっていう，まあ同学年の先生だけじゃなくて，きょうだいの先生も一緒に入って，役割分担をこうちゃんとしてるっていうのを，またスクールソーシャルワーカーの人はなんかあなたこういう役割をしてください，みたいに言われていて，そういう役割分担も教員が決めるんじゃなくて，なんかソーシャルワークのまあ専門的な人が言ってくれるっていうなんか少し安心」や「スクールソーシャルワーカーの方とかスクールカウンセラーの方と，なんか事例の会議があってて，私自身その教職を目指すときに，そういう会議が行われていること自体も知らなかったので，なんか連携がすごい大事だなあって思ったのと，あのうカウンセラーの方とかスクールソーシャルワーカーの方の違いもよく分かってなかったので，こういうふうに解決に向けていくんだなーっていうのを事例を通してすごい勉強になりました」とケース会議の場面や事例を通して，多職種連携のイメージができたことを語ってくれました。

　動画でも取り上げた「外国籍の子どもたち」については，「あとは多国籍の

子がこう入学してきたときだったりとか，そういったところでも心理師も少し
その英語だったりとか，語学の方でもやっぱりちょっとあのレベルアップを目
指すっていうのもすごく大事になってくるのかなと思いました。その外国語だ
けではなくて，そのあの耳が聞こえない方だったりとか，目にこう障がいのあ
る方だったりとかした時にこう手話だったりとかそういったものをやっぱり身
につけておくっていうことが，まあクライエントというかその方たちと話す，
信頼関係を築くためにはやっぱり重要かなっていうふうに考えています」と
語ってくれ，多様な子どもたちの存在とそこでの信頼関係を築くためのコミュ
ニケーション方法の必要性を感じてくれました。

　また他の心理系科目との違いということで，「特に心理学ばっかりやってる
と，その確かにその心の動きっていうのは理解することはできるんですけど，
じゃあそこにかかわる職種だったりとか，じゃあ心理師の立ち位置，役割って
何があるのかとか。そういった細かいところっていうのはわからないですし，
やっぱりその分野分野によってあの問題点だったりとか現状が全く異なってく
るので，やっぱりそういったものは，そこの分野の専門の科目を取らないと
やっぱり気づけないんだなあっていうのがわかりました」と語ってくれ，「ま
たあの連携する職種が，その連携する職種自体がどのような役割をもっている
のかっていうのも，そのお互いの職種の役割っていうのを理解しておくと連携
もしやすいのかなというふうには思いました」という語りからも他職種の科目
を学ぶことで他職種への理解が深まると同時に，そこから公認心理師の役割を
改めて感じ取っていることがうかがえました。

4 専門職の視点の広がり

　この科目は3年の後期に開講していますが，公認心理師の学生は3年の前期
に5日間小学校に見学実習に行っており，教職の学生も教育実習に3週間行っ
ています。その実習を通して感じたことと「学校ソーシャルワーク論」での学
びについても尋ねています。

　公認心理師の学生は，「その児童の発達の段階だったりだとか，あとはその

先生の役割だったりだとか，学校自体の雰囲気だったりとかそういったものを見てました。特にその児童の発達段階というのはすごく勉強になったかなと思います」「そこでもやっぱりこう発達段階に合わせた対応だったりとか支援が必要になってくるんだなと思いました」というように発達段階の視点での学びを得ているということと，そして，「結構な割合でやっぱりこう家庭にちょっと事情があったりする子とかもいて，特に甘えてきたりとか，すごく乱暴な口調になってしまったりとか，そのちょっとした情報でも，家庭環境だってちょっと見ることができるので，一見普通はわからなかったとしても，その先生からこの子ちょっとこういうところで，家庭に事情がありますっていうふうにお話をしていただいたので，（中略）それでこう勉強だったりとか，友人関係の構築だったりとか，そういったところにもやっぱり問題が生じてくるんだなと思ったときに，やっぱり30人も担任の先生一人で見るのってすごく難しいなあと感じましたし，（中略）その中でもこうスクールカウンセラーの方だったりとか養護教諭の方だったりとか，そういった人たちとの連携するっていうのがすごく大切になってくるなと思いました」と家庭環境など様々な課題を抱えている子どもの存在や，そのことから現れる行動面など学校生活に与えている影響と多職種連携の必要性を感じ取っていました。

　その実習後に，「学校ソーシャルワーク論」を学ぶことで，「クラスにかかわる人っていうのが，生徒，担任，養護教諭，スクールカウンセラー，またその他にもこうソーシャルワーカーの方だったりとか，そういった方たちが実際にいて，学校ソーシャルワーク論を学ぶときに，じゃあ心理師はここを見れば良かったんだなって言うような，その実習に行ってから科目を受けたのと，やっぱりその教育分野の実習を受けた時には，やっぱりその発達段階だったりとかそういうところに意識が向きすぎていたなと感じましたし，じゃあ連携する職種として心理師には何ができるのかっていうのを，その学校ソーシャルワーク論で学べた」とあるように公認心理師としての専門性でもある発達の視点をもちながら，それに加えて多職種連携を意識するようになり，その中で公認心理師の役割について考えるようになったということが感じ取れました。

　また，小学校の特別支援学級で見学実習した学生は，「学校ソーシャルワー

ク論」の学びとして，「この短期支援計画，自分でこうストレングスを活かし，得意なところからできそうなところからというところと，あと支援の中心は子どもであるっていうところがつながるかな」「こうなんか専門家内でこうしたらいいんじゃないかって，それをこうこうなりましたって説明して支援をするんじゃなくて，その輪の中に本人も入れるっていうのはなんかこの科目ならではの学びだったっていうか。（中略）まあそういうのがこう連携協働の一つの形としての学びということにつながっていたっていう感じかな」と語ってくれ，当事者主体や当事者を入れたケース会議などいわゆるソーシャルワークの価値に基づく部分を学びとして感じていました。

　一方，教育実習に行った教職の学生も「なんか困っている児童はクラスにはいたので，その子に対するなんか声かけじゃないけど，なんかそういうのを私自身悩んでた部分があったんですよ。だけど，やっぱり自分から言えない，困りを言えないっていう子がよくいるっていうことをわかってたけど，やっぱりどういう支援をすればいいのかっていうのがわからなくて，でその授業を受けるまではやっぱり自分で解決するとか先生に聞くっていうのが多かったんですけど，授業を受けながらやっぱり気づいたらその子に対して，やっぱり私自身も働きかけ，支援をしていかないと，その困った状況でまたさらに困っていくっていうのは感じたので，気づいたら私自身がする。支援をすべきだったなって感じました」と述べていました。また実習と授業が結びついたこととして，「やっぱ他の先生達と協力することがやっぱり大事だなっていうのがあって，まあ協力するっていうことが大事で分かったんですけど，授業でそういうケース会議とか映像を見たときにやっぱりその子どもたちの様子を常に先生に伝えておくことで，いざそういうケース会議が必要になった時とかに，情報を得やすくなるなあというのを感じました」と述べ，「子どもの様子をちゃんと見ることが大切だなあっていうのは改めて感じました。なんかまあ授業では一人一人ちゃんと見てるんですけど，それ以外のときにやっぱり困っている児童もいるっていうので，授業でわかったので，授業だけじゃなくても普段の行動を見ておくことで，児童の少しの変化にも気づいて，対応できるし，その気づいたことをまた専門職の心理系の先生とか養護教諭の先生とも情報共有して，

子どもの支援ができていけるなーっていうのは感じました」と子どもを支援していく上で，子どもをきちんと見ること，早期の気づきなど教師の役割とチームとしての対応を意識することの大切さを感じ取っていました。

　また別の教職の学生は，実習との結びつきを感じた点として，「なんかもっと子どもたちが作っている作品とかに目を見てあげればよかったのかな。やはりなんか教育としたら上手にできているのかとかいう目線になるんですけど，学校ソーシャルワーク論からの目だと，こういう絵を書くということは何かこういう背景があるっていうのが。学んでいてよかったと。実際現場に立った時に，作品など見ていくとなんかちょっとなんかあるのかなって，話しかけてみようっていうようなきっかけになるのかな。そこでなんか早期発見ができれば」「教員だからこそなんか継続して見てるから，なんかちょっとした違和感がちょっと気づけるのかな」と述べており，同じように早期発見や子どもたちの背景への気づきを教師の役割として感じていました。

5　専門職を目指すうえで役立った学び

　そして公認心理師を目指すうえで役立ったこととして，「心理学だけではなくてやっぱり学校に関する問題を学べたことが一番だったかなって思います。その中でもこう教育分野のスペシャリストはやっぱり教育分野にいらっしゃるので，じゃあ心理学としての視点から見た問題解決の提案だったりとか，そういったことを考えることができるので，科目を学べて良かったのは，やっぱりそういう他の職種のことについて，その分野のについて詳しく学べたところだったかなあと思います」と語られ，学校現場の様々な課題や他職種などについて学べたと同時に，多職種連携について感じていることについては，「それぞれの独自の専門性をもった上でアセスメントをして情報共有をしながら同じ目標に向かってするっていうのが大事かなってやっぱり思いました。それぞれこう自分の専門性だけをこう尊重してたらやっぱり連携がうまくいきませんし，治療，治療じゃなくて目標を共有しないとそれぞれまた別々のことをして結果，そのより良い方向にはもっていけないので，そういった中でもそのやっぱりそ

れぞれの職種の役割を学んでいたりとか，その中で自分の独自性はなんなの
かっていうのを，やっぱり見つけ出しておくといいのかなって思います」と語
られ，多職種連携の学びから改めて自分が目指す専門職の独自性，専門性を意
識できるようになってきていることもうかがえました。

　また授業場面だけでなく，「特にこのルーテルでは教育もありますし精神保
健福祉もあるので，そういったこう友人間でのかかわりをもっておくと，接し
て精神保健福祉士って何するのっていう話もできますし，その教育のところで
先生たちがじゃあスクールカウンセラーに求めることって何なのっていうふう
な話が結構その飛び交う時もあったので」と普段の友人間のかかわりの中でも
お互いの学びを確認しあっていることがうかがえました。

　今後の多職種連携の学びに対するアイディアとして，「それぞれの役割とか
目的とかを共有することと，その自分の独自性を認めた上でっていうのをこう
お互いに言いあって，じゃあその中で，さっきから言ってるんですけど，あの
う相手に求めることそれぞれに求めることっていうのはやっぱり話し合ったほ
うがいいのかなーっていうふうに思いました。また一つの事例をうんまあ架空
事例でもいいんですけど，事例を通してそれぞれの見立てだったりとかを考え
て，ちょっとできるだけリアルな感じで，じゃあこういう機関に相談しようと
かそういうふうなのができたらいいのかなあって若干思いますね」，また「と
にかくそれぞれのコースの交流と，あと自分の独自性を確立すること，また相
手の独自性を尊重しながら連携することが特に大切かなというふうに思います。
はい。一人で何か問題を解決するわけじゃないので，やっぱり仲間がいてこそ
なのかなというふうには思います」と語ってくれました。

　また，別の学生も「もうやっぱりその，なんかこう生徒からうん担任とかま
あ養護教諭とかその辺の人たちにすでに相談があってたところから心理師に来
るっていうのが，こうまあ主流って言ってしまうとあれですけど，そういうシ
チュエーションとか事例の方が多かったんですけど，この学校ソーシャルワー
ク論は，やっぱりこのまあソーシャルワーカーとその公認っていうところでの
違いではあるのかもしれないですけど，やっぱりその自分もその連携の輪の中
にこう最初から入っていくっていうような，こうイメージがこの講義では強

かった。(中略) なんかそのこう学校現場ならではの，支援のイメージができたという意味では大きかったです」と語ってくれ，学校現場での支援のイメージが膨らんだことや生徒から相談がない段階からの支援ということで，「それが確かヤングケアラーのDVDを見た時だったと思うんですけど，そこでなんかその教室とかをこう見回って，なんかそのこういうところにこうサインが現れてるっていうのを説明されたのを見た記憶があるんですけど，そうやって見回って，生徒から相談がない段階でのこう発見にも働きかけるんだっていうところの学びはありました」というケースの発見，SOSの察知ということを感じ取っていました。

　多職種連携の学びという点では，「この本人も輪の中に入れて話すっていう点，まあ一番大きなところです。で多職種連携の学びっていう点ではやっぱり，(中略) そのさっきみたいなこのケースの発見っていうところでのこう視点を，生徒とかかかわりうる人たち専門家とかが，もっておくことでよりこう発見の可能性が広がる。なんていうところも考えました」と述べているようにケースの発見を職種を超えた共通の役割としてもつことの必要性について感じていました。

　続いて教職志望の学生ですが，「その心理の専門職の先生のなんか何をしてるのかってやっぱりわからない場合もあったと思うので，スクールソーシャルワーカーとかスクールカウンセラーとかの先生方の役割っていうのもやっぱ改めて知ることができたので，頼っていける時には頼っていけたらいいなっていうのは感じました」，その上で，多職種一緒に仕事をすることとして，「なんか違う視点からその子どものことを見れるっていうのがあるので，なんか教師として気づけなかったことに気づくことができるなーっていうのを感じました。それでその子に応じた支援とかっていうのをなんか適切な支援ができるようになってくるなあって思います」と述べ，「組織としてその一人の子に対して担任一人じゃやっぱ動けないとかに，組織として動く場合，やっぱ協力しやすいなあというのは感じました」と述べていました。このように互いの役割を知ることと多職種連携の意義を感じると同時に組織的な動きにも目を向けていました。

　また別の学生も「まあ新たな視点ができたので，なんか見方を変えて学校現

場に立てるっていうのが役に立つかなと」。そしてどんなふうに役立つかについては、「早期発見につながるのかなと。知ってることでこういう子がいるかもしれないっていう、頭の中にあるので、何か相談ごとがあった時とか、なんか学校に来なくなってきたなあっていう時になんか、こういう考え、こういうなんかヤングケアラーなのかなとか、いじめとかだけにつながるんじゃなくて、なんか家庭の問題があるのかとかにつながるのかなあと」と感じていたり、また「実際に学校ソーシャルワーク論をとることによって、自分がもうなんか子どもたちのことを知ってるっていういで言ってたんですけど、まだまだ知らないことがあるんだろうというふうに。やっぱ吸収しなきゃいけない、なんかもう自分は出来てるっていうのじゃなくて、いろんな視点から情報を取り入れるっていうのが大事だなって改めて感じました」というように子どもたちの背景を知ること、未知なことを知ること、そして多様な視点から情報を集めていくことの必要性を感じていたました。

　スクールソーシャルワーカーやスクールカウンセラーとの連携のあり方について感じたこととして、「まあ、実際に自分たちが、教育に関する専門的知識をもっている。であって、そういうまあスクールソーシャルワーカーとかスクールカウンセラーの専門性はない状態なんですけど、やはり頼る前にまず自分からどうにかしようっていう気持ちが多分あるので、でもそれよりもいろんな機関と連携してまあケース会議とか開くことで、何か見えてくるものがあるのかな」「教員はどこかで多分できると思ってるんですけど、自分はできると思ったんですけど、あ違う視点なんだっていう教育でどうにかできるものでないっていう、家庭には入らなきゃいけないので、そういう面で多職種と連携することは大切なこと、でもそれをまず出すのは教員がまず多分言わなきゃいけないので、連携の必要性を知ってるっていうのは、早期発見も早期に対応できる面では、事が起こる前に対応できるのが」と教員が早期のチーム支援に取り組むことの必要性を感じていました。

　さらに別の学生も「やっぱり子どもたちをより成長、発達つなげるっていう思いはそれぞれ持っておられると思うので、同じ対等であるっていう視点で連携を図っていきたいなってすごい思いました」という連携のスタンスであったり、

「特別支援を目指すときに個別の教育支援計画というワードの中に，医療とか労働とか福祉だったりとか，そういう専門機関との連携もするっていうことが書いてあって，小学校，特別支援になるとより他の機関と連携がすごい大事になっていくのかなっていうふうには考えています」というように対等な関係での連携や特別支援だからこそより他機関連携を意識していることもうかがえました。

6　まとめ──学校ソーシャルワーク論での学び

このように，公認心理師を目指す学生，教職を目指す学生ともに「学校ソーシャルワーク」という違う分野を学ぶことで，例えば「ヤングケアラー」や「ケース会議」など今まで知らなかったことを知ることができたということが印象的だったこと，そしてそれぞれの立場からそのことを考え，自分の職種として何ができるのか，あるいはその職種に求められる役割は何かというところへ考えを深めていき，そのことを通して改めて多職種連携の必要性を感じ取ってくれているように思います。

また，ソーシャルワークの考え方を知ることで，子どもたちの背景に目を向けること，子どもを入れたケース会議の必要性などを感じ，またそれぞれの立場から子どものSOSをどう察知するのか，ケースの発見につながる取り組みとして何ができるのかなどを考えてくれていました。

このようにそれぞれの専門性と役割をもちながらも他職種の理解を深めると同時に，互いに共有する部分（ケースの発見や子どもの背景の理解）を，他分野の学びを通して意識できるようになり，そのような意識をもっていくことが多職種連携の核になる学びになるのではないかということを感じました。

7　今後の展望

本学は，2023年度入学生より特別支援学校教諭養成課程を人文学科に移し，表3-1-2の学科・専攻・コースとすることで，教育・心理・福祉のそれぞれの専門的学びを充実させるとともに，7つの分野の副専攻プログラムを設置す

表 3 - 1 - 2　本学の学科・専攻・コース

学科	専攻・コース（履修モデル）	主な資格
人文学科 （定員100名）	キャリア・イングリッシュ専攻（定員35名）	• 中学校・高等学校教諭一種免許状（英語）
	保育・幼児教育専攻（定員30名）	• 保育士 • 幼稚園教諭一種免許状 • 准学校心理士
	児童教育専攻（定員35名）	• 小学校教諭一種免許状 • 特別支援学校教諭一種免許状 　（知的障害者）（肢体不自由者）（病弱者） • 准学校心理士
心理臨床学科 （定員50名）	心理学コース	• 認定心理士 • 公認心理師 　（大学院又は実務経験を経て国家試験受験資格の取得）
	精神保健福祉コース	• 精神保健福祉士（国家試験受験資格） • スクール（学校）ソーシャルワーク教育課程 • 准学校心理士
	人間科学コース	• 社会調査士 • 認定心理士 • 認定心理士（心理調査）

出典：本学入学案内2024。

表 3 - 1 - 3　副専攻プログラム

主専攻

人文学科	キャリアイングリッシュ専攻
	保育・幼児教育専攻
	児童教育専攻
心理臨床学科	

副専攻

英語コミュニケーション副専攻 保育・幼児教育副専攻
小学校教育副専攻
発達障害支援副専攻 学校ソーシャルワーク副専攻
カウンセリング副専攻 心理社会調査副専攻

出典：本学入学案内2024。

ることにより相互の学びを実現させました（表3-1-3）。

　例えば，人文学科の教職志望学生が「学校ソーシャルワーク」や「カウンセリング」を心理臨床学科の公認心理師やスクールソーシャルワーカーを目指す学生が「小学校教育」や「発達障害者支援」を学ぶことができるよう位置づけられています。

　特に「学校ソーシャルワーク副専攻」の中に「チーム学校協働演習」という科目を心理臨床学科の科目として新設し，心理臨床学科のスクールソーシャルワーカーや公認心理師を目指す学生と人文学科の教職志望の学生が演習形式で多職種協働の実際を学ぶことを目的としていました。

　先のインタビュー時にも学生にこの話題を触れると「あ，それいいですね。受けたかったです」「ああ。それも楽しそうですね」「私も知りたいですね」などの声もあり，2025年度の開講に向けて他の教員と連携して取り組んでいるところです。また，その前段として2022年度から授業や特別講座としてスクールソーシャルワーカーとその支援を受けた子ども（現在高校生），そして当時の担任の先生に登壇していただく鼎談を実施しており，多職種連携の真ん中に子どもを据えること，子どもの声を反映した多職種連携の学びを進めていきたいと考えています。

　柏木（2011）は，「皆の声が反映される場所，それが学校であり，学校の存在理由といってもよいかもしれない。（中略）あらゆる声を響かせ，対話を導く場こそが学校という空間なのである」と述べています。

　これら多職種連携学修は，学生へのインタビューからも対話を生み出す場であると感じています。他職種分野の知らなかったことを知ることにより，今まで学んできたことと照らし合わせて自分の中で内的対話が起こり，自分の職種の役割や連携についての新たな気づきが生まれる。また外的対話としてそのことを他職種分野の学生と会話することで，共有できるものを見出していく，そのような場になっているようです。

　そのことは多職種がいる学校という子どもたちの支援の場でも生じていると言えます。多職種協働の学びは現場での多職種協働の対話を体験しているものかもしれません。また，子どもたちは多様な背景や側面をもっており，様々な

声をもっています。多職種連携とは，そのような声を拾う取り組みなのかもしれません。単一職種では響かない，届かない声を多職種の様々な視点により拾い上げることができます。

　そのためにも，今までは，スクールカウンセラーやスクールソーシャルワーカーをどう活用するかと教職員を主語に語られることが多くありました。これからはスクールカウンセラーやスクールソーシャルワーカーが教職員の力をどう活用するか，その視点も大事になります。

　役割分担だけでなく互いの力を引き出しあう関係，それを創り出すのが多職種協働の対話かもしれません。

　多職種協働の学びに取り組んでいくことで，卒業後の現場での多職種協働の対話につながり，そこに多様な子どもの声が届き，反映されること，それが学校福祉の基盤になるのではないかと考えています。

引用・参考文献

柏木恭典（2011）「はじめに」柏木恭典・上野正道・藤井佳世・村山拓『学校という対話空間──その過去・現在・未来』北大路書房，iv。

矢原隆行（2016）『リフレクティング──会話についての会話という方法』ナカニシヤ出版。　　　　　　　　　　　　　　　　　　　（岩永　靖）

第2章
教員養成大学における教育支援職の育成

　教育支援職とは何を指すのか。それ自体が深い考究を要する課題ですが，教員養成大学における育成というテーマから，ここでは教育再生実行会議（2014）による「今後の学制等のあり方について（第五次提言）」を経て，中央教育審議会（2015）答申「チームとしての学校の在り方と今後の改善方策について」に示された，学校をプラットフォームとして教師と協働しながら子どもの学びに資することを職務とする専門職にフォーカスすることとします。

　同答申では「学校という場において子供が成長していく上で，教員に加えて，多様な価値観や経験をもった大人と接したり，議論したりすることは，より厚みのある経験を積むことができ，本当の意味での「生きる力」を定着させることにつながる」として「チームとしての学校」の必要性が謳われました。そこで本章では「教員養成大学はこの「多様な価値観や経験をもった大人」としての教育支援職をどのように育成しようとしてきたのか」というテーマを設定し，筆者が所属する東京学芸大学の取り組みを素描することで，このテーマに迫ってみたいと思います。

1　自主ゼミから「教育創生科目」へ

　筆者は障害児者教育と障害児者福祉の双方にコミットしてきた経緯から，教育と福祉の連携，その担い手である教員と教育支援職の養成・育成問題については少なからず課題意識をもち，いくつかの論考を重ねてきました（加瀬 2010, 2014, 2015, 2016）。その一環として，2013・2014年度の２年間にわたり実施したのが，意図的に教員養成系の学生と教養系，中でも社会福祉やカウンセリング等を学ぶ学生で構成される自主ゼミです。これは「チームとしての学校」等の教育政策を背景とする「多職種連携教育」の個人的な実験教育の場なのですが，2013年度後半からHATOプロジェクト[(1)]の１つである「教育支援人材養成プロジェクト」のカリキュラム開発系ワーキングに位置づけていただき，研究費助成を受けることとなったのです。設定したタスクは「教育支援フィールドを作り出すとともにともに，学生の実践的な活動にもとづき，カリキュラムのプロトタイプを検討する」ことでした。より具体的に言えば，「教育支援人材養成プロジェクト（代表：松田恵示）」を構成する４つの柱――Ⅰ：「チームアプローチによる学校教育」に関する研究とモデルの開発，Ⅱ：学校における「人材ニーズ」と「教育支援に対する評価」に関する調査，Ⅲ：事例を通したモデル評価（含：ICTを利用したコミュニケーション・システムの開発），Ⅳ：大学カリキュラムの開発――のうち，Ⅳを担い，その内訳はさらに，①「チームアプローチ」教育のための科目の設置（プログラム／テキスト開発含む），②地域と連携した養成・研修活動の場の創出，③プロジェクト型の教育活動の実践，④教員，学生の交流，チームアプローチへの普及啓発活動，の４つに区分される，というものです。

　一方，このプロジェクトの成果を引き受ける形で東京学芸大学は2015年４月より７コース４サブコースからなる「Ｅ類教育支援課程教育支援専攻」を新設します。これはカウンセリングコース・ソーシャルワークコース・生涯学習コース（生涯学習サブコース・文化遺産教育サブコース）・多文化共生教育コース（多言語多文化サブコース・地域研究サブコース）・情報教育コース・

表現教育コース・生涯スポーツコースから構成される一課程一専攻の学部組織であり，旧来の教養系再編ではなく，新しい組織の新設である，というスタンスに立ったものです。上述した自主ゼミ／加瀬ワーキンググループは極めて小規模ですが，この改組の一水源に位置するものであり，教員養成大学における教育支援職育成の，筆者なりの位置付けに向けての助走になったと考えています。ここでいう位置付けとは，すなわち「教師を理解し，子どもの最善の利益に向けて教師と協働できる人材」育成を目的とし，その方略として，教師を目指す学生と教育支援職を目指す学生による共同の学びの場を設定することを重視する，というものです。

　この水流はその後，E類教育支援課程教育支援専攻の学生が各コースで取り組む課題を入門的に学ぶ「教育支援概論」，各コースの学生が混ざり合うクラスを編成して学び合う「教育支援演習」，学校教育系の学生と学び合う〈ブリッジ科目〉の取り組み，そして令和 5（2023）年度から始まる「教育創生科目」へと流れついていきます。

　以下，時間軸にそって，それぞれの内容を見ていきたいと思います。

2　教育支援職育成への助走　1──自主ゼミにおける共同体験・共同学習

（1）初年度の概要

　初年度（2013年度）の取り組みを要約すれば，子どもの貧困や街づくり，小中学校とも連携する障害者福祉事業所，東日本大震災からの復興，という最前線の実践を視察・参画し，異なる専攻学生が同じ体験を共有した上で協議等を展開することの意義を明らかにしようとしたものです。参加学生の「学びのレポート」を分析すると，① 今の自分なりの立場でやれることがある，という実感の獲得，②「一人ひとりの将来を見据えて」子どもを支援する必要性への気づき，③ 異なる専攻の学生が参加する問題解決型授業プログラムへの希求，という学びと動機付けに結びついたことが示唆されています。

　視察先は後述する 3 箇所，いずれも 2 泊 3 日のプログラムですが，その選定

にあたっては二つのスキーマを設定しました。一つは「学生のインセンティブ向上」，即ち継続して参加しよう，新たに参加しようという気持ちになってもらうための魅力的な視察先・プログラムであること。今一つは「身近な社会資源に置きかえ可能なモデルの選択」，つまり全額自己負担になっても大学近郊に類似の社会資源があり，容易に参加できる状態への雛形になることです。なお，東日本大震災という観点からの選定は，遠隔地から学ぶ可能性を追求するという意図を含めていました。

① NPO法人み・らいず（大阪府大阪市，現在の名称はNPO法人み・らいず2）

　2013年当時は，障害者・高齢者の法定事業を行う株式会社「と・らいず」と，ニーズに応じたサービスを独自に創りだすNPO法人「み・らいず」が車の両輪となり，「支援を必要としていても，誰もがあたりまえに地域（LOCAL）で生きる（LIVE）ことができる」社会を目指す実践母体です。

　み・らいずの特徴の一つは大学・大学生の活用モデルを定着させた点にあります。大阪市立大学等の学生諸君を学部1年から勧誘・組織化し，卒業時点では福祉の資格が取れるようにする等の工夫をしています。とりわけ，社会福祉や街づくりの楽しさ，社会起業の魅力を学生に伝えるノウハウの蓄積が豊富です。

② 社会福祉法人愛隣園（熊本県山鹿市）

　1950年4月に家庭裁判所少年試験観察事業「愛隣園」として創設され，1954年4月には児童福祉法による養護施設「愛隣園」として認可を受け，以来，時代の要請に応じながら老人ホーム，身体障害者施設，多様な地域生活支援事業を展開してきた伝統ある社会福祉法人です。

　この愛隣園は，地方都市のゆったりした町並みの中で，徒歩で移動できる範囲内に児童養護施設，里親ホーム，障害者施設，高齢者施設，地域生活支援サービス拠点が点在し，0歳～100歳までのサービスを見通すことができることと，山鹿市教育委員会や地元小中学校との連携も十分に取れていることから選定しました。

③ NPO法人ハックの家（岩手県田野畑村）

　1996年に障害者が働く福祉作業所として開所し，2006年にNPO法人格を取得。花咲き織りや陶芸作品の製作，水産加工作業の受託，パン工房整備による食パンの製造販売などに取り組んできた小規模事業所です。2011年 3 月11日の東日本大震災，その大津波で中核となっていた水産加工工場を完全に喪失しながらも，利用者は全員助かり，その後 3 年間で織物，パン工房とカフェ，障害者の地域生活支援や長時間学童保育等の事業を取り戻し，障害者福祉業界では「奇跡の復興事業所」として知られています。

　なお，参加学生の属性と参加状況ですが，その特徴・傾向をまとめると次のようになります。

　　●延べ人数は23名，各回の参加者は16名程度。
　　●23名中，社会福祉士取得見込み（取得済み含む）が16名（69.5%），教員免許取得見込み（取得済み含み）が 3 名（13.0%），養護教諭免許取得見込み（取得済み含む）が 4 名（17.3%），看護師免許取得が 2 名（8.6%）と社会福祉士取得が 7 割近くを占めており，やや偏りがある。
　　●学年は 1 年生が 1 名（4.3%），2 年生が10名（43.4%），3 年生が 7 名（30.4%），4 年生が 1 名（4.3%），大学院生が 3 名（13.0%）という分布で，現職はいない。

（ 2 ）共同体験・共同学習による学びの諸相

　さて，以上の活動は日々の活動を振り返る「個人振り返りシート」，グループによる話し合いをまとめた記録，並びに「個人別視察レポート（視察体験の学びと他専攻学生との交流からの学び）」という 3 つの記録として蓄積されました。以上をここでは「学びのレポート」と呼びますが，紙幅の関係から，その総括的まとめに絞ってみてみましょう（加瀬 2014）。

① 今の自分なりの立場でやれることがある，という実感の獲得

　次は「ハックの家」視察に際し，東日本大震災後に建てられた仮設商店街でのエピソードです。

　　　2日目に仮設商店街に立ち寄った際に，その商店街にお店を構える方に声をかけられた。学生であり，被災地の見学・勉強に来たことを伝えると，「ただ見て『あー怖い，すごい』で終わらせないでほしい。ここで見て，聞いたことを君たち若者が伝え，考えてなければならないのだよ。それを忘れないでほしい。」と言われ，自分が被災地の現状に呆気をとられていることにはっとした。感心していないで，私にできる被災地の支援は何なのか，どうやって被災地の現状を多くの人に伝えようと考えなければならないということを思い出した。（中略）ゆえに，私たちにできることはできるだけ多くの人のニーズを聞いて支援へとつなげることではないかと考える。そうやって小さいことからコツコツとできることをやりたい。

② 「一人ひとりの将来を見据えて」子どもを支援する必要性への気づき

　以下は養護教育を専攻する大学院生の大阪での学びレポートからの引用です。「子ども」という存在は育ち，大人になり，やがて老いていく1人の人間の，1エポックであり，子どもから成人までの取り組みを体験することで，このような学びが導かれてくることを示唆していると言えるのではないでしょうか。多職種協働は横軸のみでなく，ライフステージの縦軸を貫くという重要な気づきが語られています。

　　　子どもたちの権利を守るための活動を行っている，み・らいず事業やひきこもりフォーラムなどからの学びはとても有意義なものだった。子どもの「今」はもちろんだが，何よりも先を見据えた「将来」に重点を置いた活動が印象的だった。（中略）子どもたちを取り巻く環境には，様々な職種があり，養護教諭に関してはその役割に関する周囲からの認識が薄い。

養護教諭も教育に携わる者であるという意識を改めて固めた上で，教育者
として，子どもたちにどのようになってもらいたいか，そのために何をす
る必要があるのか考えていかなくてはならない。また，保健室が子どもた
ちにとっていつでも来て良い場所，居心地の良い場所，受け入れられる
場所にしたいと考える一方で，教員として指導していくべきことがある
ということ，規範意識や公共心，道徳心など子どもに養ってほしいと考
えていることなど受容するだけでは成り立たないことも多くある。私は
養護教諭として，どのような役割を担い，子どもたちに何を伝えていきた
いか，確固たるものをもてるよう，日々精進していく覚悟がさらに強まっ
た。

③ 他専攻学生との交流からの学び

　この点については必要十分な分析ができたとは言えません。理由としては
3つの視察が短期間に集中して行われたことと，それぞれの体験が強い印象
を残していると推察されるため，「他専攻学生との交流からの学び」と学生自
身は語っていても，果たしてそれが体験から相対的に独立したものであるの
か，判断に苦しんだからです。とはいえ，専攻の違いによる価値観や気づき
の差異に対する驚き，躊躇，お互いに認め合いながらもエビデンスベースで
自分の立場から意見を言うことの必要性と難しさへの気づきは多く見られま
した。

　こうした前提で，二つの感想を以下に引用しておきます。

　　最後にこれからやっていきたいこととして考えたことがある。まず私を
　含め教員志望者の福祉の知識力の低さである。必ずかかわるはずである福
　祉についてわからないことが多く，これでは，将来子どもの健康な成長発
　達を支援する立場で，不十分であると感じた。これから勉強していきたい
　と考えている。また連携の大切さを改めて知ったうえで，異職種間での
　理解の大切さを感じた。学校の中の職員同士はもちろん教育職と福祉職
　間でも必要であると感じた。だからこのゼミでは教育のことを福祉も，

福祉のことを教育も知り，考えられるような企画がなされるとよいと感じた。

　　今回の訪問では身体介護や利用者さんと直接かかわる機会が多かったように思います。そこで見えたことは，やはり専攻によって現場慣れしているかしていないかの差が大きかったように思います。もちろん，個人的にそういった経験を積んでおり，専攻は関係ない部分もありますが，福祉専攻や特別支援の学生はすぐにそういった介護にすぐになじめていました。しかし，それらに慣れていない専攻の人はとまどっている場面も多かったです。（中略）授業プログラムの中で，他の専攻が一体何をしているのかを学習するために，他専攻が参加する問題解決型の授業プログラムなどがあれば，どこでどういった時にどの人に頼ればいいのかを具体的に学習できるのではないかと思いました。

　「学びのレポート」から私自身が学んだこと，それは改めてリアルな多職種協働のための授業開設の重要性・必要性でした。

3　教育支援職育成への助走 2──ワークショップ型学習

　2014年度は"スペシャル・ワークショップ「教育支援人材って何？」"（2014年7月12日（土）実施）に向けた事前学習活動，ワークショップの実施とまとめ，それに基づく「（仮称）教育支援人材論」の整理を主たる活動としました。事前学習とワークショップの詳細は拙稿を参照頂くこととして（加瀬 2015），ここではその概要と「（仮称）教育支援人材論」について記しておきます。

（1）スペシャル・ワークショップ「教育支援人材って何？」の概要
① 参加学生の属性
　2014年度参加学生の所属専攻と学年は次の通りです。総勢で24名ですが，私

が学部においては社会福祉分野を担当しているため，やはり同分野の学生が多くなっています。事前学習活動，ワークショップの実施とまとめには全員が参加しました。

- 述べ人数は24名（事前学習活動，ワークショップの実施とまとめには全員が参加している。）
- 24名中，社会福祉士取得見込みが14名（58.3％），教員免許取得見込みが6名（25.0％），養護教諭免許取得見込みが4名（16.7％）。初年度と同様，社会福祉士取得見込みが6割近くを占めている。
- 学年は1年生が0，2年生が1名（4.2％），3年生が12名（50.0％），4年生が9名（37.5％），大学院生が2名（8.3％）という分布で，現職はいない。初年度に比べ高学年が多くなっている。

② 事前学習

2014年7月12日開催予定のスペシャル・ワークショップに向けて4つの班を形成し，主として次のような事前学習を行いました。

A：自主ゼミ啓蒙班
- A類（初等教育教員養成課程），B類（中等教育教員養成課程）の学生に対する多職種連携教育の必要性・有用性を伝えるパンフレットづくり

B：自主ゼミCaffe準備班
- 定例学習会を活用し不登校等の児童生徒のための「居場所」づくりの準備

C：「教育支援人材」班
- スペシャル・ワークショップでプレゼンテーションする「教育支援人材」の機能と類型の検討

D：「人間の尊厳」班
- 「子どもの権利条約」「人間の尊厳（スウェーデンにおける1985社会庁勧告）」の読み合わせによる「子どもの最善の利益」の検討

2014年度前期の事前学習において一定の到達をみたのがC：「教育支援人材

班」とD：「人間の尊厳」班です。前者は後述するワークショップ当日のプレゼンテーションが相当しますが，後者については参加者間の化学反応といってもよい「子どもの権利条約」からの学びがありました。それは子どもを「まもる」ことのとらえ方です。即ち「まもる」にあたる漢字には二種類あって，「守る」の方の語義は「手の中に包み込んで，放さない」という意味があるといいます。教育支援の文脈で「多様な支援者が，それぞれの都合や「専門性」なるものによって「子どもを手の中に包み込んで，放さない」という事態は決して子どもの最善の利益を「まもる」ことにはならない」と解釈できます。一方，「護る」の方の語義は「そこにある何ものかが壊れないように，外から支える」であり，「子ども自身が壊れずに，成長していけるように，多様な支援者が手を携えて外から支える〜例えて言うならば，人の手によるトランポリンのように〜ことこそが子どもの最善の利益を「まもる」ことになる。」と解釈できます。私たちは「護る」の語義を大切にしたスタンスで「教育支援職」のとらえ方とその育成，さらに教職員との協働に臨む大切さを共有することとなったのです。

③　ワークショップにおける「教育支援職」をめぐる論点

　検討すべき教育支援職の定義，その叩き台を「親，それに代わる人，子どもに「しなくちゃならないこと」のある人全員が子ども支援人材であり，そのうち学校教育の中で，教師と協働して直接的・継続的・計画的・意図的に子どもを支援する人材が「教育支援人材」ではないか」と設定して学生からのプレゼンテーションを行い，その後に現職のスクールソーシャルワーカーを交えたグループ討議を行ないました。その結果，教育支援職の定義をめぐって，次のような論点が出されたのです。

〈教育支援職とは〉
●学校という場で担任をパイプとして支援していく人材か？
●担任にかかわらず，学校教育の場と連携して支援する人材か？
●教員と生徒の双方向に働きかける支援をしていく人材か？

●子どもが身近に感じる，教育とつながりをもつ人材か？

ワークショップから導き出された「教育職員と教育支援人材の相互理解におけるポイント」は次のようで，「(仮称) 教育支援人材論」にむけた重要な視点につながっていきました（加瀬 2015）。

> 「教育支援は，子どもの最善の利益のために，子どもの力を引き出す統合的・総合的営為である」と捉えた場合，教員養成とソーシャルワーカー養成の間にある，根本的な差異…（中略）…（即ち）教員養成は「Solo Practice ／一人で一通りのことをこなすことができる」ことを目差して展開されるが，ソーシャルワーカー養成は「Networking ／ニーズ（困っている状態）のアセスメント（発見と評価）とそれを充足する社会資源を探し，つなぎ，開発することができる」ことを目指して展開されるという根本的な違いがある。ゲストの方々からも，子どもの評価が「教育では減点法」，「ソーシャルワークでは加点法」であり，かかわり方も「教育ではトップ・ダウン」，「ソーシャルワークではボトム・アップ」であるといった実感が少なからず語られていた。問題はどちらが正しいかではなく，まさにそこに専門性の違いを見て，その違いを知り合い，子どものために協働していけるシステム構築（個人の努力に依存せずに済む公的な仕組みづくり）が同時に議論され，展開されなくてはならないのである。

(2)「(仮称) 教育支援人材論」シラバス案

「(仮称) 教育支援人材論」シラバス案の元となった自主ゼミは通常10〜20名程度の参加で小規模に行っていました。しかしながら，可動式机で100名定員の教室を念頭に置いた場合，40〜50名の履修学生が 6 グループに分かれて討議を行う程度までは授業担当者として対応可能と判断し，あわせて学校教育系と教育支援系の多様なコースの学生が履修したものとして授業内容を設定しています。

① ねらいと目標

　今日の学校教育が直面する諸課題を解決し，子どもの最善の利益に向けて，子どもの「能力と発達と学習」を十全に保障するために教師と協働する教育支援人材の現状と課題を知り，「教育支援人材」の在り方を主体的に学ぶ。

② 内容・授業シラバスと各回の学習のねらい

　内容は「今日の学校教育事情を児童生徒の多様性，学校教育実践の多様性並びに政策動向から把握するとともに，現時点における教育支援人材の類型論と活動の実際（専門職としての教育支援人材，特別分野をもった教育支援人材，補助者としての教育支援人材，調整者としての教育支援人材）を知り，「教育支援人材」をテーマとしたワークショップを通して，今後さらに深めるべき「教育支援人材」の論点を洞察する。」とし，表3-2-1のような授業スケジュールと各回の学習のねらいを設定しました。内容構成については筆者の経験値から小学校を想定したものとなっています。

　また，シラバスの枠組みとしては① 子どもの多様性と学校教育実践の多様性→② それを支える教育支援人材の必要性と協働の課題や政策動向→③ 教育支援人材の類型と実際→④ 教育支援人材としての理念とアイデンティティ→⑤「教育支援人材」とは何か，という主体的学び，という5段階で構成しています。

③ 成績評価

　3分の2以上の出席は当然のことながら，ワークショップの参加を評価の前提とします。また，様々な教育支援人材の類型をいかに正確な知識として保持できたか，ではなく，教育支援人材の多様性を知る中で，自らの専門性を教師および教育支援人材の一員としてとらえ直すことに主眼を置き，そうした主旨の論述テストによって評価することにしました。

表3-2-1　「(仮称) 教育支援人材論」シラバス案

回	内容	学習のねらい	参考資料／備考
1	ガイダンス	「教育支援人材」養成をめぐる動向，本講義のねらい，本講義の進め方，他	HATOプロジェクト内教育支援人材養成PJ報告書等
2	今日の学校教育事情	映像資料等を通して，小学校の校内・校外学習における教員以外の人材が関わる様子，特別な支援が必要な児童に対する学級内外における個別支援の様子，専門職と協働した家族支援の様子など，教育支援人材が既に協働し始めている現状を知る。	各種教育DVD, 放映番組録画など
3	子どもの多様性・教育実践の多様性と教育支援人材の必要性	第2講でイメージされた学校教育事情を踏まえて，すでに協働し始めている多様な教育支援人材を捉える視点や取り組みの実際，様々な困難な状況に置かれている児童の実態に対する専門的な教育支援人材の必要性をより深く実感することができる。	木原 (2010)，DVD「スクールソーシャルワーカーの仕事」など
4	「チーム学校」の提唱と教育支援人材をめぐる論点	2014年度に提唱された「チーム学校」の枠組みや背景について，教育再生実行会議第五次提言の概要を知るとともに，教師の側の「教育支援人材」に対するスタンスや「教育支援人材」をめぐる論点を理解する。	大澤克美 (2015) 小学校における社会科・理科・体育科の学習指導に関する調査研究報告書など
5	多様な教育支援人材とその実際①	専門職としての教育支援人材とその実際を知る（各種行政・生涯学習機関・スポーツ施設等の教育関連施設や教育関連NPO等において専門職員として雇用され，学校と協働する人材）	松田 (2015)，など　＊なお，可能であれば当該分野のゲストスピーカーや協働経験のある教師を招き，仕事／活動内容に関するショートレクチャー，授業担当者との対談などを通して受講生に学校教育における各教育支援人材のリアリティを伝えることが望ましい。
6	多様な教育支援人材とその実際②	特別分野を持った教育支援人材とその実際を知る（スクールカウンセラー，スクールソーシャルワーカー，学校コンサルタント等の特別分野を持ち，常勤・非常勤として学校と協働する人材）	
7	多様な教育支援人材とその実際③	補助者としての教育支援人材とその実際を知る（情報支援員，学習支援員等の学校内で教師と協働しながら児童生徒を支援したり，ゲストティーチャーや登下校見守りなど地域のボランティアとして学校と協働する人材）	
8	多様な教育支援人材とその実際④	調整者としての教育支援人材とその実際を知る（尼崎市の学力向上推進委員会におけるコーディネーター・アドバイザーや力量ある特別支援教育コーディネーター等，教育支援者としてコーディネートと専門性の両面をもつ教育支援者）	

9	中間まとめ	ワークショップにおける視点の設定に向けた，これまでの「教育支援人材」の整理と検討（各教育支援人材の特徴・差異，学校・教師と協働する上での課題，子どもが「繰り返し来て欲しい」と望むような教育支援人材の資質等）	ワールドカフェ方式を用い，この方式に慣れることもねらいの一つである。
10	「子どもの権利をまもる」人材の役割	教師も教育支援人材も「子どもの最善の利益」を常に意識しながら，とりわけ学校教育においては子どもの＜能力と発達と学習＞を全面的，かつ十二分に保障する必要がある，という理念を児童権利条約等を通して再確認する。	小口尚子・福岡鮎美訳（1995）『子どもによる子どものための「子どもの権利条約」』，小学館など
11	教育支援人材としての私たち	履修学生が所属専攻・コース別に「自らの専門性が教育支援人材としてどのように位置づくのか／位置づきうるのか」についてグループディスカッションを行い，各専攻・コースごとに発表し合い，それぞれの特色を知る。	東京学芸大学では新設の教育支援課程・教育支援専攻の7コース4サブコース。
12	ワークショップ準備	第9〜11講をベースとした「教育支援人材」を考える視点の整理とプレゼンテーション資料の作成	複数グループで作成し，全体で一つにすりあわせる，あるいは複数のプレゼンテーションを準備する，いずれでもよい。
13＋14	ワークショップ「教育支援人材って何？」	◆13：00〜「教育支援人材」に関するプレゼンテーション（第11講で用意したもの）◆13：30〜＜ワールドカフェ＞方式のワークショップ（45分）×2セッション◆15：00〜休憩◆15：15〜まとめ①（ホワイトボードを用意して，ワールドカフェを通して到達した「教育支援人材」論を集約しつつ議論を展開。2グループの島長同士の化学反応を引き出す手立て）◆16：10〜終了	加瀬進（2015）多職種連携教育に向けたワークショップの試み－「教育支援人材って何？」をめぐる討論－．東京学芸大学紀要総合教育科学系Ⅱ　第66集，1 - 7
15	まとめと評価テスト	先行研究における「教育支援人材」論の到達点と本講義における学びを通してたどり着いた「教育支援人材」論の到達点を比較整理した上で，「教育支援人材の在り方と今後の課題」について論述テストを行う。	

出典：木原俊行（2010）「1-3 定義－教育支援人材の概念と役割／類型，ボランティア概念との関係」日本教育大学協会編『教育支援人材育成ハンドブック』，41-47。
　　　松田恵示（2015）「先導的実践プログラム部門多様な学校環境への取り組み」教育支援人材養成プロジェクト，平成26年度活動概要，56-59。

4　東京学芸大学における「教育支援」関連科目

　仮称「教育支援人材論」は筆者個人の提案でしたが，それと並行して，「教育支援」に関する新しい専攻共通科目の開設の仕方や内容を検討する「カリキュラムワーキンググループ」にソーシャルワークコース担当者として参画しておりました。ここでいう専攻共通科目とは 1 年次における「教育支援概論」と 2 年次における「教育支援演習」を指します。

（1）教育支援概論（教育支援課程必修）

　「教育支援概論」は教育支援課程の学生185名を 2 クラスにわけ，各コースの担当教員が「基礎講義－ゲストスピーカーによる実践紹介－まとめの講義と小テスト」という構成で 3 コマずつオムニバス形式により進められる授業です。前期と後期に各々 4 つのコースの講義を受けることで，1 年生段階でE 類全コース，（カウンセリングコース・ソーシャルワークコース・生涯学習コース（生涯学習サブコース・文化遺産教育サブコース／サブコース隔年）・多文化共生教育コース（多言語多文化サブコース・地域研究サブコース／サブコース融合）・情報教育コース・表現教育コース・生涯スポーツコース）の概要を知ることを目的としています。

（2）教育支援演習（教育支援課程必修）

　「教育支援演習」は各コースの学生をシャッフルしたクラスを編成し，各コース担当者が定めたテーマで，その担当者が 3 回ずつ各クラスで演習を行うという授業です。したがって，各年度，各コースのテーマはそれぞれ異なりますが，共通の「ねらいと目標」の下，受講学生は 7 つのコース各々について特徴あるテーマで演習を行います。

〈ねらいと目標〉
　学校を中心とする教育支援人材に必要な応用的知識と「チームアプローチ」

表 3 - 2 - 2　教育支援概論シラバス例（2022年度より）

コース	テーマ
カウンセリング	心理的支援の根底にあるもの
カウンセリング	学校における心の支援
カウンセリング	ストレスと心の健康
ソーシャルワーク	ソーシャルワークとこども支援
ソーシャルワーク	学校におけるソーシャルワークの必要性
ソーシャルワーク	スクールソーシャルワーカーの仕事
生涯スポーツ	教育支援と学校スポーツとの関連
生涯スポーツ	公立学校におけるスポーツ活動支援の現状と課題
生涯スポーツ	家庭，学校，地域の連携と運動・スポーツ
情報教育	学校視点での教育情報化支援
情報教育	企業視点での教育情報化支援
情報教育	教育情報化支援の展望
多文化共生	異文化適応と適応支援
多文化共生	日本における外国人児童生徒の教育支援
多文化共生	外国語につながる児童生徒の言語教育について
生涯学習（生涯）	生涯学習と学校・家庭・地域の連携
生涯学習（生涯）	地域における生涯学習の展開
生涯学習（生涯）	学習・教育支援者の役割
表現教育	芸術文化施設の教育普及事業
表現教育	公共劇場のワークショップとアウトリーチ
表現教育	芸術文化施設と学校の協働
Ｅ類総合	学校教育と教育支援１
Ｅ類総合	学校教育と教育支援２
Ｅ類総合	まとめ

力を習得しつつ，様々なコースの学生が協働し，教育現場をめぐる課題解決に取り組む実践的力量を身につけることを目標とする。

〈内　容〉
　全体を複数のコースの学生から構成される８クラス（チーム）に分け，教育

支援概論Ａ・Ｂの学習成果を踏まえながら，教育支援現場の実態や様々な課題・解決策等に関する実践的考察を「チームアプローチ」の手法を用いた多角的な討論や見学などを通して行う。

（3）3つの〈ブリッジ科目〉

　教育支援概論，教育支援演習は教育との協働を基調におきながら，教育支援系の学生が多角的に各コースの内容を学ぶというものですが，多職種協働教育の文脈の中で学校教育系の学生と教育支援系の学生が教育支援という文脈に位置づくテーマで共同学習する科目の開設を構想し，その結果設定されたのが，「教育ネットワーク演習」「教育マネジメント演習」「教育コラボレーション演習」という3つの選択科目（ブリッジ科目：筆者による呼称）です。以下，その概要を2022年度シラバスから紹介しましょう。

① 教育ネットワーク演習（選択）

　沖縄県名護市にある名護子ども食堂と東京学芸大学の連携のもとオンラインで実施されている学習支援活動に実際に参加しながら，現代の子どもを取り巻く環境や教育課題について理解するとともに，子どもたちへの支援の具体的方法（「学習支援」「チームアプローチ」「ネットワーキング」等に関する知識・技能）を学習する。授業は（1）事前研修（2）支援演習（3）中間講義（4）まとめの講義，から構成されるが，支援演習はおおよそ次の通りである。

【支援演習の概要】

　大学の教室と名護子ども食堂をビデオ通話ツールを用いて中継し，その中で個別学習支援と集団対集団のプロジェクト型学習を行う。毎回の支援終了後には，現地スタッフと大学の間で省察（支援の振り返り）を行い，次回に向けてより良い支援の行い方について考えることによって，実践と省察のサイクルを回し，一人一人の支援の質を向上させていく。

【支援演習の1日の流れ】
　　16：15〜16：30 事前準備
　　16：30〜17：30 プロジェクト型学習
　　17：30〜18：30 個別学習支援
　　18：30〜19：15 現地のスタッフも交えた省察（振り返り）

② 教育マネジメント演習（選択）

　「遊びを原動力にしたProject Based Learning」の考え方について学び，実際に現場で展開されるプロジェクト活動のマネジメントを経験することによって，それを推進することのできる資質能力を身につけることをねらいとする演習である。

　具体的には，東京学芸大学と株式会社パソナフォスターとの共同研究の実証フィールドとしてある「Miracle Labo 武蔵小金井」を演習のフィールドとして，多領域の学生同士がそれぞれの専門性を生かしつつ，連携・協働して，学校外における子どもの学びを支えるための手法（=Project Based Learning）を実践的に学ぶ。

　授業の序盤は，「遊びを原動力にしたProject Based Learning」の考え方や，そのような教育手法が求められる社会的背景，期待される効果について，講義を通じて学び，中盤以降は，放課後の教育フィールド「Miracle Labo 武蔵小金井」に実際に参加し，実践とその省察を通じて，「遊びを原動力にしたProject Based Learning」を推進できるための実践力を身につけることを目指す。

③ 教育コラボレーション演習

　海外在住の日本人の子どもたちの学校における学び・学校外における学びについて，タイ王国バンコクにおけるフィールドワーク（日本人学校，現地校，日系企業等）を行い，それに基づくグループワークを通じて実践的に学ぶ集中授業である。

【授業計画】

　第 1 回：授業の課題設定，スケジュールの確認等

　第 2 回・第 3 回：海外在住の日本人児童生徒の学びについて

　第 4 回・第 5 回：バンコクにおける日本人社会と日系企業について

　第 5 回〜第12回：バンコクにおける子どもたちの学び

　　▶インターナショナルスクール

　　▶在外教育施設

　　▶現地校

　　▶学校外（いわゆる shadow education）

　　▶その他

　第13回〜第14回：プレゼンテーション

　　参加者による調査活動，およびその発表

　第15回：まとめ

　以上，東京学芸大学における「教育支援」関連科目や多職種協働教育の取り組みを紹介してきましたが，「教育支援概論」「教育支援演習」において，学生一人一人が所属コースに関する興味関心と同程度の眼差しを他の領域に向けることができるかという点や，1コース3回のオムニバス形式という慌ただしさなど，少なからず課題も指摘されてきました。

　そうした中，令和5年度から導入されたのが，次にみる「教育創生科目」です。

5　多職種協働教育へむけた挑戦——「教育創生科目」の導入

（1）教育創生科目の概要

　これまでみてきたように，教育支援課程においては「教育支援概論」による多職種に関する基礎的知識・理解の獲得，「教育支援演習」による教育支援職志向学生同士の学び合いを実施してきました。3回オムニバスによる講義・演習の課題もありますが，多職種協働教育の一つの形として定着してきたといえ

ます。

　一方,「ブリッジ科目」は選択科目であること, だからこそその濃い内容, 授業時間外での活動を要するといったことから, 履修者はどうしても少数になるという現実がありました。

　そうした中, 学校教育系の学生と教育支援系の学生を改めてブリッジする科目が令和5年度カリキュラムに導入されることとなった, 7回終結・半期2クール・1単位の「教育創生科目」です。

　教育の様々な課題について先端的な内容を学ぶことをねらいとする教育創成科目は学校教育教員養成課程と教育支援課程を横断する科目群で2つの特色があります。

　一点目は, 本学が設定した, 目標とする2つの「人材像」と, それに紐づくこれからの教師に必要な「資質能力」別に分類されており, 学生が自らの課題認識に基づいて, 学びをデザインできる点です。

　二点目は, 学校教育にフォーカスしたⅠ群と学校内外の教育課題にかかわるⅡ群からなる点で, 学校教育教員養成課程, 教育支援課程いずれの学生もⅠ群,Ⅱ群から科目を履修するので, これにより, 2つの課程が橋渡しされる構造になっています。

（2）教育創生科目の実際

　図3-2-1の下部,〈履修方法〉に示したように, 学校教育教員養成課程の学生は：修得単位11単位（内訳【6単位（必修）＋5単位（Ⅰ群から3単位,Ⅱ群から2単位）】）, 教育支援課程の学生は修得単位7単位（内訳【1単位（「教育のためのデータサイエンス」必修）＋6単位（Ⅰ群, Ⅱ群から3単位ずつ）】）, さらに,「自由選択科目」（学校教育教員養成課程・最大9単位, 教育支援課程・19単位）の中でも, 一定単位数履修することが想定されています。7回終結・1単位科目であることも含めて多様な科目が広く履修されることへの期待は小さくありません。

　なお, 図中にある「フラッグシップ大学」とは, 文部科学省が創設した仕組みで,「「令和の日本型学校教育」を担う教師の育成を先導し, 教員養成の在り

方自体を変革していくための牽引（けんいん）役としての役割を果たす大学」を文部科学大臣が教員養成フラッグシップ大学として指定するというものです。本学ではその枠組みの中で人材像と資質・能力を設定し，それに対応する科目群をⅠ群：学校教育にフォーカスした科目，Ⅱ群：学校内外での様々な教育課題にかかわる科目として新設し，学校教育教員養成課程の学生には必修6単位を設定したのです。

　この教育創生科目は学校教育教員養成課程の学生に対して「自ら履修計画をデザインし，目標とする資質能力を身に付けるプロセスを重視」し，学校教育に限定されない内容をかならず学ぶように構造化されています。しかし，いや，だからこそ，ここに教育支援系の学生が参画することで「協働的学び」を通じた，「教師を理解し，子どもの最善の利益に向けて教師と協働できる人材」養成が実現されることを期待するところなのです。

　紙幅の関係から，学校教育系の学生に学んでほしいⅡ群科目と教育支援系の学生に学んでほしいⅠ群の科目を1つずつ，並びに必修科目を1つ紹介したいとおもいます。

Ⅰ群：インクルーシブ教育とユニバーサルデザイン

　近年のわが国の教育において，インクルーシブ教育システムの構築が重要な課題の1つである。また，世界的に「ユニバーサルデザイン（UD)」の考え方が普及してきており，教育分野におけるUDの試みも蓄積されてきている。特に国内では，授業のUDに関する考え方や実践手法が教育関係者の注目を集めている。本講義では，そのような近年のインクルーシブ教育とUDに関する基礎的な知識を習得することをねらいとする。

　インクルーシブ教育とUDについて，それぞれの考え方や，それらの考え方が生まれてきた背景などの基礎的な知識を理解したうえで，教科と授業のUD，およびUDと関連した個別支援や学校での支援体制などについて，学校教育の観点から講義を行う。

図 3 - 2 - 1　「教育

先導的科目（教育創成科目）と自律

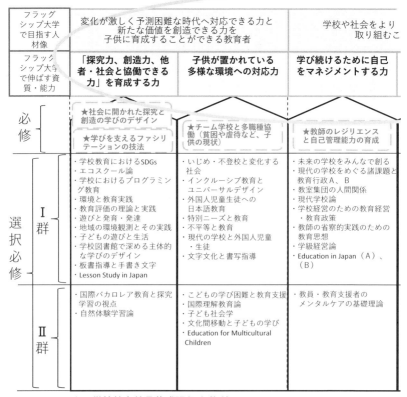

フラッグシップ大学で目指す人材像	変化が激しく予測困難な時代へ対応できる力と新たな価値を創造できる力を子供に育成することができる教育者		学校や社会をより取り組むこ
フラッグシップ大学で伸ばす資質・能力	「探究力、創造力、他者・社会と協働できる力」を育成する力	子供が置かれている多様な環境への対応力	学び続けるために自己をマネジメントする力

必修

★社会に開かれた探究と創造の学びのデザイン

★学びを支えるファシリテーションの技法

★チーム学校と多職種協働（貧困や虐待など、子供の現状）

★教師のレジリエンスと自己管理能力の育成

選択必修

Ⅰ群

・学校教育におけるSDGs
・エコスクール論
・学校におけるプログラミング教育
・環境と教育実践
・教育評価の理論と実践
・遊びと発育・発達
・地域の環境観測とその実践
・子どもの遊びと生活
・学校図書館で深める主体的な学びのデザイン
・板書指導と手書き文字
・Lesson Study in Japan

・いじめ・不登校と変化する社会
・インクルーシブ教育とユニバーサルデザイン
・外国人児童生徒への日本語教育
・特別ニーズと教育
・不平等と教育
・現代の学校と外国人児童・生徒
・文字文化と書写指導

・未来の学校をみんなで創る
・現代の学校をめぐる諸課題と教育行政A、B
・教室集団の人間関係
・現代学校論
・学校経営のための教育経営・教育政策
・教師の省察的実践のための教育思想
・学級経営論
・Education in Japan（A）、（B）

Ⅱ群

・国際バカロレア教育と探究学習の視点
・自然体験学習論

・こどもの学び困難と教育支援
・国際理解教育論
・子ども社会学
・文化間移動と子どもの学び
・Education for Multicultural Children

・教員・教育支援者のメンタルケアの基礎理論

★：学校教育教員養成課程 必修科目

《履修方法》学校教育教員養成課程：修得単位11単位※内訳【6単位（必修）＋5単位（Ⅰ群から
教育支援課程：修得単位7単位※内訳【1単位（「教育のためのデータサイエンス」必修）＋6単
※「自由選択科目」（学校教育教員養成課程・最大9単位，教育支援課程・19単位）の中でも，一

出典：東京学芸大学入門セミナー第1回資料（学校教育教員養成課程）。

創生科目」の概要

型カリキュラムモデルの開発

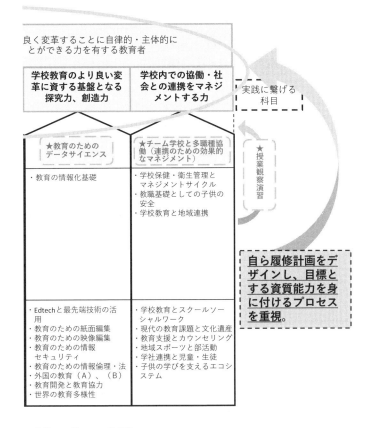

良く変革することに自律的・主体的に
とができる力を有する教育者

学校教育のより良い変革に資する基盤となる探究力、創造力	学校内での協働・社会との連携をマネジメントする力

実践に繋げる
科目

★教育のための
データサイエンス

★チーム学校と多職種協働（連携のための効果的なマネジメント）

★
授業観察演習

・教育の情報化基礎

・学校保健・衛生管理とマネジメントサイクル
・教職基礎としての子供の安全
・学校教育と地域連携

自ら履修計画をデザインし、目標とする資質能力を身に付けるプロセスを重視。

・Edtechと最先端技術の活用
・教育のための紙面編集
・教育のための映像編集
・教育のための情報セキュリティ
・教育のための情報倫理・法
・外国の教育（A）、（B）
・教育開発と教育協力
・世界の教育多様性

・学校教育とスクールソーシャルワーク
・現代の教育課題と文化遺産
・教育支援とカウンセリング
・地域スポーツと部活動
・学社連携と児童・生徒
・子供の学びを支えるエコシステム

３単位，Ⅱ群から２単位)】
位（Ⅰ群，Ⅱ群から３単位ずつ)】
定単位数履修することが想定される。

　この授業科目の履修を通じて，受講生がインクルーシブ教育とUDについて理解し，授業のUDを中心としたUDに関する考え方や実践手法について説明することができるようになることを到達目標とする。

Ⅱ群：学校教育とスクールソーシャルワーク

　「チーム学校」が提唱されてきた社会的・制度的背景とそこにスクールソーシャルワーカーがどのように位置づくのかを概観した上で，① 海外と日本における発展過程，② 社会背景とスクールソーシャルワークの必要性，③ 貧困，虐待，不登校等による「学びの困難」に対する学校教育の有り様，④ それらに対するスクールソーシャルワーカーの役割を講義する。

必修科目：チーム学校と多職種協働

　子どもの貧困や児童虐待，不登校といった社会課題を取り上げながら，「チーム学校」が求められる背景や政策動向，多様な専門スタッフからなる学校内の支援体制，並びに学校外の支援機関について概説し，「チーム学校」の構造について理解を深める。また，それぞれの諸課題に対応した支援実践の事例とチームアプローチの基本的な理論を取り上げた映像教材を用いて，多職種・多機関協働によるチームアプローチの実践的な知識を養う。

　「教育創生科目」は令和5年度にスタートしたばかりであり，その成果がどのようにでるのか，でないのか，息長くみていく必要があります。それはまた，本書が問おうとしている「学校福祉」を担う人材の養成・育成のトライ＆エラーを評価し，よりよく改善していく営みに他なりません。「能力と発達と学習」を学校教育の中で豊かにしていこうとする教員の養成・育成と，学校を含む地域共生社会の中で「子どもの最善の利益」を実現しようとする教育支援職の養成・育成が拮抗するのではなく，それぞれの特質と意義を保ちつつ融合した時，「学校福祉」の推進がリアリティをもつことになるのではないでしょうか。昨今の教員養成大学は社会情勢や諸施策に翻弄されることが少なくありませんが，東京学芸大学を含む，教員養成フラッグシップ大学の成り行きを，ぜ

ひ注目し，時に励まし，時に叱声をいただくことをお願いするしだいです。

注
⑴　北海道教育大学（H），愛知教育大学（A），東京学芸大学（T），大阪教育大学
　　（O）の 4 大学間連携による教員養成の高度化支援システムを開発する総合的プロ
　　ジェクトの通称。

引用・参考文献
入江優子・加瀬進編著（2020）『子どもの貧困とチームアプローチ——“見えない”“見
　　えにくい”を乗り越えるために』書肆クラルテ。
加瀬進（2010）「特別支援教育の時代における多職種連携に関する研究課題の検討
　　——小学校における多職種連携に関する聞き取り調査を手がかりに」日本特別
　　ニーズ教育学会『SNE ジャーナル』16(1)，5-25。
加瀬進（2014）「チームアプローチ力を育てる大学カリキュラム——カリキュラム開
　　発に向けたプロジェクト実践報告」HATO プロジェクト教育支援人材養成プロ
　　ジェクト。
加瀬進（2015）「多職種連携教育に向けたワークショップの試み——「教育支援人
　　材って何？」をめぐる討論」『東京学芸大学紀要総合教育科学系』66(2)，1-7。
加瀬進（2016）「教育と福祉におけるキー概念の共通理解に関する検討——〈子ども
　　の最善の利益〉及び〈能力と発達と学習〉に焦点をあてて」『東京学芸大学紀要
　　総合教育科学系』67(2)，1-10。
松田恵示・大澤克美・加瀬進編（2016）『教育支援とチームアプローチ——社会と協
　　働する学校と子ども支援』書肆クラルテ。

（加瀬　進）

第3章
教師教育における「学校福祉」とプロフェッショナル

　　日本の教師はたんに「教える人」（teacher）ではありません。子どもたちの生活に深く関与する仕事です。大学での教員養成を含む教師教育においてもこの視点が欠かせません。教師もスクールソーシャルワーカー，スクールカウンセラー，スクールロイヤー等とともに学校における福祉的課題の解決に携わる学校福祉の専門家です。これが人にかかわる専門職に共通する性格です。またそうであるからこそ，子どもたちに働きかけていく専門職は相互にその思想・理論・方法を学びあい，他の専門職をリスペクトできなくてはなりません。そうした専門家のことをプロフェッショナルと呼び，自分の専門以外に目を向けることにできないスペシャリストと区別します。プロフェッショナルになるためには生活や福祉にかかわる共通知の獲得が求められます。またそれぞれの専門職が自分の専門職用の言葉や実践の枠組みにとらわれることなく，学校福祉にかかわる新しい言葉や実践の枠組みをつくっていくことも重要です。

1　学校における福祉的課題の解決に向けて何が問題か

（1）学校教育にたいする福祉のまなざし

　20世紀末から格差・貧困に社会的関心が高まり[(1)]，学校における福祉的課題の解決に福祉専門職の関与が必要だという認識が形成されるにともない[(2)]，文部科学省は2008年にいじめ，自殺，暴力，性被害・犯罪被害，不登校，貧困，虐待等に対応でき，関係機関との連携，学校内での体制づくり，保護者や教職員への支援・相談にあたるスクールソーシャルワーカー活用事業を開始しました。また，2015年12月の中央教育審議会答申「チームとしての学校の在り方と改善方策について」をうけて，教育（教師），心理（スクールカウンセラー），福祉（スクールソーシャルワーカー）が協働して事にあたる「チーム（としての）学校」が提唱されました。こうして福祉の側から学校や教育への関心が一気に高まるとともに，学校における福祉的な課題を担うのはスクールソーシャルワーカーだという声が大きくなっています。学校の側からは，多忙化のなかで子どもや保護者に対応できるスタッフが増えることや，教育の視点以外から子どもを見る専門家のアドバイスを歓迎する声もある一方で，ソーシャルワークの側に教育や学校にたいするいくつもの誤解があります。

- スクールソーシャルワーカーは子どもの権利を最優先するが，教師はそうではないので毅然と言ってやることも必要。
- 子どもをありのままを受けとめるのがスクールソーシャルワーカー，教師に従順な「生徒の役割」を期待するのが教師。
- いじめと不登校は教師の仕事ではなくてスクールソーシャルワーカーの仕事。
- 環境に働きかけるのがスクールソーシャルワーカーの仕事，子どもに働きかけるのが教師の仕事。
- 学校の生活指導はスクールソーシャルワーカーに任せた方がよい。その方が多職種連携になる。

　これらへの反論は別の機会に表明したのでここでは省きますが（山本 2011），このように教師に対するスクールソーシャルワーカーの優位性という認識がある間は，教育職と福祉職の連携は進みません。もちろんスクールソーシャルワーカーにたいする教師の側の誤解も連携の妨げですが，専門職が連携するためには他職種の自律性の承認とリスペクトは欠かせません。

（2）専門職養成のシステムの問題点

　学校における福祉的課題の解決に向けた専門職の協働を妨げているもうひとつの問題点は，専門職養成の制度にあります。教育職員免許法から見ていきます。小学校や中学校の1種免許を取得するにはそれぞれ59単位が必要です。両方の1種免を取得するには重複分を差し引いても90単位程度が必要です。これに外国語，体育，情報，日本国憲法等のいわゆる教養的科目を加えると100単位を越えます。4年制大学の卒業要件が124単位なので，残りは20単位程度。124単位以上の修得が禁じられているわけではないので，教員免許取得に必要ではない他の職種を理解するための科目の履修は可能ですが，学年ごとの取得単位の上限を設定するよう文部科学省から指示され，その遵守が大学認証評価の評価項目にもなっているため，好きなだけ履修させることができるわけでもありません。さらに，現行の免許法が採用前研修講座と言ってもいいような科目を並べて，採用後すぐに役に立てるスキルの習得を求め，教師とは何かとか教育するとはどういうことかをじっくり考えることができにくい構造になっているという問題もあります。また，いくつかの科目では福祉にかかわる内容を扱うよう指示されてはいますが，教員免許を取得するための59単位のなかに福祉系科目は設定されていません[3]。

　スクールソーシャルワーカー養成課程はどうなっているか。スクールソーシャルワーカーの資格は日本ソーシャルワーク教育学校連盟が認定する資格です。社会福祉士や精神保健福祉士を養成している大学等に設置されたスクールソーシャルワーカー養成課程を修了すると取得できます。スクールソーシャルワーカー資格取得には社会福祉士や精神保健福祉士のカリキュラムにスクールソーシャルワーク関係の諸科目を加え，教育系については，「教職の意義及び

教員の役割・職務内容（チーム学校への対応を含む）」と「教育に関する社会的，制度的または経営的事項」の内容を含む科目を１科目，「幼児，児童及び生徒（障害のある幼児，児童及び生徒を含む）の心身の発達及び学習の過程に関する事項」と「生徒指導の理論及び方法」「教育相談（カウンセリングに関する基礎的な知識を含む）の理論及び方法」「進路指導（キャリア教育に関する基礎的な事項を含む）の理論及び方法」を含む科目１科目の最小２単位と設定されています。「教育の理念並びに教育に関する歴史及び思想」の内容，すなわち「教育原理」に想定される科目は含まれていません。

2　連携できるプロフェッショナル，連携できないスペシャリスト

　教師もスクールソーシャルワーカーも他の専門職には委ねることのできない知識，技術，価値観を身に付けることでその専門性が証明されます。学校における福祉的課題を解決するためには様々な専門職の協働が必要ですが，協働は役割分担と同じではありません。専門職が協働するにはそれぞれの専門の自律性の承認のうえに，学校における福祉的課題の達成という目標を共有しつつ，他の専門職の仕事への理解やリスペクトが必要です。

　教師から見るとスクールソーシャルワーカーは教育の専門職ではありません。スクールソーシャルワーカーから見ると教師は福祉の専門職ではありません。ですが教師はスクールソーシャルワーカーとの協働なくしてその専門性を発揮することは困難です。スクールソーシャルワーカーも教師との協働なしにスクールソーシャルワークを進めることは困難です。専門職が協働しなければならない時代に求められる専門性とは他の専門職と協働できる専門性です。教師はスクールソーシャルワーカーに教育という仕事の内容や意味を伝えるとともに，スクールソーシャルワークという仕事の内容や意味を理解したり，スクールソーシャルワーカーの意見に耳を傾け，対話できる力が必要です。スクールソーシャルワーカーならばスクールソーシャルワークという仕事の内容や意味を伝えるとともに，教育という仕事の内容や意味を理解したり，教師の意見に耳を傾け，対話できる力が必要です。互いに，自分の専門性からすると相手は

アマチュアであるため，自分の仕事の専門性をわかりやすく伝えることができなくてはならないし，相手の専門的な知識，センス，スキルが理解できる知性や感性をもっていなければなりません。

　哲学者・鷲田清一の用法に従えば，こうした意志と力と他の専門職へのリスペクトをもった専門家がプロフェッショナルで，これらがないのがスペシャリストです（鷲田 2013）。上述したスクールソーシャルワークの関係者たちはせいぜいスペシャリストです。また，鷲田によると，ある専門と別の専門をつなぐのが教養であり，専門家がプロフェッショナルであるためには教養人でもなければなりません。学校福祉のプロフェッショナルを育てようとすれば，その養成課程もしくは就職後の研修等において，教師は社会福祉，児童福祉，教育福祉等々の基礎的な知識や制度について理解しておく必要があり，スクールソーシャルワーカーも教育への原理的理解や教育実践や子ども理解の理論と方法は学んでおかなければなりません。今求められるのは教養のあるプロフェッショナルです。

3　人の生活に関与することにかかわる「共通知」

　教師とスクールソーシャルワーカーが相手の専門性をより理解するために，教師が福祉について，スクールソーシャルワーカーが教育について学ばなければならない，と今述べたところです。しかしそれでは不十分です。教師の専門性とスクールソーシャルワーカーの専門性をつなぐ「共通知」（亀山 2022）が必要です。「共通知」の発見や創造の過程で，両者は互いにリスペクトし，相手の専門的な知識，センス，スキルを理解する知性や感性を身に付けることができるからです。

　人にかかわる専門職の仕事には，教える（訓える）人と学ぶ人，医者や看護師と患者，ワーカーやカウンセラーと相談者のような，その専門職に固有の関係性にもとづいて相手に働きかけていく側面があると同時に，相手を，様々な人間関係に依存しながら自らの意志と力で生活を営んでいる生活者とみて，相手の声を聴いて働きかけていく側面とがあります。教師のほかにも保育士，医

師，看護師，保健師，弁護士，ソーシャルワーカー，カウンセラー，スクール
ロイヤー，法務教官等の仕事にも，相手を生活者と見て関係性を築いていく側
面があります。たとえば医者の仕事はキュア，看護師のそれはケアと区別され
ます。たしかに医者は患者を治療することがその職務の中核であり，看護師は
患者を生活者ととらえ，入院や通院の必要がなくなったときのことを考えて看
護します。ですが，地域医療に取り組んできた病院は，医者，看護師，保健師
でチームをつくり，地域の患者会に出かけて行って，健康な生活を送るための
学習会を患者の家族を含めて定期的に開催しています。患者を「病変をもった
臓器」ではなく生活者として働きかけているのです。

　このように，人にかかわる専門職には，その専門職にしかできない仕事とと
もに，相手の生活に何からのかたちで関与するという共通点があります。これ
が専門職の協働を考えるさいの基礎ないしは大前提です。そうだとすると，学
校福祉のプロフェッショナルの「共通知」として，哲学，倫理学，法学，政治
学，経済学，社会学，家政学，文学，芸術等の生活にかかわる諸学問の基礎を
身につけておくことが必要となります。もちろん自然科学や芸術も含めるべき
です。これらが専門と専門をつなぐ「教養知」（亀山 2022）です。

4　生活にアプローチする方法に関する「共通知」

（1）福祉の教育的機能への着目

　生活にかかわる諸学問の基礎などの「教養知」とともに，教育には教育に固
有の，福祉には福祉固有の，相手の生活の働きかけていく「専門知」もありま
す。その交流をとおして，学校福祉にかかわる「共通知」を形成していくこと
が必要です。その試みは40年くらい前に始まっています。日本生活指導学会が
1983年に設立されて以来，何をしてきたかを端的に述べた文章があります。

　「教育・保育，看護，福祉・司法福祉，心理臨床などの諸分野のなかに『生
活指導』とよんでいいものがあるという仮定のもとで，それぞれの分野のなか
にある『生活指導』的なものを取り出し，交流してきた。」（竹内 2003：8）

　幾分，教育寄りの解説をすると，人びとを生活主体ととらえ社会的実践主体

に育てていく機能としての生活指導が，教育・保育，看護，福祉・司法福祉，心理臨床などの領域にあるということです。その交流を通して，人間は専門家から指導され，援助され，治療される対象者（被教育者，患者，相談者…）である前に，生活者であるという認識が共有されていきました。正確には共有されたはずというべきでしょうか。スクールソーシャルワークについても，子どもや家族を援助対象と見る前に生活者ととらえ，子どもや家族を社会的実践主体に育てていく生活指導という機能をもった実践ととらえること可能となりました。

　では，子どもや家族を援助対象と見る前に生活者ととらえ，子どもや家族を社会的実践主体に育てていくとはどういうことでしょうか。「福祉の教育的機能」（高橋 2001：18）と呼ばれるコンセプトがあります。福祉の理念や目的は生存権の保障であり，その責任は国にあります。しかしながら憲法第25条で生存権が国民の権利と定められていても，福祉は長い間，経済的に困窮している層や，子ども，高齢者，障害者等，社会的な弱者など，生活に困っている人びとへの国からの施しやお恵みと考えられていました。しかし，様々な社会運動を経て，福祉の対象は生活に困っている人や公的に「認定」された人のみならず，あらゆる人びとが対象かつ主体であり，その内容も食べていければよいという水準ではなく，「健康で文化的な最低限度の生活を営む」ことができるような保障でなくてはならないという考え方が根付いてきました。「福祉の教育的機能」とは，対象者を援助対象者ととらえるのみならず，どういう生活をしたいかを思い描き，その実現に向けて行動する主体，自分が必要としている福祉を請求する権利を行使することができる権利行使主体ととらえ，指導・援助を通して対象者を行為主体，権利行使主体に育てていく機能があるというコンセプトです。

（2）教育をやめてみる，スクールソーシャルワークをやめてみる

　対象者をどういう生活をしたいかを思い描き，その実現に向けて行動する主体，自分が必要としている処遇を請求する権利を行使することができる権利行使主体ととらえ，対象者を行為主体，権利行使主体に育てていくというのは教

育実践の基本です。少し詳しく説明しておきます。

　人間が自立していく過程で重要なことは，どういう生活をつくりたいか送りたいかという要求を意識化することです。サッカーが上手に，野球が上手に，絵を描くのが上手に，楽器が上手になりたいなどの発達要求，○○のような人間でありたい，◎◎のような人生を送りたいという存在要求，友だちや教師や親に認められたいという承認要求，図書館，公園，スタジオ，ミーティングルームなどの施設・設備の充実や改善にかかわる文化的要求，自分にかかわることについての意見表明やその討議・決定過程への参加にかかわる政治的要求などがあります。

　次には，これらの要求がどうすれば実現できるかという展望や計画，実現するとどういういいことがあるかという期待や喜びなどの見通し（perspective）です。さらに，見通しに支えられて行動した結果形成される達成感，そしてこの要求の実現にともに取り組む仲間です。「要求，見通し，達成感，仲間」とまとめておきます。

　重要なのはこういうことです。まず，「要求，見通し，達成感，仲間」が自立にとって必要だとは学習指導要領にも生徒指導提要にも幼稚園教育要領にも保育所保育指針にも書いてありません。むしろ生徒指導提要はこれとは真逆です。「要求，見通し，達成感，仲間」は，国がそれを教育として想定していない自立支援のコンセプトです。また，人間的自立には「要求，見通し，達成感，仲間」が必要だという理論が最初にあったのではなく，保育実践や教育実践の検討を重ねるなかから，実践の現場から，実践に必要なコンセプトとしてつくられたことばです。

　このように教育するというは，その目的を子どもたちが格闘している現実と関係のないところで設定し，特定の方法を用いて「対処」するというものではありません。子どもたちが生活のなかで何を考え，何を感じているのか，どう見ているのか，誰とどのような関係を結んでいるのかに関心を寄せ，子どもたちが生活をどのようにしたいと考えているのかを注意深く聴き取り，要求を意識化させ，見通しを共有し，適切な方法を考えることから始まります。ある意味で，教育することをやめたときに教育が成り立ちます。人間形成はだれかの

教育計画のもとですすめられるのではなく，子ども自身の生活にたいするスタンスに応じて，すなわち子ども自身が自らの生活を自らの意志と力で切り開こうとすることをとおしてすすめられるからです。教育はその過程に参加する営みなのです。

　同じようにスクールソーシャルワークをやめたときにスクールソーシャルワークの目的が達成されるのではないでしょうか。ソーシャルワーク実践のステップには，クライエントのニーズを把握するインテーク，クライエントに関する情報を評価し分析するアセスメント，クライエントへの支援方法を計画するプランニング，支援が順調に進んでいるか修正が必要かを評価するモニタリング，支援終了後に支援過程全体を評価するエヴァリュエーションが想定されています。実践の手順や進行はソーシャルワークに限らず概ねこのようなものでしょう。このステップを社会運動団体の運動過程に置き換えると，情報収集，分析と原案作成，原案の討議と方針の決定，実践の中間総括，実践の総括となります。それぞれのステップを表現する言葉がソーシャルワークの用語か，運動の現場でつくられてきた用語の違いでしかありません。教育実践と比べても同じです。ソーシャルワークでいうアセスメントが，教育実践では，子どもの生活現実との格闘に共感する，子どもの声を聴く，子どもにとっての必要と要求を明らかにするというフレーズになります。換言すると，言葉はスクールソーシャルワークの用語ですが，中身は他の領域とそう変わらない。とくに専門的と言うほどのものではありません。スクールソーシャルワークをやめてみるというのは，ソーシャルワーカーだからアセスメントの方法技術に習熟し，アセスメントが上手くできないといけないと考えるのではなくて，ソーシャルワーカーの働きかけが，「生活者である子どもの声を聴き，生活者に働きかけていく」にふさわしいものになっているかをつねにふりかえるということです。

5　教育実践記録を読む・書く

（1）「みたこと」「思ったこと」「したこと」
　そのための手がかりとして，教育実践記録を読むことや書くことについて，

その方法や意味を考えてみます。

　われわれの日常生活は、「みる」「思う」「する」から成り立っています。たとえば、朝起きたら、まず空を見て、晴れているか曇っているか降っているかを確かめます。次に、曇っていたら、降るかな・降らないかなと思ったり、確かめようとテレビ、新聞、インターネット、スマホのアプリ等で天気予報を見て、降水確率等を調べて、傘を持っていくか、折りたたみ傘にするか、大丈夫と判断して傘をもっていかないと決めます。そして、これらの考察にしたがって傘をもって行ったりいかなかったりします。傘をもっていかずに雨に降られると、どこで判断が間違ったかを振り返ったりします。

　教育実践も同じです。実践は「みる」「思う」「する」で構成されていて、実践記録には「みたこと」「思ったこと」「したこと」が書かれています。「みたこと」「思ったこと」「したこと」という枠組みで記録されているわけではありませんが、記録を読むと「みたこと」「思ったこと」「したこと」が書かれていることがわかります。

① ［みたこと］——見る、聞く、調べるなどととおして情報を集める

　実践は、子どもたちに関する情報を集めることから始まります。学校での子どもたちの様子を見たり、おしゃべりしたり、日記や作文を読みながら、気になること、感じることをつかみます。または、保護者、前担任に聞いたり、学童保育、保育園、幼稚園等を訪ねたりしながら、子どもたちの成育史、家族関係、生活状況、発達の程度などを知ります。とりわけ、気になる子どものそれや、気になる子をめぐる友人関係とグループのなかの地位を把握します。そのために気になる子どもをめぐる関係図を書いてみます。

　学級づくりならば、教師と一緒に問題の解決に取り組んでくれそうな子ども、子どもたちのなかに影響力をもっている子どもを探します。最初から子どもたちのことすべてを把握することはできないので、実践しながら把握したり、修正していきます。トラブルがあったときは、トラブルの事実、トラブルの展開、誰がトラブルの当事者か、なぜトラブルが発生したか、学級の誰が見ていたか、止めようとしたか、その場にいたか・いなかったかなどを確かめます。「事実

の把握」が大事で，未確認情報をもとに動かないようにしないといけません。

② ［思ったこと］——情報を分析し，方針をたてて，実践構想をえがく

　集めた情報をいくつかの要素にわけることを分析といいます。たとえば，トラブルがあった場合は，トラブルにかかわる諸事実を「誰が−誰と−誰に−何を」したのかと分けて，さらにその当事者たちの行為とその背景にある動機，家族状況，両者の関係の歴史を把握しつつ，行為に表現された子どもたちの内面を予想します。行為と内面の分析や日記等の読み取りから，今子どもに必要なことや子どもが何を求めているかを予測します。

　以上のような分析にもとづいて，どの子に，どういう力をつけたいか（目的），そのためにどう働きかけるか，何を提案するか，どのように提案するかを構想します。学級担任ならば，班長会議を開いて一緒に作戦を立てるとか，学級会で議論するか，個別指導にするか，関係者を集めて話をするかなどを決めます。

③ ［したこと］——対話，提案，討論，説明，指示，評価など実際になにをしたか

　まず記録に書くべき内容は，トラブルやイベントの当事者たちや気になる子どもたちとの対話やおしゃべりの内容です。学級で討論になった場合はその内容，何をするかを議論した場合には班長会・リーダー会，学級会での討議の内容について，誰がどういう発言をしたかを，できるだけ発言した通りのことばで記述します。「△△に着席するよう指導した」では，具体的にどういう言葉で，どういう口調で，どういう態度で指導したのかわかりません。「△△に着席するよう声をかけた」では，アゴで指示したわけではないということ以外，わかりません。「授業を始めるからと，△△に着席するよう声をかけた」は，上の二つに比べると指導（指示）した理由はわかりますが，具体的にどう指導（指示）したのかわかりません。「△△のそばに行って，膝をついて「自分の席に座ろうか」と声をかけた」くらい書いてあるとその場面をイメージしやすくなります。スクールソーシャルワークの記録でも「支援した，援助した，つな

いだ」ではなくて，何をしたかわかるように書いた方がよりリアルにその場を
イメージすることができます。

　ところが，「思ったこと」を書くのはなかなか難しいのです。記録化すると
きに，特にトラブルに遭遇してすぐに対応したりした場合は，何を思ってそう
したのかを思い出せないことがあります。逆に，「思い」はたくさん書かれて
いるが，「したこと」が書かれていない記録もあります。わかりやすい実践記
録は，「みたこと」「思ったこと」「したこと」がわかるように書いてあります。
実践記録を書いたことのない人は，「みたこと」「思ったこと」「したこと」を
意識するために，あえてに「みたこと」「思ったこと」「したこと」をわけて書
いてみるといいと思います。サンプルとして「みたこと」「思ったこと」「した
こと」をわけて書いた記録も掲載しておきます（表3-3-1）。この書き方は，
学童保育の実践記録書き方講座や，日本福祉大学学校教育専修の教育実習で教
えて，実際に書かせて，記録にもとづいて事後指導をしています。

（2）教育実践記録を分析する

　それでは，教育実践記録はどのように分析していくものなのか。

①「したこと」が適切だったか

　「方針」にもとづいて子どもたちにアプローチできているか，子どもが理解
し納得できるように提案したり話したりしているか，子どもの声を聴いている
か，同僚，管理職，関係機関との連絡が必要に応じて適切に行われているかな
ど，記録の分析はまず「したこと」の適切性に向けられます。

② 方針は間違っていなかったか

　「したこと」との関係で，子どもの納得を得られていないなど，うまくいっ
ていない場合，働きかけ方とともに，「方針」が適切であったかとか，実践の
目的や方針と実際の働きかけ合致していたか，別の方法がよかった可能性はな
いか，そもそも方針や目的に問題はなかったかを検討します。

表3-3-1　「みたこと」「おもったこと」「したこと」を意識した教育実践記録

みたこと 情報を集める。見る，聞く，調べる。	思ったこと 情報を分析する，実践の方針を立てる	したこと 対話，提案，討論，説明，指示，評価
【事実の把握】 ＊昼食時，みゆきが担任のところに来て，「かなえがニンジンを私の皿に入れた」と言いに来た。かなえはきつい目で担任を見ていた。⇨	【因果関係の分析：予測】 ＊かなえには何かつらいことがあったのかもしれない。おとうさんが単身赴任だけど関係あるかな 【予測の検証】 ＊なぜしたのかきいてみよう。⇨	（斜め右にずらしながら書く） 【実際に聞く】 Ｔ：「かなえ，いれた？」 か：「うん」（目をそむける） Ｔ：「悪いと思ってる？」 か：「うん」（フンという感じ） Ｔ：「昨日はお父さん帰ってこなかった。いつもなら帰ってくる日だよね。さびしかった？」 か：「うん」
【事実の観察・把握】 ＊かなえと対話している最中に聞こえてきた声。Ｎ（つぶやき）「またや，わたしだってさ，がまんしろや！」 ⟸	【Ｎの声を聴いて予測】 ＊このままだとかなえは心を閉ざすかもしれない。 ＊かなえの寂しさを予感。 【どう変わってほしいか，どんな力をつけたいか】 ＊かなえのような子はたくさんいたはず。みんなで話し合ってみるといいのではないか。つらさを吐き出すとともに，乗り越える力が必要。	
	【方針】 ⇨ ＊さびしい子どもたちをどうつなげて，つらさを吐き出せるか。おしゃべりクラブはどうだろう。	次の日【提案】 Ｔ：きのうの「にんじん」事件だけど…。かなえがお話ししたいんだって。 か：毎日，妹と7時までお留守番していて，お父さんも関西で仕事をしていて，時々しか帰ってきません。 Ｃ：そりゃストレスや！ぼくだってそうや，寂しくて，夜目が覚めて泣くことがある。 Ｔ：かなえと，同じように思っている子いる？

		C：ぼくのお父さんもお仕事で遠くに いる。毎週金曜か土曜に帰ってくる。 おかあさんは病院の仕事。そんなと きは，学校で落ち着かない。
		C：かなえさんはお留守番とお父さん が遠くに行っているからそうしたん だと思う。わたしも寂しいときがあ る。お父さんやお母さんは，土曜は 日曜はお兄ちゃんのサッカーの応援 に行くので，わたしは1人でお留守 番している。
		C：お父さんもお母さんもお医者さん で，帰りが遅くなるときもあるし， 帰れないときもある。
		C：お母さんはずっと入院していて， お父さんはわたしが寝た後，12時ご ろ行きます。
		T：そんなときどうしてる？
		N：泣く，あばれる，かべを蹴る，弟 を殴る…
		T：おしゃべりクラブやらない？
		N：何それ，いたずらクラブ！！
		T：じゃあルールつくろうか。

③　分析と方針との関係が合理的だったか

　その分析なら，方針や目的は違うものになるのではないか，それ以前に，子 どもたちの状況分析が子どもたちの必要と要求や発達課題を把握するものに なっていたかを見直します。

④　実践を構想するために必要な情報を把握していたか

　子どもたち同士の関係性，前の学年の様子，成育史，親子関係，地域や家庭 での生活を把握していたか。学級づくりにおいては，子どもたちの関係性の分 析は必至です。子どもたちの関係を排除・牽制・気遣い・敵対の関係ではなく， 共感・友愛・公正の関係に変えていくこと，それを子どもたち自身の手で成し 遂げていくことが決定的に重要で，そのためには誰と誰がどういう関係か， 「つながりの環」は何かなどを発見しなければなりません。

⑤ 教師の実践者・専門家，人間としての成長を確認する

　経験を積んでいけば，それなりに「ネタ」もふえて，「指導技術」も豊富になりますが，教師の成長はそれだけに限りません。それ以上に，上記のことを通して，現代社会で生きづらさや多様かつ固有のニーズをかかえている子どもの声を聴くことができるようになり，そこを実践の出発点におくことができるようになり，人間の尊厳や人間の尊厳が保障される社会の在り方を構想できるようになることが求められます。

　上記のサンプル（表3-3-1）を使ってもう少し具体的に述べておきます。この実践は実際に石川県の小学校教師の3年生の教室での実践から一部を切り取ったものです。この教師の実践から学ばないといけないことは，子どもの必要と要求や発達課題を把握しようとしていることです。そのさい，子どもの必要と要求や発達課題を把握するための決まった分析方法があるわけではありません。『生徒指導提要』にはその方法が書かれていますが，一般的な方法の羅列に過ぎません。ものはそれを見ようとする者にしか見えません。実践者が何を見ようとしているか，そこが実践者のセンスです。哲学者の佐藤和夫が次のように述べています。

　　　人間の認識構造のなかでもっとも興味深いことは，ものは，それを見ようとする人にたいしてのみ見えるように現れるということである。……人間は，あるものを知覚するだけでなく，それを何らかの連関に結びつけて意味を見いだしたときにのみ，知覚したものとして記憶する。この意味連関に入りえないものは忘れさられるから，見えてはいたことになっていても見ていないことになる。　　　　　　　　　　　　　　　　（佐藤 1985：57）

　裏返して読むと，「見ようとしていない人には見えない」とか，「見ようとしないから見えない」ということです。さらに，なぜ「見えない」かと考えると，「見えないのは，見ようとしていないから」です。ということは，「見よう」とすることが実践（指導）の出発点であることがわかります。繰り返しになりますが，ここから出発するのか，『生徒指導提要』などから出発するのか，人間

的自立を指導・援助する実践をするのか，その分岐点になります。

　では何を見るのか。佐藤に従えば，「見える（理解する）」とは「意味連関が見える（わかる）」ことです。この教師が最初につかんでいた情報は，給食のとき，かなえがみゆきの皿にニンジンをいれたこと，かなえのお父さんが単身赴任で時々しか帰ってこないこと，「またかなえがなんか言うとる」と思っている子どもが多いこと，自分もかなえと同じだと思う子もいるはずだということと，です。これらを個別に情報として把握しているだけでは，かなえの行動を理解することはできません。そういう場合には，教師はかなえに「人が嫌がることをしたらだめでしょ」という程度の「指導」しかできません。せいぜいきつく言うか，優しく言うかの違いしかない。きつく言ったからよくないとか，優しく言ったからよいとか，そういうことでは分析になりません。子どもたちの自立を指導・援助する実践は，当事者の子ども，この場合はかなえが抱えている生活の重みを見ようとします。この教師はそういう教師だったので，かなえがみゆきの皿にニンジンをいれたのは，単身赴任しているお父さんが帰ってこなくてさびしかったからではないかという仮説をたてることができました。だから，このままだと，「またかなえだと思う子が多い」ので，ますますかなえが学級から浮くことになるので，そうならないために必要な手立てを考えて，学級での討論とクラブを提案します。しかし，「かなえのさびしさ」や「学級から浮く可能性」は仮説に過ぎません。この仮説があたっているかどうかは，実践的に検証するしかありません。指導方針をたてて，働きかけてみて，その結果，仮説した通りになったか，子どもたちのなかにどういう変化が生まれたか，を見るしかありません。

　次にこの教師はどのようにして指導方針を立てたか。かなえの要求が「さびしさ」を理解してもらいたいことにあると同時に，望んだからといって簡単には解消されないおとうさんの単身赴任という事実を受け入れる力もかなえには必要です。それはたんに我慢するという精神主義ではありません。一方，学級もかなえの「さびしさ」を理解できなくてはなりません。しかしそれはかなえの行動を無条件で認めることではありません。この教師はかなえに語りかけて，かなえの行動がさびしさからの行動であるという仮説を確かめ，ほかにもそう

いう子どもたちがいたはずだと思いを巡らし，そういうさびしい思いをしている子どもたちの関係をつくっていくことで，かなえの課題と学級の課題が解決できるのではないかと考え，学級での討論とクラブを提案したのです。

6　ま と め

　以上述べてきたことをまとめると，次のようになります。学校福祉のプロフェッショナルとしての教員養成・教師教育においては，学校福祉にかかわる他の専門職と協働できる力を育てなければなりません。そのさいには学校福祉のプロフェッショナルにとっての共通知の習得が土台となります。その共通知とは，まず，どの学校福祉のプロフェッショナルも，相手の生活に何からのかたちで関与するという点で共通しており，哲学，倫理学，法学，政治学，経済学，社会学，家政学，文学，芸術等の生活にかかわる諸学問の基礎がこれにあたります。これらを専門と専門をつなぐ「教養知」とします。つぎに，どの学校福祉のプロフェッショナルにも，生活や生活を豊かにしていくための固有の方法や「専門知」があります。教育の方法であるか，スクールソーシャルワークの方法であるかにこだわらず，生活者を社会的実践主体にし，人間的な自立を指導・支援するためのアプローチの方法やそれにふさわしい言葉を創造しながら身に付けていく学校福祉のプロフェッショナルの養成システムの開発が求められています。

注
(1)　もちろん，それ以前から，学校にかかわる福祉的課題は存在している。とくに同和教育や障害児教育においては，社会運動をその背後にもち，激しい対立も伴いつつ，就学保障や差別問題が理論的にも実践的にも追究されてきた。また児童養護施設の子どもたちの生活や進路，学童保育，学校給食，保健にも関心が寄せられ，専門職との協働の必要性が主張されている。そのほか，非行・問題行動，不登校の最前線に立っていたのは教師たちである。学校をサボって暴力団事務所に入りびたっている小学生や中学生を「取り返し」に行ったのも教師である（能重 1979，今村 1998）。1980年代には，当時流行り始めたコンビニの名称をもじって，自らを

「セブンイレブン教師」と名乗り，午前7時から午後11時まで，学校にも来ないし，家にも帰らない子どもを探し回っているという教師もいた。

(2)　格差・貧困は政策的につくりだされたものであることや，問題になり始めたさい，政府が無関心であったことは，拙論（山本 2008）を参照。またここで筆者は，貧困問題に取り組んでいる学校を紹介しつつ，学校へのスクールソーシャルワーカーの配置が必要なことを提案している。

(3)　日本福祉大学学校教育専修では，福祉の大学における教員養成であるという自覚の下，59単位のなかの「大学が独自に設定できる科目」のなかに福祉系科目を配置し選択必修科目にしている。

(4)　多くの大学には一般学部にも教職課程が設置され，教職課程用に開設された科目を履修することになると思われるので，実際は10単位履修することにはなると予想される。

引用・参考文献

今村克彦（1998）『今村組346人』たかの書房。

亀山郁夫（2022）『人生百年の教養』講談社。

佐藤和夫（1985）「人間の見えない文化」『思想と現代』創刊号，白石書店。

高橋正教（2001）「教育福祉の問題状況と課題」小川利夫・高橋正教編著『教育福祉論入門』光生館。

竹内常一（2003）「生活指導研究の課題」日本生活指導学会『生活指導研究』No.20，8-25，エイデル研究所。

能重真作（1979）『ブリキの勲章』民衆社。

山本敏郎（2008）「〈格差〉〈貧困〉問題と生活指導」『生活指導』655号，明治図書。

山本敏郎（2011）「教育と福祉の間にある教師の専門性」日本生活指導学会『生活指導研究』28号，53-66，エイデル研究所。

鷲田清一（2013）『パラレルな知性』晶文社。

（山本敏郎）

お わ り に

　子どもたちは私たちの専門性の架け橋になる存在です。

　学校とともに仕事をする私たちは，それぞれにスペシャリストとしての専門性の向上を目指してきました。しかし，子どもたちから見ると教育や福祉，心理，医療，司法といった分け隔てはありません。自分の生活や価値観と適切に寄り添ってくれる人を選んできます。その意味で，専門職と専門職との間はボーダレスです。子どもたちはわれわれの専門性の架け橋となる存在であり，言い換えると多職種協働の主体者と言えるかもしれません。

　本書が提案する学校福祉の専門性とは，他職種の良さを引き出すことができるという専門性を保持すること，自身が周囲に支えられているという専門性を大切にすること，そして学校のもつ潜在的機能を発見したり可視化できる専門性をもつこと，人々の必要を要求に高めていくという専門性などです。したがって，学校福祉士という呼称をもとに，資質・能力を担保する職種カテゴリーが欠かせなくなります。

　「はじめに」でも述べましたが，教育と福祉と心理の境界はその専門職がみずから発信してきたもの（専門的境界）ですが，その実務者はお互いに境界や壁や溝を取り除き，それを超えようとして溝を生み出す政策や制度と闘い，あるいはジレンマを克服しようと模索を続けてきました。そう感じる方が，学校福祉に着目されていると思います。

　2022年12月に改訂された『生徒指導提要』は，「すべての子ども」を対象とする発達支持的生徒指導という新たな用語を発しています。その一方で，困難ケースへの対応については福祉や心理，医療，司法などの専門職に依存（依頼）するという支援の実相が見え隠れしています。法令や通知，手引きを通じて社会資源や関係機関などを活用する「手続き」が数多く記載されると，問題解決に対して実務的に効果を上げることが求められがちになります。そうした

「手続き」と支援を受ける当事者の価値観や願いとのつなぎ目の部分を適切に判断でき，周囲に喚起できるという専門性がもっとクローズアップされるべきです。

「チームとしての学校」とは，教育職以外の様々な職種も学校教育の空間で子どもと出会うという意味で，多職種による発達支援の場です。子どもたちにとっては，学校は心理や福祉，医療，看護，経済，経営，スポーツ，芸術，文化，科学技術などに習熟してきた人や仕事をしてきた人たちとふれあい，多様な人々の生き方や社会の見方などを学ぶ機会になります。そもそも保護者も学校組織の構成員として保護者の個々の職業も並べて組み込んでみると，学校は超多職種協働の世界です。したがって，これまでのような教育（教育支援）職と保護者（養育者）の関係だけで構想してきた学校論を見直すと，子どもたちの生活の質の高まり（well-being）はもっと豊かになります。

本書は新たな学校論の理念や価値観への提案に終わらず，具体的な学校福祉実践の目的，方法技術，価値の事項を明示していくことになります。今後さらに家庭─学校─地域のつながりの中にある学校がもつ潜在的機能への関心が欠かせなくなると思います。

最後に，本書では，前著の『学校福祉とは何か』に引き続き，ミネルヴァ書房の浅井久仁人氏に大変お世話になりました。そして長きにわたり，編者の願いや思いつきをひきうけ自説にひきつけてご執筆をいただいた各位に，文末ながら，ここに御礼申し上げます

執筆者を代表して　鈴木庸裕

索引（＊は人名）

執筆者紹介 （執筆担当，執筆順，＊は編著者）

＊鈴木　庸裕（すずき・のぶひろ，日本福祉大学教育・心理学部）　はじめに，第Ⅰ部1章，おわりに

　岡部　睦子（おかべ・むつこ，スクールソーシャルワーカー）　第Ⅰ部2章1

　吉田　朋美（よしだ・ともみ，スクールソーシャルワーカー）　第Ⅰ部2章2

　服部　浩之（はっとり・ひろゆき，スクールソーシャルワーカー）　第Ⅰ部2章3

　髙木　政代（たかぎ・まさよ，スクールソーシャルワーカー）　第Ⅰ部2章4

　木村　淳也（きむら・じゅんや，会津大学短期大学部幼児教育・福祉学科）　第Ⅰ部3章

　山田　恵子（やまだ・けいこ，立教大学コミュニティ福祉学部）　第Ⅰ部4章・第Ⅱ部2章

　豊田真由美（とよだ・まゆみ，元 養護教諭，スクールソーシャルワーカー）　第Ⅱ部1章

　沼野　伸一（ぬまの・しんいち，元 校長・学校教育相談員）　第Ⅱ部3章

　朝日　華子（あさひ・はなこ，スクールソーシャルワーカー）　第Ⅱ部4章

　冨田　道子（とみた・みちこ，広島都市学園大学子ども教育学部）　第Ⅱ部5章

　齋藤　一晴（さいとう・かずはる，日本福祉大学教育・心理学部）　第Ⅱ部6章

　土屋　佳子（つちや・よしこ，日本社会事業大学専門職大学院〔非常勤〕）　第Ⅱ部7章

　岩永　　靖（いわなが・やすし，九州ルーテル学院大学人文学部）第Ⅲ部1章

　加瀬　　進（かせ・すすむ，東京学芸大学教育学部）　第Ⅲ部2章

　山本　敏郎（やまもと・としろう，元 日本福祉大学教育・心理学部）第Ⅲ部3章

新・MINERVA 福祉ライブラリー ⑭

学校福祉実践論
──子どもにとってしあわせな学校をつくる多職種協働──

2024年4月20日　初版第1刷発行　　　　　　〈検印省略〉

定価はカバーに
表示しています

編 著 者	鈴	木	庸	裕
発 行 者	杉	田	啓	三
印 刷 者	坂	本	喜	杏

発行所　株式会社　ミネルヴァ書房

607-8494　京都市山科区日ノ岡堤谷町1
電話代表 (075)581-5191
振替口座 01020-0-8076

© 鈴木庸裕ほか, 2024　　冨山房インターナショナル・吉田三誠堂製本

ISBN 978-4-623-09556-8
Printed in Japan

▌学校福祉とは何か

──────────────────鈴木庸裕　編著
A 5 判　240頁　本体2500円

スクールソーシャルワーカーの活用論や，啓発・方法技法論ではない，学校教育領域からの発信。子ども家庭福祉や地域福祉と学校教育を切り結ぶ専門領域として「学校福祉論」を理論的に構築し，実践方法論を提案する。

▌スクールソーシャルワーカーの学校理解
──子ども福祉の発展を目指して

──────────────────鈴木庸裕　編著
A 5 判　264頁　本体2500円

現在，スクールソーシャルワーカー（社会福祉士など）が急増している。しかし一方で，今日的な学校経営や教師教育・教育実践・子どもの発達論をふまえた「学校理解─職場理解」の習得が，経験則（OJT）にたよっている状況にある。しかも，学校現場では，「即戦力」として扱われることが多い。本書は，こうした現状にある初任者や経験者に対して，「何を支援するのか」という視点から考察するものである。

▌震災復興が問いかける子どもたちのしあわせ
──地域の再生と学校ソーシャルワーク

──────────────────鈴木庸裕　編著
四六判　216頁　本体2400円

震災による生活や暮らしの分断の局面から，「出会い」「ふれあい」「分かち合い」，そして，しあわせへの「つながり」の局面へ。本書では，被災地内外での，教育と福祉をつなぐ学校ソーシャルワークの取り組みから得られた実践や論理を，今一度問い直す。そして，学校教育をめぐる今日的課題や，子どものしあわせを再生する現代社会の諸問題に向けて発信する論考を世に送る。

──────────────── ミネルヴァ書房 ────────────────
https://www.minervashobo.co.jp/